把心献给孩子

[苏] 苏霍姆林斯基 著

孙颖 译

开明出版社

图书在版编目（CIP）数据

把心献给孩子 /（苏）苏霍姆林斯基著 ; 孙颖译 . —北京 : 开明
出版社 , 2022.1

ISBN 978-7-5131-6827-4

Ⅰ . ①把… Ⅱ . ①苏… ②孙… Ⅲ . ①教育研究 Ⅳ . ① G40-03

中国版本图书馆 CIP 数据核字（2021）第 113512 号

责任编辑：卓　玥　张慧明

把心献给孩子

作　者 :（苏）苏霍姆林斯基　著
出　版 : 开明出版社
　　　　（北京海淀区西三环北路 25 号　邮编 100089）
印　刷 : 天津市新科印刷有限公司
开　本 : 710mm×1000mm　1/16
印　张 : 19
字　数 : 260 千字
版　次 : 2022 年 1 月　第 1 版
印　次 : 2022 年 1 月　第 1 次印刷
定　价 : 58.00 元

印刷、装订质量问题，出版社负责调换。联系电话:（010）88817647

序　言

尊敬的读者们、同行们——教师、教育者、校长们！

这部作品是我多年学校工作的总结，即思考、关怀、担心和焦虑的结果。在农村学校连续工作的三十三年对我来说是一种极大的、无与伦比的幸福。我把一生献给了孩子们，经过深思熟虑后，我给自己的这部作品起名为《把心献给孩子》。我想，我是有权这样做的。我想给今天在校工作的和将在我们之后来学校的教师们讲一讲我的一生中一段整整十年的时期。从一个老师口中所谓的不懂事的孩子入校的那天起，直到一位少男（少女）从校长手中接过中学毕业证书，踏上独立劳动生活道路的那一庄严时刻。这个阶段正是孩童成长为人的时期，也是教师人生中的一大部分。在我的一生中，什么是最重要的呢？我可以毫不犹豫地回答：对孩子的爱。

亲爱的读者，您也许不会赞同我书中的某些观点，也许某些内容会令您感到奇怪，所以我要事先向您发出请求：请不要把本书看作是儿童、少年、青年教育的万能教科书。如果用教育学术语表达的话，本书专讲课外教育工作（或者说，狭义概念上的教育工作）。我关注的并不是课堂和学习科学基础过程中的全部教学细节。如果用微妙的人际关系语言表达的话，本书专讲教师的内心。我想讲的是，如何把一个小孩子领入认识周围现实的世界；如何帮助他学习，减轻他的脑力劳动；如何唤起和肯定他内心的高尚情感和情绪；如何培养人格尊严、人性本善的信念、对故土的无限热爱；如何在孩子细致的头脑和敏感的内心中撒下忠于共产主义崇高理想的第一批种子。

您手上拿起的这本书专讲初等教育工作。换言之，本书致力于儿童的内心。然而，儿童的内心是一个特殊的世界。孩子们有自己对善恶、荣辱、尊严的理解；有自己的审美标准；甚至有自己的时间维度：在童年，一天便是一年，一年便是永远。我总是认为，要想进入这童话般的"童年"宫殿，多多少少要先变成一个小孩儿。只有这样，孩子们才不会把您当作一个偶然闯入他们童话世界的人，一个童话世界的看守者，一个无所谓童年世界里发生什么的看守者。

我还想对本书的内容和经验特征做事先说明。小学教育主要是一位教师的创造性劳动。所以，我特意避而不谈教学集体和家长的劳动。真要写进书里的话，还需占用更多篇幅。在讲童年的书中，不可能不谈及孩子的家庭和父母。特别是在第二次世界大战之后，有些家庭的气氛沉闷，有时令人不快，有些父母无法成为孩子的榜样。对此，我无法保持沉默。如果我无法对家庭环境做出完整、真实的说明，则很难理解整个教育工作系统的方向性。我坚信教育有强大的威力，正如克鲁普斯卡娅、马卡连科及其他杰出教育者所坚信的。

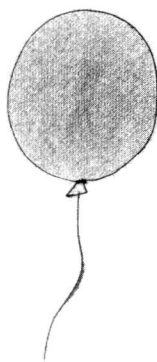

目　录

"快乐学校"

童　年

"快乐学校"

学校校长

从事教学工作十年后我被任命为帕夫雷什中学的校长。在这里，我建立了在头十年教学工作中形成的教育信念。我希望在这里看到自己的信念应用于实际的创造性事业中。

我越努力将自己的信念付诸实践，就越清楚教学教育工作的管理是要将解决全校范围内的思想任务及组织任务与工作中的以身作则予以正确结合。如果教师们在校长的工作中看到他成了高教育文化水平的榜样和孩子们的直接教育者，那么学校校长作为教师集体组织者的作用会极大地提高。

教育——首先是教师和孩子之间不断的精神交流。伟大的俄罗斯教育家康·德·乌申斯基把校长称为学校的主要教育者。但在什么条件下才可以实现主要教育者的作用呢？通过教师教育孩子，成为教师的导师，传授教育科学与艺术，这是学校管理工作中非常重要的一方面，但仅仅是一方面。如果主要教育者只会传授如何教育，但不直接与孩子沟通，那么他就不再是教育者了。

前几周校长工作的事实已证实，如果我不再与孩子拥有共同的兴趣、爱好和追求，通往孩子心灵的路将会对我永久关闭。我作为校长若不直接对孩子产生教育影响，就会失去教育工作者最重要的品质——感受孩子们精神世界的能力。我羡慕过那些班主任：他们总是和孩子们在一起。他们会和孩子们谈心，也和孩子们一起去森林、小溪，带孩子们去田地里劳作。孩子们迫不及待地期盼着出去游玩的那些时光，他们架锅做饭，在河里捉鱼，露天住宿，凝视繁星闪烁。而校长仿佛成了局外人。也只能进行组织，给出建议，发现不足加以纠正，鼓励好的行为并禁止坏的做法。当然，这些也是必须要做的，但我仍对自己的工作感到不满足。

我认识很多位出色的学校校长，他们积极地投身于教育工作。他们是：切尔卡瑟州斯米良斯克中学校长米哈伊连科、基洛夫格勒州波格丹诺夫中学校长特卡琴科、亚历山大第十三中学校长舍甫琴科、戈梅利州克尔米扬斯克寄宿中学校长德米特里耶夫、克拉斯诺亚尔斯克八年制学校校长希里亚耶娃、基辅市第十四寄宿学校校长卡利尼切夫。他们都是真正的教育大师，他们讲的课程是老师们学习的榜样。他们积极参加少先队和共青团组织的生活和活动。无论是任课教师、班主任还是少先队辅导员，都可以从这些校长那里学到东西。教育技能的最高水准就是学校校长直接且长期参加学生的集体生活，这种观念此刻在我的心中已变得更加坚定。我想和孩子们待在一起，体会他们的快乐和悲伤，感受与孩子之间的亲密，这对教育者来说是创造性劳动中的一大享受。我也曾时不时参与某个儿童集体活动，和孩子们一起去劳动或到故乡各地远足，和他们去参观游览，帮助他们制造无穷的快乐，这是了解整个教育过程不可或缺的一部分。

然而，我和孩子们都感觉到这种关系有些不自然。

让我感到不安的是那种有意创设的教育情境：孩子们一直记得，我和他们待在一起的时间只是一小会儿而已。当教师在共同活动中一直愿做孩子的朋友、挚友和同伴时，才能在精神上产生真正的一致性。我感到，我需要这样的一致性，不仅仅是为了在创造性劳动中获得快乐，也是为了教同事们学习教育的科学和艺术。与孩子们生动而直接的日常交流是思想之源，也是教育领域里新发现的根源，是快乐源泉，也是悲伤、失望之源。如果在劳动中缺少了这些，那么创造也变得难以想象。我得出的结论是：主要教育者应该是人数不多的儿童集体的教育者，是孩子的朋友和伙伴。这种坚定基于我来帕夫雷什中学工作之前形成的教育信念。

在从事教育工作的最初几年，我就已经明白，一所真正的学校不仅只是孩子们获取知识和技能的地方。学习是非常重要的，但它并不是孩子精神生活的唯一方面。越是贴近了解我们贯常所说的教育教学过程，就越能确信一所真正的学校是富有多彩精神生活的儿童集体，而教育者和受教育者在这样的集体中通过多种兴趣和爱好被联系在了一起。一个只在课堂上隔着讲桌与学生见面的老师是无法读懂孩子的内心的，而不了解孩子的人也就不可能成为一名教育者。这样的人也无法理解孩子的思想、情感和愿望。有时候，讲桌是一堵石墙，老师从石墙后面对学生"对手"发起"攻击"。但更多时候，讲桌是一座被"敌人"围困的堡垒，而躲在堡垒里的"将领"却感觉束手束脚。

您会痛苦地看到，只因未建立起师生联系的精神纽带，孩子的内心也像一件所有纽扣紧系的衬衫一样封闭了起来，即使是通晓本学科的老师也还是会把施教过程演变成一场激烈的战争。在有些学校里之所以还存在着丑陋、不当的师生关系，是因为相互的不信任和怀疑。有时候，老师感受不到孩子内心的活动，无法体会孩子的快乐和悲伤，没有设身处地地为孩子着想。

波兰杰出教育家亚努什·科尔恰克在一封信中回忆道，教育者必须提高到孩子的精神世界层面上来，而不能俯身于这个层面之下。这个想法极具深意，作为教育者的我们必须深思这一思想的实质。一位真正的教师既不会把孩子理想化，也不会硬把某种特质加在孩子身上，反而一定会考虑到孩子对世界的感知、孩子对周围现实的情绪反应和道德反应所具有的独特的清晰性、敏感性和直接性。应当把亚努什·科尔恰克提出的"提高到孩子的精神世界层面上来"的呼吁理解为：要深刻理解和感受儿童为什么要花心思去认识世界。

我坚信精神品质是存在的，缺乏精神品质的人成不了真正的教育者。而在这些品质当中，最重要的是要有深入儿童精神世界的本领。只有始终不忘自己也曾是个孩子的人才能成为真正的教师。许多教师（小孩子，特别是青少年称他们为"面包干"）的问题在于他们忘记了学生首先是一个活生生的人，一个进入了充满知识、创造力和人际关系世界的人。

教育中没有什么东西是零散、孤立地作用于人的。课堂是学生认识世界过程中最重要的组织形式。孩子们的整个精神生活系统取决于他们是怎样认识世界的以及他们树立了怎样的信念。但是，对世界的认识不只是掌握知识就够了。

许多教师的问题还在于他们只用成绩和分数来衡量和评估孩子们的精神世界，并根据孩子们背不背功课把他们分为两类。如果说不能全面理解精神生活的多样性都会令教师感到面上无光的话，那么校长呢？他的境地还要更加糟糕，因为校长的任务只是监督教师工作，及时下达"总指示"，决定批准或者不批准。因此，这个身份也让我备受其扰。

通常令我感到苦恼的是，当你来到学生中间时，他们正在和老师专心地做着什么，你来找他们，他们却没有注意到你。孩子们和老师沉浸于充实的精神生活之中，那里有他们之间的秘密。那么，学校校长是否还被需要呢？不，不需要。在十月革命前形成的那套学校教育模式中，校长实质是一位检查员、行政管理员。他的主要职责是监督教师是否正确地按照大纲进行授课，他的言辞是否有多余或者不当。由此形成的领导方法和领导形式在今天就显得尤为不合时宜了。

现代学校的管理本质是：在这项困难的教育事业中，为教师们形成、发展和确立先进教育思想的好经验。而这种经验的创造者，在工作中又是其他教师们的榜样，那么他就应当成为学校的校长。无法想象现在我们的学校要是没有这样一位校长（最好的教育者）会是什么样子。首先，教育是一门"人学"。不了解孩子的智力发展、思维、兴趣、爱好、能力、天性和倾向，就谈不上教育。就好像医院的主任医师没有自己的病人就不可能被称之为一位真正的医生一样，如果学校的校长没有自己的学生，也就不可能领导教师们。所谓自己的学生，是指：从入学之初到取得毕业证书，校长一直陪着孩子一步一个台阶地向上攀登，直接关怀孩子的德、智、体、美、情方面的发展，和孩子有共同的精神需求，把自己的精神财富传递给孩子。

那么谁才是学校的核心人物呢？学校校长应当在教育过程中的哪个领域成为其他教师的榜样、排头兵呢？学校的核心人物是儿童基层集体的教师——班主任。他是教给孩子们知识的老师，是孩子们的朋友，也是他们丰富多彩的精神生活的管理者。如果教育从广义上被称为一朵花，那么教学只是这朵花上的一片花瓣。教育中没有主要和次要之分，就好像造就花朵之美的诸多花瓣中也没有哪一片是最主要的。教育中一切都是主要的——无论是一堂课，还是多样的儿童课外兴趣发展，又或是学生在集体中的相互关系。

在担任 6 年学校校长之后，我当上了班主任。我想明确一点：这并不是校长与学生在精神上进行直接交流的唯一途径。但在当时特定的条件下，这是最适合我的方式。我认为，班主任的工作是一场在自然条件下进行的长期试验。

在开始讲多年来是如何做的和做了什么之前，我要讲一讲在很大程度上决定实践本质和目标的另一条重要原则。童年时期、学龄前期和学龄初期在人格形成中起着极其重要的作用。伟大的作家、教育家列夫·托尔斯泰说得很对。他断言，儿童从出生到五岁的这段时期，从周围世界中获取的智慧、情感、意志和性格远比他从五岁到生命终结的这段时期获取到的要多得多。苏联教育家马卡连科也重述了这一思想：五岁看老。

亚努什·科尔恰克是一位具有非凡美德的人。他在《当我返老还童之时》一书中写道："没有人知道，学生盯着黑板时所获取的是否会比不可抗力量（如使向日葵转头的太阳）强迫他看向窗外时所获取的要多呢。"在那一瞬间，对他来说什么是更有益、更重要的呢？是夹在黑板上的逻辑世界，还是浮在窗外的那个世界？不要强迫一个人，要细心地观察每个孩子的自然发展规律、特征、意愿和需求。这些摘自一本波兰语灰色封面迷你书中的话令我终生难忘。

战争过后，我很快得知亚努什·科尔恰克的英雄事迹，他的话也成了让我受益一生的遗训。亚努什·科尔恰克是华沙贫民区一家孤儿院的教师。纳粹分子在特雷布林卡集中营的焚尸炉里杀害了这些可怜的孩子们。有人让亚努什·科尔恰克做出选择：要么舍弃孩子保命，要么与他们一起丧命。他义无反顾、毫不犹豫地选择了死亡。盖世太保对他说："戈尔德施米特先生，我们知道您是一位好医生，您没必要过特雷布林卡集中营。"亚努什·科尔恰克答道："我不会出卖良心。"英雄和孩子们一起去了刑场，他担心等待死亡的恐惧会深入小孩子们的内心，所以他一直安慰孩子们。亚努什·科尔恰克的一生，他为高尚的道德力量和道德操守而舍生忘死的英勇给了我极大的鼓舞。我领悟到：要成为真正的儿童教育者，就必须把自己的心奉献给他们。

乌申斯基曾写道："我们可以深深地爱着一个人，一直和他生活在一起，我们甚至可能感受不到这种爱，直到某种不幸发生才让我们认识到这份深深的依恋。"要不是因为某种情况，比如一个人背井离乡许久，从而表现出了强烈的爱国之情，否则他可能一辈子都不清楚自己是如此深爱着自己的国家。每当我太久见不到孩子们，感受不到他们的喜悦和悲伤时，我就会回想起这些话。年复一年，我的信念愈加坚定：对孩子的依恋之情是教育修养的主要特征之一。正如斯坦尼斯拉夫斯基所说的那样，如果对感觉"无法下达命令"，那么高水平的教育修养的本质就在于教育者、受教育者的情感培养。

如果教师和孩子极少进行精神交流，无法走进彼此的思想、感觉和情绪的世界，就很难想象情感修养与教育修养之间的血肉联系。培养教育者情感的重要来源是在一个友好的集体里与孩子们建立多方面的情感关系。在这个集体里教师不仅是导师，也是朋友、同伴。如果教师与学生们的见面只是在课堂上，而孩子们只有在课堂上才能感受到教师的影响，那么情感关系也会变得难以理解。

当然，不要把"夹在黑板上的世界"和"浮在窗外的世界"对立起来，也不要认为义务教育是对一个人内心的强迫，黑板是对儿童自由的奴化，而真正的自由是窗外的世界。

在帕夫雷什中学工作的最初几年，我一再坚信小学教师在孩子的生活中发挥着巨大的作用。他对孩子来说必须是像母亲一样亲近的人。学生对老师的信任，师生之间的相互信赖，孩子在老师眼中看到的人性思想——这些都是基本的，也是最复杂、最明智的教育规则。只有理解了这一点，老师才能成为真正的精神导师。人性是教育者最珍贵的品质之一，它是对孩子的厚爱，是结合了明智的严厉态度和父母的严格要求的爱。

童年是人生中最重要的阶段，童年不是为未来生活做准备的时期，而是一段真实、美好、独特、不可复制的人生。今天的孩子会成为一个什么样的人，关键取决于他的童年是怎样度过的，是在谁的陪伴下度过了童年，是周围世界里的哪些东西进入了孩子的思想和内心。人的性格、思维、语言形成于学龄前和学龄初期。也许，孩子从书籍、教科书和课堂上汲取的思想和心灵的一切恰恰就是因为书籍周围还存在着另一个世界。从出生到独立翻阅书籍，孩子在这个世界里向前行进的每一步都十分不容易。

通过人的智慧和心灵认识以共产主义道德为基础的价值观：对祖国的无限热爱，愿为祖国的幸福、壮丽、强盛而奉献生命，对祖国的敌人毫不妥协，这个漫长的认识过程就是从童年开始的。

33 年来，我一直在研究大、中、小各年龄段儿童和成人的词汇量。在我眼前出现了惊人的一幕。一个普通集体农庄家庭的七岁孩子（父母中等教育水平，家庭藏书量 300~400 本）在入学前能理解和体会 3000~3500 个母语词汇的感情色彩，他的主动词汇量为 1500 个。一个 45~50 岁之间、受过中等教育的工人、集体农庄庄员能理解和体会 5000~5500 个母语词汇的感情色彩，但他的主动词汇量却不超过 2500 个。这一事实直观地说明了童年在人生中起着多么重要的作用。

我坚信学龄前和学龄初期在很大程度上预先决定了一个人的未来，也毫不否认在更成熟阶段人有接受再教育的可能性。苏联教育家马卡连科凭借自己的经验充分证明了再教育的作用。但他更关注的仍是低年龄段。正确的教育方式并不是纠正学生在儿童早期阶段所犯的错误，而是防止这些错误再犯，避免进行再教育。

令人感到痛心的是，我在担任学校校长期间发现老师认为教育只是将尽可能多的知识塞进孩子们的大脑，这时孩子们的天性就会受到扭曲。更令人心痛的是，孩子的天性不仅在课堂上，还在长日制班级里饱受摧残。无奈的是，有这样一些学校，孩子们上过 5~6 堂课之后还要在学校待上 4~5 个小时，不是玩耍、休息、回归大自然，而是坐下来继续学习。孩子们待在学校就是上没完没了、无聊透顶的课。可不能再这样下去了！从理论上讲，长日制班级和长日制学校是一种非常有价值的教育形式，因为这里为教师和孩子们之间开展经常性的精神交流创造了有利条件。如果缺乏精神上的交流，则很难培养高尚的情操。但问题是，一个好的想法常常会被曲解：长日制班级需要在学校多逗留的时间往往会变成一堂课，孩子们从上课铃到下课铃还是坐在同一张书桌前，搞得他们疲惫不堪。

为什么会这样呢？

这是因为带孩子们去踏青、去森林、去公园要比教课还要难。

令人难过的是，虽然一些重点长日制学校的成功经验已在教育著作中得到了总结和归纳，但很多学校仍很少对其加以运用。其主要原因是教育工作（狭义概念）总体发展水平较差。

在我们生活的这个时代，如果不掌握科学知识，就无法劳动，就不可能具备基本的处事修养，履行不了公民的义务。因此，教学不可能是一味带来快乐和满足的轻松游戏。而且，新一代公民的人生之途也并非一帆风顺。我们必须培养出博学、勤劳、坚强的人，他们已经准备好迎接比父辈、祖辈、老祖宗们所遇到的更为巨大的困难。70 年代至 90 年代年轻人拥有的知识水平将比过去几十年前的年轻人拥有的知识水平要高得多。需要掌握的知识面越广，就越是要考虑个体快速成长、发展、形成的阶段，即童年时人的本性。人从过去到将来一直都是大自然的孩子。拉近人和自然关系的要素应当用来吸收精神文化财富。首先是自然世界，它围绕在孩子的周围，拥有取之不尽的现象财富和用之不竭的美景。永葆儿童智慧的不竭源泉就在这大自然之中。但与此同时，那些与人们的社会关系和劳动相关的环境因素的作用正在逐年增强。

对周围现实的认知过程是一种无可替代的思想上的情感刺激。这种刺激对学龄前和学龄初期的儿童起着至关重要的作用。真理是对周围世界事物和现象的概括。而只有当它表现为影响情感的鲜明形象时，才会变成儿童的个人信念。重要的是，要让孩子在周围世界里实现对科学真理的最初认识，要让自然现象之美及其无限的复杂性成为思想之源，逐渐把孩子领入劳动社会关系的世界中来。

自帕夫雷什中学工作之初，我就对低龄儿童，特别是一年级学生感兴趣。孩子们在入学之初怀着多么激动的心情走进了校园，向老师投去了多么信任的目光啊！而往往在几个月，甚至几周之后孩子们眼中的那团火焰就会熄灭，学习对一些孩子来说也变成了苦恼的事，这究竟是为什么呢？要知道，所有老师都真诚地希望保存下那份童真，那份认识和发现世界的快乐，也希望让学习成为令孩子们感到鼓舞和着迷的劳动。如果办不到，那么首先是因为老师不了解每位学龄前儿童的精神世界，而组织教学、被铃声所规范的校园生活也好像是在消灭孩子们之间的差异，驱使孩子们向同一标准靠拢，而不允许展现丰富的个人世界。

当然，我曾多次给教师们提出建议，介绍如何发展儿童的兴趣、如何使儿童精神世界多样化的方法。但是，只是单纯的建议是不够的。一条重要的教育思想的本质往往表现在师生关系中。因此，当教育思想像学校里挺立的大楼一样呈现在全体教师的眼前时，才会变得更加清晰。这也是为什么我从班集体的教育工作开始干起，并且一干便是 10 年。

下面要讲的班集体生活与学校集体生活是脱离不开的。在许多情况下，我谈到的都是整个学校教育工作的形式和方法。这样做的目的只是为了更加突显出班集体，因为班级教育工作的内容才是决定整个学校教育成败的最重要条件。

第一年——儿童研究

1951年秋，在开学前的三周，在招收一年级学生的同时，学校也在给一批一年以后要上学的6周岁小男孩和小女孩们做登记，而我要教这帮孩子们10年。

我把所有的家长和孩子们召集到了一起，建议家长让孩子们在正式上学前的一年就入校，在这个问题上意见有了分歧：一些家长赞成我的想法，认为在没有全年托管幼儿园的情况下（当时在村里只有夏季开放的幼儿园），孩子能去学校对家庭来说是很好的帮助，而另一些人则担心过早学习会对孩子的健康产生不利影响。柳芭的母亲说："就让他们在上学前好好地度过童年吧。"这番话让我再度陷入思考，在学校度过了一段被摧毁的童年是多么可怕啊，为孩子的自然发展提供广阔空间是多么重要啊。我对他们讲，入学前在校的这一年不会让孩子们总是坐在教室里。

对我来说，在走上讲台教学前的这一年也是非常有必要的，目的是为了清楚地了解每一个孩子，深入地研究每个孩子在感知、思考和脑力劳动方面的特点。在传授知识之前，不仅要学会思考、理解和观察，还必须要充分地了解每个学生的个人健康状况，不然就无法进行正常的教学。因为智力教育和获得知识并不是一回事。就像绿叶不能没有阳光，教学也离不开教育，但即便如此，也不能把二者混为一谈，就像绿叶不是阳光。教育者经常要与思维实体打交道。童年时期的思维实体能否感受和认识周围世界，这在很大程度上依赖于孩子的健康状况。这种依赖关系极其微妙和难以捉摸。研究儿童的内在精神世界，尤其是思维，是教师最重要的任务之一。

我的学生家长

　　为了能够很好地了解孩子们，就需要清楚地了解他们的家庭：父亲、母亲、兄弟、姐妹和祖父母等。在我们学校所在的区域，6 岁大的孩子有 31 个，其中男孩儿 16 个，女孩儿 15 个。所有家长都同意把自己的孩子送到"快乐学校"——这是一段时间后父母们给我们这个学前班起的名字。31 人中 11 个孩子没有父亲，2 个孩子无父无母——维佳和萨什科这两个男孩儿的命运很不幸。

　　维佳的父亲是参加苏联卫国战争的游击队员，被法西斯分子杀害。维佳的母亲目睹了丈夫遭受严刑拷打的过程，因无法忍受痛苦而疯掉了。在悲剧发生的六个月后，小男孩儿出生了。母亲也在产子后身亡。

　　萨什科的父亲在战场上牺牲，母亲在抗击法西斯侵略者的农村解放战争中被杀害。

　　在"快乐学校"开学前的几周，我熟悉了每个家庭的状况。令我感到担忧的是，在有些家庭中家长和孩子之间、父母彼此之间相处得并不融洽，也缺乏相互尊重，致使孩子无法过上幸福的生活。

　　站在我面前的是科利亚，他有一双黑眼睛，皮肤黝黑，鼻子高挺。他的眼神充满着警惕。我对他微笑，而他却皱起眉头。此时此刻，我觉得在这个家庭里出现了不正常的状况。科利亚的父亲在战前就坐了牢，全家住在顿巴斯。在法西斯主义占领期间，他被释放出狱，随后全家搬来我们村。这对父母利用别人的痛苦来获取利益，做了见不得光的事情：投机倒把，私藏法西斯走狗——伪警察掠夺来的东西。在艰难的岁月里，母亲在一个集体农庄的家禽场偷鸡，教科利亚和他哥哥捉乌鸦。孩子们杀死乌鸦，母亲将它们烤熟，然后拿到市场上充当烤鸡去卖……

　　我注视着这个男孩儿，希望他能笑一笑，但是我却从他的眼中看到了孤僻和恐惧。科利亚，怎样才能唤醒你心中的善良和人性？什么才可以和你成长的充满邪恶和蔑视的畸形环境相对抗？

　　我望着他那冷漠、视若无睹的母亲，这种冷漠让我感到不适。

　　我想来想去，到底有没有必要把这些细节写进书中。几十次删去，又重新写上。当然，也可以只作一个概括性的描述：父母没有在德操方面成为孩子的榜样……但是，这样的润色加工本来就是有害的。不，不能忽视仍存在于我们周围的邪恶和龌龊，任何石墙都无法把它们抵挡在校外。要想战胜这种邪恶，要想除去年轻心灵中旧世界留下的糟粕，就必须敢于正视现实。

　　这个一头金发，身材瘦弱，长着一双蓝天般碧眼的男孩是托利亚。他站在母亲身旁，牵着她的手，不知为何总是盯着地面，只是偶尔才抬一抬眼睛。他的父亲在喀尔巴阡山英勇就义，有人给他的母亲寄来了几枚勋章。托利亚一直为爸爸感到自豪，但妈妈在村里却落下了坏名声：她过着放荡不羁的生活，完全抛弃了孩子……要怎么办才能使 6 岁孩子的内心免受这种巨大苦难的摧残？用什么办法才能让这位母亲醒悟，唤起她内心深处对孩子的牵挂？

　　战争给人们留下了深深的疮疤和仍未愈合的伤口。我面前的这些孩子们出生于 1945 年（有几个出生于 1944 年），他们中不止一个还未出生就已成为了半个孤儿。

　　这是尤拉。他的父亲在战争结束的前一天牺牲在了捷克的土地上，因此妈妈十分地溺爱儿子，哪怕只是一点小孩子气的要求，她也尽力去迎合。家里还有外公，他也不惜一切，只为尤拉过上无忧无虑的生活。从我对这个家庭的了解，可以明显地看出 6 岁孩子也可能变成一个小霸王。因为盲目的母爱和漠不关心一样危险。

　　彼得里克是母亲和外公领来学校的。我多次听说孩子母亲一生坎坷的故事。这个女人的第一任丈夫在战争前抛弃了家庭。于是，她改嫁了。但这段婚姻依然不幸：原来彼得里克的父亲在西伯利亚的某个地方还有个家。战后，他也离开了。这个极富自尊的女人想让儿子相信，他的父亲是在战场上牺牲的。于是，小男孩儿经常给其他小朋友讲这些虚构出的父亲的英雄事迹。同学们不相信他，说他父亲是骗子。彼得里克为此很伤心，经常流着眼泪去找妈妈。

种种迹象表明，心肠不好的人们在孩子的心灵里埋下了不信赖他人和铁石心肠的毒根。要让孩子相信善良，怎么办才好呢？

科斯佳已经 7 岁了，但他还没有上一年级。父亲、继母和祖父一起把他送到学校。战争风暴也给孩子留下了伤痛。在农村从法西斯侵略者手中解放出来的几个星期后，有一天身怀科斯佳的母亲（当时她还有一两天就要生产了）不知从哪里找来几块金属的东西，给七岁的大儿子玩耍。谁知在这些东西里竟有一根雷管。雷管发生了爆炸，孩子被炸死了。母亲上吊自杀。有人及时赶到把她救了下来。她垂死挣扎，在临终前生下了科斯佳。

当时，恰逢一位邻居在哺乳期，科斯佳才得以获救。父亲从战场前线回来后对儿子百般疼爱、千般呵护。继母是一位美丽的女人，她和爷爷都非常爱这个孩子。但就在科斯佳还不满 5 岁的时候，不幸又一次发生了。小男孩儿在菜地里发现了一个闪闪发亮的金属小玩意儿，他不停地用铁片敲打它，不料发生了爆炸。炸得血肉模糊的孩子被送去了医院。科斯佳从此落下了终身残疾：他失去了左臂和左眼，青色的火药残渣也永远地留在了他的脸上。

科斯佳，要给予你多少发自内心的善意和温柔，才能让你成为一个幸福的人？要和你的父亲、善良的继母和爷爷怎样说，他们的爱才能变得明智又严格。你打算怎么学习？家人说，你经常感到头痛。怎样才能减轻你的学业负担，增强体质，排解忧伤的心情？父亲说：你有时也会独自一人哭泣，同龄孩子玩儿的游戏也吸引不了你……

站在母亲身旁的小男孩儿斯拉瓦长着一双灰色的眼睛，一副若有所思的样子。他的母亲是一个命运坎坷的单身女人。她已经年近五十岁了。她年轻时候长得并不漂亮。女孩儿渴望得到幸福，但却没有人愿意娶她。青春渐去，她仍未找到属于自己的幸福。终于，从战场上归来一位已是满身伤痕的、和她一样孤零零的人爱上了她，并和她结婚了。但是好景不长，丈夫没多久就死了。女人把对丈夫的爱完全倾注到了儿子的身上，但在教育儿子上却出现了问题。据说，斯拉瓦不喜欢与人交往，整天都待在家里。只要问他点什么，他的眼睛里就会泛出不友善的目光。哪怕是现在，当我注视小男孩儿的眼睛时，他的眼神便立刻变得锐利、警觉起来。

我对学生的了解越是透彻，就越是坚信，摆在我面前的一个重要任务是还给那些在家庭生活中缺失童年的孩子一个幸福的童年。在校工作的三年期间，我结识了几十个这样的孩子。生活向我们证实了一个观点：如果无法重建一个孩子对善良和正义的信仰，那么他将永远无法有生而为人的感受，也无法有个人受到尊重的情感体验。这样的学生到了青春期会变得暴躁，对他来说，生活中没有什么神圣和崇高的东西，老师的话也深入不到他的心坎儿里去。扶正这类人的心灵是教育者最艰巨的任务之一。而实质上，就是在这项需要细心和下功夫的工作中进行着一场重大的以人为研究对象的科学实验。要成为一个从事"人学"研究的人，意味着既要看到、感觉到儿童是如何认识善与恶的，又要保护好一颗稚嫩的童心免受邪恶的伤害。

我一边凝视着孩子们的眼睛，有黑色的、蓝色的、天蓝色的，一边在想：我的内心是否怀有足够的善意与热情以温暖他们的内心呢？我想起克鲁普斯卡娅曾说过："对孩子们来讲，思想和人是不可分割的。孩子们接受自己心爱老师的话和接受自己蔑视的人、陌生人的话的方式是完全不一样的。"因此，我要做到言传身教。孩子们应当从我的言行中去读懂真、善、美。我所说的每一句话都应当是暖心的、亲切的、真诚的。

加利娅是父亲领来学校的。她和妹妹经历了巨大的丧母之痛。母亲去世一年后，家里来了一位陌生的女人。她善良、真诚、体贴。她了解孩子们的内心正在经历着什么，所以她在表露自己的感情时很有分寸，希望能博得女孩们对她的好感。日子就这样一周一周、一月一月地过去了，但是加利娅和她的妹妹瓦莉娅甚至连话都不想和这个继母说，对她视若无睹。女人很伤心，向丈夫和亲戚们寻求建议，她该怎么办才好？她甚至想过离开这个家，但后来生下了一个男孩儿。她以为，小婴儿的降临会温暖两姐妹的心，然而希望却落空了。两姐妹（特别是加利娅）对小弟弟视而不见。怎样才能触动这颗骄傲的心呢？加利娅的父亲已经来过学校，诉说了自己的苦衷。我该对这位父亲和继母说些什么，给他们什么建议呢？我告诉他们，只有在我很了解加利娅之后，才能给出一些建议。

那个胖墩墩的、长着一双灰色眼睛的、正在笑的女孩儿是拉丽萨。她坐在母亲身旁，双手握着一朵菊花。我知道，这位母亲的辛酸经历就像一块沉重的石头压在她的心上。她被丈夫抛弃了。小女孩儿不记得自己的父亲。母亲告诉女儿："爸爸会回来的。"终于，母亲嫁给了一个好人，他是拖拉机站的工人。母亲设法让小女孩儿相信这个男人是她的父亲。拉丽萨很爱父亲，而母亲因此常常感到伤心难过：万一有人不小心说出什么，自己的谎言就会被揭穿。小女孩儿很幸福，但是必须要小心地保护她的心灵，以免受到恶语中伤。我们能不能和这对善良的父母一起做到这点呢？但愿每个孩子都能拥有一个像拉丽萨继父那样的亲生父亲。我对这位继父的了解越多，就越是深信，会教育孩子的人才算得上是真正的父亲。

我常去这个家庭做家访，一个有趣的现象令我感到惊讶：小女孩儿和继父的眼睛里充满了同样的善意、温柔和体贴。面对美好事物时，孩子的眼睛里和继父一样都流露出欣喜和惊讶的目光。拉丽萨甚至连动作、表情以及表达惊奇、警觉、严厉情感的方式都是从继父身上学来的。

费佳也没有父亲，因此孩子已经好几次听到讽刺、羞辱的言辞，暗示他妈妈做得远非尽善尽美。孩子心乱如麻：这是怎么一回事，妈妈不是说父亲在战场上牺牲了吗？我在战前就认识了费佳的母亲。她在战争期间过得很不幸。要怎样把孩子领进人际关系复杂的世界，才能使他不被难堪的问题打扰呢？

通常，作为教育者的我们会忘记小孩子们认识世界是从认识人开始的。父亲对母亲说话的口吻，从他眼神和举止里流露出的感受就已经是在向孩子揭示善与恶。我认识一个小女孩儿，她的父亲下班回家后总是愁眉苦脸、沉默寡言，母亲说的每一句话都是在想方设法地取悦父亲，这时小女孩儿就会躲到院子的偏僻角落里。由于对父亲的怨恨和对母亲的同情，孩子的心都已经碎了……但这只是孩子所认识的人际关系中最初的、表面的特征。当小孩子从父母之间不经意的一句话中，从他们的争执中意识到父母不相爱了，要不是有孩子的牵绊他们就会离婚时，孩子的内心是怎样的呢？

尼娜和萨莎是一对双胞胎姐妹。她们是父亲领来学校的。这个多子女的家庭（除了尼娜和萨莎，还有四个孩子）也有着自己的心酸：母亲身患重病多年，一直卧床不起。父亲一人很吃力，因此双胞胎姐妹也帮忙操持起家务来。尼娜和萨莎知道何为艰苦，她们家中很少有快乐。当小姑娘们看到一个小男孩儿手中的绿色橡胶球时，她们的眼中闪现出喜悦的目光，但很快就消失了。当我看到如此之深的苦闷时，鼻子一酸。如何给这些孩子创造一个美好、自由自在的童年呢？我能不能做到这一点呢？她们的父亲提醒我：姑娘们上学的时间不会超过一个小时，她们要帮他做家务。

我们坐在枝叶茂密的大梨树树荫下的草地上。我给家长们讲，我打算如何教育孩子，当着孩子们的面可以说些什么，然而每个家庭的痛苦和忧愁仍在我的脑海中萦绕。人人都有一本难念的经，要把它公之于世，当着他人的面提建议，这就意味着要坦诚相见、倾吐衷肠。不，所有这一切我只要了解就行了，但不能对所有的家长讲。如果非要去触动家长们的内心深处不可，就只能是在深思熟虑、字斟句酌之后，在私人谈话中进行。我所讲的父母们内心的创伤、不幸、悲伤、忧愁和苦难（绝大多数的学生家长们都是好人）因人而异，所以不可能在共同的谈话中进行。当这些坐在我身旁的人们的善恶错综复杂地展现在我的面前时，我便领悟到没有父母真想故意为孩子树立一个坏榜样。

也许，读者会觉得这里有太多的辛酸痛苦，毕竟讲的只是一个儿童集体。但可别忘记，所有这一切都是战争带来的创伤。战后最初几年的时光早已逝去，那些年遭受的精神重创也得以愈合。在1944~1945年间的胜利曙光的照耀下刚刚开始读书的那些人已经长大成人，为人父母。那些战后最初几年毕业的学生们的孩子早已步入校园学习，有些已年近青年。看来，在现今的年轻家庭中处处都应该充满了幸福，然而现实生活却远非如此。如今依然有痛苦、不幸、悲剧的存在……而至于那几年就更不用说了。令我感到高兴的是，在这些家长之中大多数都过着幸福的家庭生活，正如通常所说的，生活富裕、家庭和睦、教子有方。

这是强壮的7岁男孩儿万尼亚的父亲。他是一位优秀的农艺劳动者。他热爱土地，愿为人民劳动。他每年都会在家门口的自留地里种上几十棵苹果树和葡萄树树苗，然后分发给人们。他的妻子是一位养蚕组长，是一个劳动能手。她既是一个善良、有同情心、亲切的人，也是一位贴心的母亲。在1933~1934年间的困难时期，她收养了四个孤儿，让他们不再遭受饥饿，把他们当作亲生孩子一样去教育，所以他们都称她为母亲。

这是梳着特别蓬松的黑辫子女孩儿柳夏的父亲。他是一个非常正直、诚实的人。有这样一种人，人们说他们的心灵美。这类人中的绝大多数都没有建过功，立过业。他们的心灵美表现在人与人之间的相互关系中。父亲未必告诉过柳夏要做一个体贴、富有同情心的人。但是，他通过自己的行动、对待妻子的态度教育孩子要懂得体贴别人、要有人性。柳夏的母亲患有心脏病，而且她还在集体农庄的甜菜种植场工作。所以父亲承担起了所有的家务。

卡佳的父母为孩子们把自家的果园改造成了一个独特的俱乐部。左邻右舍的孩子们和他们的四个孩子从早春到深秋都在这儿休息、玩耍、沐浴。卡佳的父亲还为孩子们在院子里设置了一个小操场。果园里收获的全部水果都是孩子们的美食。

这是长着一双蓝色眼睛、带着若有所思神情的女孩儿萨尼娅的家长。他们善良、贴心。父亲的三个侄女每年都要从城里来这里度过整个暑假。萨尼娅迫不及待地期待亲戚们的到来。她的父亲为孩子们在池塘里修建了一个游泳场。

为了给孩子们再添一份快乐，他现在又在制作摩托艇。

向我们走来的是来自一户好人家的莉达。她的父亲是车辆制造厂的一名工人，喜欢搞音乐和唱歌。他常常教孩子们唱歌和拉小提琴，组织即兴音乐会：大约二十个孩子聚在花园里，他们听音乐、学唱民歌。

帕维尔生于一个和睦的家庭。孩子的母亲卧床不起已有四年多的时间。父亲已能够替代她：既在工厂工作，又承担起所有的家务。

这个黑皮肤、黑眼睛的男孩儿是谢廖沙。他的家里有父亲、母亲和两个孩子，全家人相处得非常和睦。每逢休息日，全家人就去森林度假。他们在那儿的空地上种了四棵小椴树。孩子们还在家中给父母和祖父母每人种了一棵苹果树。我常常想：为什么这个家庭的孩子们是如此爱自己的父母和祖父母呢？也许，是灌输进孩子心灵中的那份善良正以百倍强烈和纯洁的爱回报着父母。

柳芭是和母亲、父亲、祖母、姐姐、弟弟一起来学校的。她有五个兄弟姐妹，还有祖父、祖母和外祖母。在这个家庭中无条件服从长辈的精神是建立在相互信任和相互尊重的基础之上的。我多次听说，这个家庭的长辈们是如何学会尊重孩子们和重视他们的感受的。

最小的那个男孩儿是丹科。在他的家中还保留着良好的民族传统。当父母去上班时，三个孩子（一个 6 岁大，一个 8 岁大，还有一个 9 岁大）便留在家中做家务。孩子们自己做午餐和晚餐，挤牛奶，照看菜地的植物。夏季傍晚，当父母下班回到家时，孩子们已为他们准备好洗澡水，干净的衣服，热腾腾的晚餐和一束摆在桌上的野花。家中充满了对劳动的尊重，也可以说是一种劳动崇拜，但却没有丝毫的急于求成或操之过急。

瓦莉娅的父亲在克列缅丘格的一家机械制造厂工作，母亲在集体农庄工作。不论是父母，还是三个孩子，这个和睦家庭里的每一个人都在学习。整个家庭都笼罩在尊重知识、学校、老师的精神之中。作为老师的我们对此非常关注，并感到非常高兴。瓦莉娅进入"快乐学校"之后，才揭开了这个家庭中值得让人注意的一个迹象。原来，大家一直以为是瓦莉娅亲生祖母的那位老太太竟是一个"外人"。她没有任何亲人，两个儿子都在战场上牺牲了。瓦莉娅一家收留了她，老太太便成了孩子们的亲生祖母。瓦莉娅甚至一直都不知道这是一个"旁人家的"女人。

灰眼睛的小女孩儿是柳达。她的父母都在集体农庄劳动。父母教育孩子们要非常尊重土地上的普通劳动。这户家庭很注重门风。父亲教育孩子们："我们所做的一切都应当是体面的。"夏天，大孩子们和父亲一起去田间地头劳动。柳达和母亲一个月去那里好几次，这对她来说才是真正的节日。

塔尼娅的父母在集体农庄的牧场工作。两个女儿在夏天的时候经常去那儿。父母教育孩子们要热爱劳动。老师们不止一次欣赏到了这样的画面：父亲正在牧场的一角圈着一块小羊或小牛的生活区，塔尼娅和姐姐正在悉心照料着小动物。这是孩子们喜欢玩儿的游戏。正因为父母也参与到这个游戏当中，所以它就更招孩子们的喜欢了。

长着一双黑眼睛、带着好奇和温柔眼神的男孩儿是舒拉。他的父亲在铁路工作，每周只回家一次。因此，对舒拉及其哥哥姐姐们来说，等待父亲回家成了一件大事，也在孩子们的心中留下了深刻的印记。孩子们迫不及待地等待着父亲：他总是会给孩子们送点儿什么。父亲的礼物很独特，他用木头雕刻出各种小动物、人像和一些想象出来的图形。他送给每个孩子一个木雕。父亲讲的故事也让孩子们感到了极大的快乐。他有一份难得的天赋——发现好人好事。他讲的那些关于好人的故事好像是在为孩子们打开通往世界的窗口。

沃洛佳的父亲是一位桥梁建筑工人。他的母亲在集体农庄劳动。这对年轻的父母非常爱自己的第一个孩子。然而，在这份爱中却缺少了一种明智。他们常常送给孩子非常多的小玩意儿。于是现在沃洛佳坐在母亲身旁，手里都还握着两个橡胶球。他想对母亲说些什么，但她没有注意到他，儿子便撅起小嘴，已是泪眼汪汪。

瓦莉娅是一个皮肤黝黑、有一头卷发、像竹竿一样瘦的黑眼睛小女孩儿。她的妈妈是制油厂的清洁工人。她的父亲从战场回来后便患上了重病，全家人一心照料他，但他的身体状况却尚未好转。三个孩子感到命运的重担都压在了母亲的身上。所以，他们想尽全力减轻母亲的生活压力。母亲的收入微薄，所以为了贴补丈夫的治病钱，她每晚都去绣衬衫和毛巾。瓦莉娅的姐姐已学会了刺绣，于是给妈妈当起了帮手。现在，瓦莉娅自己也学起了民间刺绣。

孩子是父母道德生活的一面镜子。我曾思考过每个家庭的利和弊。好父母最有价值且毫不费力就能灌输给子女的道德品质是父母内心的善良和善待他人的能力。在有些家庭中，父母把真心献给他人、能够关心他人的快乐和悲伤，他们的孩子们也会成长为一个善良、体贴和亲切的人。在有些家长身上，利己主义、个人主义是最大的祸根。这种祸根往往会转变成对自己孩子的一种盲目的、不明智的溺爱，就像沃洛佳的父母一样。如果父母把全部精力都放在自己的子女身上，眼里也再无他人，那么这种过分的爱终将变成不幸。

正由于当时想到了这一点，我向家长们讲述了我所想象的"快乐学校"是什么样子的。这是一次非常困难的谈话。对家长们讲的每一句话都必须考虑周到，既要包括家庭中好的方面，也要包括不好的方面。当我讲到"快乐学校"将是一所充满正直、诚实和相互信任精神的学校时，我想到了科利亚的一家，便感到了不安。但又不可能向所有家长们讲在这个家庭中所存在的罪恶和虚伪，因为这可能会使这位母亲离学校而去，也大概不会再来了。这里还需要其他的某种东西，但究竟是什么呢？我想了很长一段时间，却未能找到这个难题的正确答案。

我向家长们描绘了儿童教育的前景。今天来到学校的小家伙们都是6岁大的孩子，12年后，他们都将长大成人，为人父母。学校全体人员将竭尽所能让孩子们成为热爱祖国大好河山和劳动人民的赤子，成为正直、诚实、勤劳、友善、亲切的人，成为富有同情心、面对邪恶和不公毫不妥协、勇于克服困难、坚持不懈、谦虚朴实、道德高尚、身体健康和体魄强壮的人。孩子们应当成为头脑清晰、心地善良、心灵手巧和具有高尚情操的人。

孩子是家庭的一面镜子。正如水滴里能映出太阳一样，父母的道德节操也会反映在孩子们的身上。因此，学校和家长们的任务是要让每一个孩子都感到幸福。幸福是多方面的：它是一个人的才能展现，热爱劳动并成为劳动创造者，享受周围世界的美好，为他人创造美好；也是爱与被爱，把孩子培养成为真正的人。教师只有与父母一同努力，才能带给孩子们巨大的幸福。

孩子们和家长们都该回家了，我提醒道："明天是 8 月 31 日，我们'快乐学校'就要开学了。"

这一天会带给我什么呢？今天，孩子们还在牵着母亲的手，明天，他们就将是一个人来。愿每个人都拥有属于自己的快乐，愿每个人都享有一个阳光明媚的早晨，愿每个人都拥有无尽的生命力。

在这一天的前夜，我最担心的是学校会夺走孩子们的童年快乐。相反，必须要让他们走进校园，发现越来越多的快乐，认识到学校不再是枯燥的学习；但又不能让学校变成没完没了的、表面吸引人的无聊游戏。每天都应当让孩子们的思想、情感和意志得以丰富。

蓝天下的学校

我怀着激动的心情盼着孩子们的到来。早上 8 点来了 29 个人。萨莎没有来，可能是母亲的身体状况不大好。沃洛佳也没来，想必是睡过头了，母亲又不想吵醒他。

几乎所有的孩子都打扮得漂漂亮亮的，穿着崭新的小皮鞋。有一点让我很是担心：农村的孩子们早已习惯在暑天赤脚走路，这是非常不错的锻炼，也是预防感冒的最佳方法。那为什么家长们还担心孩子们的双脚着地，担心沾上清晨的露水，踩上被太阳烤热的大地呢？他们所做的一切都是出于一片好意。然而，结果却不尽人意：每年冬天都有越来越多的农村孩子患上流感、喉咙痛和百日咳。所以有必要锻炼孩子们不怕热，也不怕冷。

"小朋友们，咱们走吧，去上学啦。"我对孩子们说着就朝着果园走去。孩子们因惑不解地看着我。

"是的，孩子们，我们现在去学校。我们的学校在蓝天之下、在绿草地之上、在枝繁叶茂的梨树下、在葡萄园里、在牧场上。在这儿，我们要脱掉鞋子，要像你们以前那样光脚走路。"

孩子们高兴得叽叽喳喳起来。他们在这炎热的天气里穿着小皮鞋本就感觉不习惯，也不舒服。

"明天，大家都光脚来吧。在咱们学校里，这样做才是最好的。"

我们去了葡萄园。在被树木掩盖的安静角落里，葡萄藤长得枝繁叶茂。它们在金属架上摊开，形成了一个绿色的窝棚。窝棚里的地面上长满了嫩草。这里一片寂静。从这片绿色朦胧中看去，整个世界都是绿色的了。我们分散地坐在草地上。

"咱们就在这儿开始上课吧。我们将在这里看蓝天、花园、村落和太阳。"

孩子们被大自然的美景及引住了，都安静了下来。一串串成熟的葡萄悬挂在叶丛之中。孩子们想尝一尝鲜美的果实。当然要尝一尝了，孩子们，不过要先欣赏一会儿美景。孩子们环顾四周。花园被绿色的薄雾笼罩着，犹如身处一个童话般的水下王国之中。地面——田野、草地、道路——好像在碧绿色的雾气中颤抖，而在阳光的照射下枕木也焕发出夺目的光彩。

"太阳正在撒火花呢。"卡佳小声说道。

孩子们沉醉于这个迷人的世界无法自拔，而我便讲起了太阳的童话故事：

是的，孩子们，卡佳说得很好。太阳在撒火花。它生活在高高的天空上，它有两个巨人铁匠和一个金砧。黎明前，留着火红胡须的铁匠们去找太阳了，太阳给了他们两束银线。铁匠们挥起铁锤，把银线放在金砧上，然后锤啊，锤啊，锤啊。他们给太阳打造了一个银花环，而铁锤下的银色火花也散遍各处。火花掉到了地上，于是你便看到了它们。到了晚上，疲倦的铁匠们去见了太阳，还带给它一个花环。太阳把花环戴在了自己的金发辫上，然后去他的神奇花园休息了。

我一边讲童话故事，一边画。在画画本的白纸上出现了那些虚构的形象：金砧旁是两个巨人铁匠，从铁锤下方飞溅出银色的火花。

孩子们被这个神奇的世界吸引住了，他们都在认真地听故事，好像生怕打破这种宁静，以致魔力消失。接着，他们马上纷纷提问：巨人铁匠在夜里做什么呢？为什么太阳每天都要新的花环？银色的火花去哪儿了呢？每天遍地都是这些火花，不是吗？

可爱的孩子们，我会把一切都告诉你们，我们还有很多的时间，今天我要请你们吃葡萄。孩子们迫不及待地等着篮子里装满一串串的葡萄。我给每个人分了两串：一串给你们自己吃，另一串带给妈妈，好让她也尝尝葡萄的味道。

孩子们表现出惊人的耐性：他们把一串串的葡萄包裹在纸里。但令我担心的是，从放学到家是否也能保持足够的耐性呢？托利亚和科利亚会把葡萄带给他们的母亲吗？我多给了尼娜几串，为的是把一些带给生病的母亲，一些带给妹妹和祖母。瓦莉娅给父亲带了三串。我产生了这样的想法：只要孩子们有足够的力气，每个人都能种满自己的葡萄园……今年秋天，瓦莉娅家需要种上十来棵幼苗，虽然它们要等到一年后才能结出果实，但对父亲来说这可是治病的药啊……

我们走出了童话般的绿色朦胧世界。

我对孩子们说："明天晚上 6 点钟之前到这儿来，别忘了。"

我意识到孩子们并不想离开。但他们把白色的一包包葡萄抱在胸前，还是走了。我多么想知道，孩子们之中谁的葡萄可能带不回家去呢！但是，又不能问他们。要是有人自己讲出来，那该多好啊！

于是，开学的第一天就在这蓝天之下结束了……那天夜里，我梦见了太阳的银色火花。清晨醒来，我一直在想，接下来该做什么呢。我没有制定详细的计划：哪天给孩子们讲什么，哪天带他们去哪儿。我们的校园生活是按照"孩子生来就是有求知欲的考察者，世界的发现者"的思想开展的，这一思想对我很有启发。

就让这座童话世界在美妙的色彩中，在明亮颤抖的声音中，在童话故事和游戏中，在个人创造中，在激发心灵的美景中，在与人为善的愿望中展现吧。童话、幻想、游戏以及独特的儿童创造力是通往儿童心灵的必经之路。因此，我要去引导孩子们走进周围的世界，让他们每天都能从中发现新的事物，让我们迈出的每一步都能汇集成通往思想和语言的源泉——追求大自然神奇之美的一段旅程。

我要关注的是，我的每个学生是否能成长为一个善于思考和研究的智者，认识的每一步是否能陶冶心灵、磨炼意志。

第二天，孩子们临近傍晚才来到学校。安静的九月天正临近黄昏，预示着一天即将结束。我们走出村子，驻足在高高的山冈上。展现在我们眼前的是一片仿佛在烈日下燃烧的广阔草地，挺秀的白杨树和远处泛在地平线上的山冈。

我们已经来到思想和语言的源头了。童话、幻想是一把可以打开源头之门的钥匙，从中涌出滋养万物的源泉。

我记得卡佳昨天说过"太阳正在撒火花"这句话。这里我要提前讲一件后来发生的事情。12年后，卡佳在毕业时写了一篇关于故乡的文章，她在抒发对大自然的热爱之情时再一次使用了这个比喻。这就是童话形象在儿童思维中所发挥的强大作用。我多次证实了，当孩子们通过虚构的形象丰富自己周围的世界时，在创造这些形象时，他们不仅能够发现美，而且还能够发现真理。没有童话，没有幻想，孩子就无法生存；没有童话，周围世界对他来说是一幅美丽的、却仍是画在画布上的图画，而童话能让它充满生气。

形象地说，童话是一股清风，煽起儿童思想和语言之火。孩子们不仅喜欢听童话故事，还会自己创作。当我透过长满葡萄叶的藤墙向孩子们展示世界的时候，我便意识到我要给他们讲一个童话故事，只是还未想好究竟讲哪一个。

卡佳的话推动着我的幻想向前迸发："太阳正在撒火花呢。"孩子们创造出的形象是多么真实、准确，又富有艺术表现力呀！他们的语言又是多么鲜明生动啊！我希望，在翻开书本去读第一个单词之前，孩子们已经读完了几页世界上最精彩的书——大自然之书。

有一种想法在大自然中会显得格外清晰鲜明：作为老师的我们经常和大自然中最温柔、最微妙、最敏感的东西——孩子的大脑打交道。当你想象孩子的大脑时，要把它想象成一朵娇嫩的、挂着露珠的玫瑰花。摘下一朵花，又不让露珠滴落，需要多么细心和温柔呀！我们时时刻刻都需要做到如此细心，因为我们接触的是大自然中最微妙、最稚嫩的东西——正处于生长发育阶段的机体上的思维实体。

孩子用形象进行思考。这就意味着，他一边听老师讲水滴之旅的故事，一边在自己的脑海中描绘出银白色波浪一般的晨雾、乌云、隆隆的雷声和春雨。

这些画面在他的脑海中显得越清晰，他对自然规律的理解就越深刻。所以，在孩子稚嫩且敏感的大脑神经元还未强健起来的时候，就必须对之加以发展和强化。

孩子在思考——这意味着，大脑皮层中的某组神经元在感知周围世界的形象（情景，事物，现象，语言），并通过最精细的神经细胞（像经过通信信道一样）发出信号。神经元对这些信息进行"加工"、系统化、分类、对比和比较，而此时新的信息也源源不断地输入进来，所以要一次又一次地进行感知和"加工"。为了应付越来越多新形象的接收和信息的"加工"，神经元能量在极短时间内从对一些形象的感知转变为对它们的"加工"。神经元能量的这种急速转换就是我们称之为思维的那种现象——孩子在思考。

儿童的大脑细胞是非常稚嫩的，所以能对感知对象做出敏锐的反应，所以只有当感知和思考对象是可见到、可听到和可触摸到的形象时，它们才能正常地工作。思维的实质是思想转换。只有当孩子面对的是直观的现实现象，或是被塑造得让他们好像看得到、听得到、触觉得到别人在说什么的语言形象时，这种思想转换才能得以实现（这就是为什么孩子们那么喜欢童话故事）。

儿童大脑的自然属性要求儿童智力培养应处在各种直观的形象之中，主要是在大自然的思想源头上，以便思维从直观形象向着该形象的信息"加工"转换。如果不让孩子们接触大自然，如果孩子在学习之初只是理解词语，那么大脑细胞就会很快感到疲倦，以致无法完成老师布置的作业。要知道，这些细胞仍需要发育、增强和积蓄力量。这也就是为什么许多老师在小学经常会遇到这样的状况：孩子稳稳当当地坐着，注视着你，看似在认真地听课，但其实一句话都没有听懂。这是因为老师一直在讲个不停，而孩子却需要思考规则，解答问题和例题——这些都是抽象的、概括性的概念，没有鲜活的形象，以致大脑感到疲劳等，由此也会产生学习跟不上的情况。这就是为什么必须在大自然中发展儿童的思维、提高儿童的智力，这是儿童机体自然生长规律的要求。

所以说，每一场大自然的旅程都是一堂思维课，一堂智力发展课。

我们坐在山冈上，周围回荡着草虫和谐的鸣叫声，空气中弥漫着青草的芬芳。大家都默不作声。不必对孩子们多说什么，也不必填鸭式地给他们讲过多的故事，语言不是游戏，而话说得过多就会引起一种最有伤害性的腻烦心理。孩子不仅需要听老师讲话，还要保持沉默。此时他正在思考，领会自己的所见所闻。对老师而言，掌握讲故事的分寸就显得尤为重要了。

不要把孩子变成理解词语的消极对象。要想理解每个鲜明的形象，无论是直观形象还是语言形象，都需要大量的时间和精力。善于让孩子去思考是教育者最睿智的素养之一。要让孩子有机会到大自然中去听一听、看一看和感受感受。

我们聆听着草虫齐声歌唱。让我感到高兴的是，孩子们迷上了这美妙的音乐。就让这充满田野芬芳和悠扬旋律的宁静夜晚永远留在孩子们的记忆中吧。总有一天，他们会编出草虫的故事。

此刻，孩子们沉思的目光投向了落日。太阳消失在地平线的尽头，色彩柔美的晚霞布满了天空。

"太阳也去休息了。"拉丽萨说着，忧伤便挂到了她的脸上。

"铁匠们给太阳送来了银花环。昨天的那只跑哪里去了呢？"莉达问道。

孩子们注视着我，等待着故事的后续，而我还没有决定好选择哪个形象。费佳帮了我的忙。

"花环在天空中散开了。"他小声说道。

大家目瞪口呆，都盼着费佳还会再讲出些什么。要知道，这可是故事的后续，看来他已经编好了。但可能是因为孩子害羞，一直没有说话。于是我来帮费佳了：

"是的，花环已经在天空中散开了。它整天戴在太阳的炽烈发辫上都被灼热了，变得像蜡一样柔软。太阳用炙热的手一摸，它便像金色的小溪一样在夜空中涌出。就要去休息的太阳用余晖照耀着小溪。你们看，太阳闪耀着粉红色的光芒，不断闪烁变幻，渐渐变暗。太阳越走越远，它很快就要走进神奇花园了，天空中的星星也要亮起来了……"

"什么是星星呀？它们为什么会亮呢？它们从哪里来呀？为什么白天看不到它们呢？"孩子们问个不停。

但是，不要把那么多的形象塞进孩子的脑子中。今天已经足够了，我把孩子们的注意力转移到了别的地方上。

"看草原那边。看到了吗？山谷，草场和洼地越来越暗了。再看看那些山冈，它们好像变得柔软了，也好像是在暮色中游荡。山冈也变成了灰色。你们看到了些什么呢？"

"森林、灌木丛、牛群、羊群，还有牧人。有人停下来在野地里过夜。他们点燃篝火，但是却看不见。空气中只弥漫着烟气……"当孩子在凝视着迅速变暗的山丘时，他们产生了这样的想象。

我向孩子们提议回家，但他们却不想。孩子们要求再坐一会儿。在这傍晚时分，当世界被蒙上了一层神秘的面纱时，孩子们的想象力一下子迸发出来了。我刚刚才提到过的黄昏的朦胧和夜晚的黑暗仿佛远处的山谷和森林一样在游荡，孩子们便想象出了童话人物形象"朦胧"和"黑暗"。

萨尼娅正在讲这两个人物的童话故事。他们生活在森林那边一个远处的洞穴里。他们在白天的时候陷入了一个无底深渊之中，在睡梦中叹息（为什么要叹息呢？恐怕只有故事的创作者才知道）。太阳一回到神奇花园，他们就会从洞里出来。他们巨大的爪子上长着柔软的毛发，所以没有人听得到他们的脚步声。"朦胧"和"黑暗"是善良的、和蔼的、温柔的，他们不会去冒犯别人。

孩子们正准备编一个童话故事，讲"黑暗"和"朦胧"如何哄小孩子，但是今天就说到这儿吧。我们该回家了。孩子们想明晚还来这里。用瓦莉娅的话说，"这正是编故事的好时候"。

为什么孩子们愿意听童话故事？为什么他们如此热爱暮光之城？什么情况是有利于儿童想象力发展的呢？为什么童话故事比任何其他途径更利于语言和思维的发展呢？这是因为童话形象具有更鲜明的感情色彩。童话语言存在于儿童的意识中。当孩子倾听或说出那些塑造虚构景象的话语时，整个人都变得魂不守舍起来。

我无法想象如果在学校教学中没有了听故事和故事创作，会是什么样子。呈现在我面前的是孩子们在"快乐学校"开学之初的两个月编出的童话和小故事，其中饱含着孩子们的思想、感觉、期望和看法。

小兔子（舒拉）

妈妈送给我一个小毛绒兔子。那时正好是在新年前夕。我把它放在了枞树的树杈之间。大家都睡了。枞树上亮着一盏小小的灯。我看见一只小兔子从树枝上跳了下来，围着枞树跑来跑去，跳来跳去，然后它又回到树上去了。

向日葵（卡佳）

太阳升起来了。鸟儿醒来了，云雀飞上天空。向日葵也醒来了。它抖了抖身子，从花瓣上抖下了露珠。它转身朝向太阳，说道："你好，太阳！我等你很久了。你看，没有你的温暖，黄色的花瓣已经凋谢。但现在它们又都挺立起来，高兴起来了。太阳，我的样子和你的一样，也是圆滚滚的，金黄金黄的。"

怎样耕田（尤拉）

收割机已经收割完小麦了。从洞里爬出了一只小刺猬，它发现小麦不见了，玉米穗也不再沙沙作响了。小刺猬团成一团，在茬地里滚来滚去。一个巨大的怪物——铁甲虫向它迎面爬来。它爬得哗哗作响，轰轰隆隆。它的身后挂着一把犁。被犁过的田地留下了黑色的印记。一只刺猬坐在洞口，望着外面，它感到有点奇怪，心想："这只巨大的铁甲虫是从哪里来的？"原来，这是一台拖拉机。

两幅列宁肖像（万尼亚）

我的姐姐奥利娅加入了十月儿童少先队。她有一颗红星星。上面是列宁的一幅小画像。现在我们拥有弗拉基米尔·伊里奇·列宁的两幅肖像了。一幅挂在墙上，另一幅在奥利娅的红星上。列宁为劳动人民的幸福而斗争。爸爸说过，列宁上学时候的成绩很好。我也要好好学习。我也要成为一名像列宁一样的少年。

橡实（济娜）

一阵风吹来。橡实从橡树上掉了下来。黄黄的，闪闪发光，就像是铜打造出来的一样。它掉落下来，心想："在树枝上待着该多好啊！可是现在我却落到地面上了。从这里望不到河流和森林。"橡实发愁起来，问道："橡树，你带我回到树枝上吧。"橡树答道："真笨！你看，我不也是从地里长出来的么。快点生根，长大吧。你也会长成高大的橡树。"

孩子们不仅关心大自然中发生的事情，还渴望地球和平。他们知道，还有一股企图发动战争的力量存在着。听，在接下来讲的童话故事中，孩子们用"蛇"这个虚构的形象来描绘这种黑暗的势力。

我们是怎样战胜铁蛇的（谢廖沙）

铁蛇生活在海洋那头远远的沼泽里。它憎恨我们的人民，制造了原子弹，数量很多。它把原子弹插在翅膀上，飞走了。他想把原子弹扔到太阳那儿去，想让太阳熄灭，这样我们就会在黑暗中死去。我派小燕子们去迎战铁蛇。它们的嘴里都衔着一颗来自太阳的火种，去追赶大蛇。它们把火种扔到铁蛇的翅膀上。于是，大铁蛇落到了沼泽地里，跟炸弹一块都烧掉了。于是太阳仍在玩耍。小燕子们又在叽叽喳喳地唱歌了。

这个故事体现了儿童世界观的独特性。如果没有鸟兽的参与，孩子也就无法想象善良是如何战胜邪恶力量的。盖达尔曾说过，童话的结尾应该是这样的："红军击败了白军，小兔子高兴地坐了下来。"孩子们心爱的小兔子和小燕子不单单是一些童话人物，他们也是善良的化身。

在周围的世界里，每一天都有新的发现，每一次的新发现都能成为一则童话故事，而它的创作者都是孩子。童话形象能够帮助孩子们领略到祖国的美。通过童话、幻想和创作发现祖国的美，这就是热爱祖国的源泉。人对祖国伟大强盛的理解和感受是一个循序渐进的过程，它以美为本源。

我想给教育幼儿的教师提出一个建议：当您要第一次为孩子讲述祖国大地——苏维埃联盟的伟大强盛时，请您一定要细心、谨慎地做好准备。这一次的讲述应当是鼓舞人心的，充满崇高思想的（如果您心存纯洁高尚的情感，就算有人说辞藻过分华丽，也请您不要害怕）。但是，要想让这次的讲述引起孩子们的心跳加速，形象地说，就必须在孩子们思想的田野上精心地耕耘，播种下美的种子。让孩子去感受和欣赏这份美，让体现祖国的那些形象永远地保留在孩子的心中和记忆里。美是人性、人心、人情的融合。

令我欣慰的是，我注意到毛利亚、斯拉瓦、科利亚、维佳和萨什卡那冷漠的心在慢慢融化。在我看来，面对美时表现出的喜悦、神往和惊叹就像是一条通往孩子心灵的道路。

"快乐学校"的生活不受严格规定的限制。它不会规定孩子们应该在蓝天下待多久。最重要的是，不会让孩子们感到腻烦，不会让他们因感到沉闷而盼着老师说"该回家了"。我尽力在孩子们对正在观察的事物、正在做的劳动产生浓厚兴趣的时候结束学校的活动。让孩子们急不可耐地盼着明天的到来，允诺明天给他们一些新的快乐，让他们在夜晚梦见太阳撒落在大地上的银色火花。孩子们在"蓝天下的学校"有时一天能待上 1~2 个小时，有时一天能待上 4 个小时，这要看老师在当天能给孩子们带来多少欢乐。同样重要的是，每个孩子不仅能感受到快乐，还能创造快乐，并把自己创造的那一点点快乐带给集体。

那年秋天，天气一直是又暖又干的。直到十月中旬，树叶都还没变黄。打过几次雷，好像夏天又回来了。每日清晨，总有露珠在草地上闪烁。这为我的工作创造了有利条件。

我们几次来到自己的山冈上，漫步于云海之中。这些时刻给孩子们留下了难忘的印象。软绵绵的白云是孩子们探索种种神奇发现的一片天地。孩子们在稀奇古怪、变幻莫测的云海中看到了野兽和童话里的巨人：孩子的幻想好似疾驰的鸟儿飞向云霄，飞向碧海和森林，飞向遥远的陌生国度。正是在这样的翱翔中，鲜明地展现出了孩子的个性世界。看，那是奇妙的云朵在天空中飘浮。

"孩子们，你们从云朵里看到了什么？"

"一个戴草帽的牧羊老人，他拄着拐杖，"瓦莉娅说道，"你们看，他旁边是羊群。领头的是一只长着卷犄角的山羊，它后面跟着一些小羊羔……老人挎着一个麻袋，有什么东西从里边露了出来。"

"才不是老人！"帕维尔反对道，"是雪人，就像咱们冬天堆的那样的雪人。瞧，它手里拿着扫把。头上戴着的可不是草帽，而是水桶。"

"不，不是雪人，是干草垛，"尤拉说道，"在草垛上有两个拿着草叉的牧人。你们看，他们正在往下扔草，下面停着一辆大车。这怎么会是羊呢！不是羊，是大车。不是犄角，是车弓……"

"这是一只大兔子。我梦见过这样的兔子。下面也不是大车，而是兔子的尾巴。"

我本想让大家都来想象一下，但不知为何科利亚、斯拉瓦、托利亚、米沙却一言不发。当我从奥利娅的脸上看到不屑一顾的目光（在那些把儿童娱乐看作是有失尊严的大人身上才可能出现的目光）时，我的心如刀割一般痛苦。这是怎么一回事，我不是从这个男孩子的眼睛中看到过对美好事物的热情和敬仰么……

当时，我没有考虑太多，但却有一种感觉在暗示我：在无法通过儿童的乐趣吸引孩子之前，在孩子的眼中还未流露出由衷的喜悦之前，在孩子还未对儿童游戏产生兴趣之前，我无权谈论任何有关儿童教育影响的问题。

孩子本该就应当有孩子的样子。如果孩子在听童话故事时，没有在善与恶的交织中经历一番挣扎，如果在他的眼中流露出的是轻蔑而非喜悦的目光，这就意味着孩子的心灵已经受损。因此，必须付出更多精力以抚平孩子的心灵。

地平线上出现了云朵，形状稀奇古怪，像是一座被高墙和塔楼包围起来的奇幻宫殿。孩子们的想象填补了宫殿轮廓模糊不清的部分。尤拉已经讲起了关于遥远的神奇王国、恶毒的老巫婆和拯救美女的勇士的故事。维佳发挥想象，编出了不一样的故事：在遥远的异国他乡，山里住着一个凶恶的人，他谋划了一场战争。幻想插上了翅膀，把小男孩儿带到了飞船上。这只飞船能够一瞬间飞到住着黑暗力量的山洞上空，消灭邪恶，并在地球上建立起永恒的和平。

后来，我讲了遥远的热带国家，讲了经久不变的夏天和奇异的星座，还讲了碧蓝的海洋和挺拔的棕榈树。童话与现实交织到了一起，我仿佛打开了一扇通往远方世界的窗口。我还讲到了风土人情、海洋、大海、丰富多彩的动植物和多种多样的自然现象。

我开始讲人奴役人的世界。所呈现的一幅幅劳动者，特别是儿童受苦受难的鲜活画面在学生们的思想意识中激起了一种不安的想法：在这个世界上，善与恶之间正在进行着激烈的斗争，我们的人民正是为人类幸福、荣耀和自由而斗争的战士。我渴望让自己的每一个学生从小就能对人剥削人所带来的社会罪恶持零容忍的态度，让他无比珍惜我们这个世界上第一个自由劳动的国家。我认为，让孩子意识到邪恶不是某种抽象的东西，而是一种敌视世间所有正直人民的实际力量，是最重要的一项教育任务。我告诉孩子们，在一些国家财富属于少数的资本家和地主，而劳动人民连最基本的生活所需都要被剥夺。我没有急着去让孩子们理解"帝国主义"这个抽象概念。他们到时候就会理解的。到了我所说的那个年龄的时候，起着决定性作用的会是那些鲜明的观点及其本身所带有的感情色彩。当我讲到在意大利有成千上万的母亲因贫穷而感到绝望，被迫将自己的孩子卖给美国的有钱人时，孩子们感到这种罪恶是由于极大的不公正造成的：有的人拥有财富，却没有创造过财富，而有的人创造财富，却连一块面包、一件衣服、一处容身之地都没有。

教师在讲故事时能与孩子们一起分享所有的欢乐和悲伤，这是儿童智力发育健全、精神生活富足的必要条件。这些故事的教育意义在于，孩子们在营造童话景象的环境中聆听这些故事：寂静的夜晚，天空中闪烁着繁星；在森林中、在篝火旁、在舒适的小木屋里，借着小火炉里木炭燃烧时发出的光亮，窗外秋雨声哗哗作响，寒风吟唱着忧郁的歌。

　　故事应当鲜明、形象、短小精悍。不要堆砌过多的事实，不要给孩子灌输过多的印象，否则会让孩子对所讲故事的感受变得迟钝，也难以让他对什么事情提起兴趣。

　　我建议教育者们要对孩子们的感受、想象和幻想施予影响，要一步一步地打开通往大千世界的窗口，但不要一下子完全敞开，也不要把它变成一扇海纳百川的大门，以至于不管您愿不愿意，那些对故事的主题思想感兴趣的孩子们会如珠粒一般冲出来……最初，他们在面对众多事物时会感到不知所措，此后这些压根儿还是陌生的事物就会变得屡见不鲜、空洞无味。

　　"蓝天下的学校"教给我如何为孩子们打开一扇通往周围世界的窗，而我也一心想把这门生活和认识的科学传递给所有的教师。我建议他们不要给孩子灌输过多的知识，不要贪求在课堂上把自己知道的所有与学习主题相关的内容都讲出来，因为一旦知识泛滥，好奇心和求知欲就可能会被湮没。要善于为孩子揭开周围世界的某一样东西，但要做到让生活的一小部分能在孩子们的面前焕发出彩虹般迷人的光彩。总要保留点儿言犹未尽的地方，以便让孩子一次又一次地想回顾已了解的东西。

　　人的思维能创造出无限的成就。比如，人类创造了大量的书籍。请把一本书的美、智慧和思想深度展示给孩子们，做到让每一个孩子都能永远地爱上阅读，并愿意独自在书海中遨游。

　　我曾与老师们分享过关于走向生动语言源头的"旅行"的想法。孩子们讲述在周围世界里亲眼所见的事物和现象，我把其中结构清晰、短小精悍且情感丰富的故事称作"旅行"。于是，小学老师们仿效我的做法也开始做起"旅行"来。

教室的门敞开了，孩子们在清风的吹拂下来到了绿油油的草地上。阅读课和算术课开始越来越多地在蓝天下进行，特别是在一、二年级的时候。这并不是要放弃课堂或脱离书本和科学而去亲近大自然。这种做法反而丰富了课堂内容，让书本和科学活了起来。

小学老师们常常在课后聚到办公室，商量怎样才能让孩子觉得认识周围世界、掌握自然和社会知识不是一件枯燥、讨厌的事。在这种集体创造活动中诞生了一种新的思想——让孩子了解农业劳动和技术，让孩子逐步熟悉人类卓越的创造。

小学教师诺维茨卡娅、涅斯捷连科和韦尔霍维尼娜不仅为自己的学生们筹划了走向生动语言源头的"旅行"，还按照我的建议确定了春、夏、秋、冬各季里的哪些自然现象和农业劳动形式最适于发展思维和语言。

我们的"幻想园地"

　　在村外离学校不远的地方有一个大峡谷，长满了灌木丛和树木。孩子们觉得这是一片神秘未知的茂密森林。一天，我发现峡谷壁上有一个洞穴，里面很宽敞，四壁坚固、干燥。这可真是一块宝地呀！这里将成为我们的"幻想园地"。当我第一次带孩子们来到洞穴的时候，他们高兴的心情难以言表。孩子们叫呀，唱呀，互相呼唤，玩捉迷藏。就在这一天，我们在地上铺上了干草。起初，我们不过是来欣赏这块神秘的地方，尽量把它弄得舒适一些。我们在墙上贴上了几幅画，把入口加宽了，还放上了一张小桌子。

　　孩子们欣然地接受了砌炉子、偶尔还要生生火的建议。我们给炉子挖了一个坑，凿了一个放烟囱的孔。我们把多余的土块运到了外边，搬来了黏土和砖头。活儿并不轻松，但是我们都有一个生炉子的愿望。我们干了大约两个星期。这项工作吸引了每一个人。无论是科利亚、斯拉瓦，还是托利亚，这些对大家做的事情不理不睬、让我非常担心的孩子们也不再置身事外了。现在，他们的眼睛里闪烁出了越来越多的光彩，热情的光芒也久久不曾散去。这件有趣的事情让像萨什科、柳达和瓦莉娅那样胆怯、腼腆、优柔寡断的孩子们提起了精神。我越来越相信，集体的情绪状态，即高兴和兴奋的状态，是一种巨大的精神力量。它不仅能把孩子们凝聚到一起，还能唤起冷漠的心灵中对集体所作所为的兴趣。终于，我们在炉子里生起了火。干枯的树枝燃起了欢快的火焰。

　　夜幕降临大地。我们的洞穴明亮又舒适。我们望着覆盖着崖坡的树木和灌木丛，于是一个个童话形象从神秘的丛林中向我们走来了。它们好像在提醒和请求我们："讲一讲我们吧。"树木和灌木丛笼罩在夜幕的薄雾下，一开始是灰蓝色，然后变成了淡紫色。树木在这片薄雾中竟呈现出了一种最让人意想不到的轮廓。

此时此刻，孩子们很乐于展开想象，编一些童话故事。我问道："遍布崖坡的树长得像什么？"与其说是我在问孩子们，不如说是在问自己的想法。我觉得，它们就像是绿色的瀑布，从悬崖上倾斜而下，然后结成了冰，形成了不知是玄武岩还是孔雀石一般的巨大雕像。我想知道，会不会有人，哪怕只有一个孩子的想法会和我的想法一样呢？

在这个傍晚时分，有时间来看一看孩子们是怎么想的。终于，我看到一个孩子的思绪如一股急流奔涌而至，他想象出一个又一个的新形象；另一个孩子的思绪则如一条宽阔、浩荡、强劲、深不可测却缓缓流动的大河，即使看不出这条大河的水流是否在流淌，它也仍是一股强劲、势不可挡的急流，无法让它转入新的河道；而此时还有一些孩子急速、轻盈且湍急的思绪之流却好像可以被阻挡住，而且一下子就会绕道而驰。

舒拉把树冠想象成了一群牛，但谢廖沙一问："那它们在哪里吃草呢？那儿可没有草呀！"舒拉便换了一个想法："它们不再是牛了。它们是夜晚降临于大地的云朵。"尤拉的想象也在这样迅速地飞跃。而米沙和尼娜一声不响，神情专注地注视着什么。他们看到了什么呢？孩子们想象出的几十种形象已从我们眼前闪过，而米沙和尼娜还是一言不发，斯拉瓦也不言不语。难道在他们的脑海里就没有一点想法出现吗？

已经该回家了。终于，最不爱说话的米沙开口了："这是一头愤怒的公牛，它挺着牛角冲向山岩，却无法顶动，它站住了脚。看，现在它好像铆足了劲儿，眼看就要把悬崖推开了……"

此时此刻，那些好像簇拥在我们周围的形象全都消失不见了。我们看到树丛出奇地像一头因束手无策而愤怒得发了呆的牛。孩子们叽叽喳喳地说了起来：它那只在峡谷底部的腿是使了多大的劲儿呀！看，它的脖子都拱起来了！大概连筋都在抽搐，犄角也插进地里了……

米沙想象得可真好啊！当各种各样生动的形象在我们的脑海里一闪而过时，他已经在按照自己的想法去思考。他认真地听了其他小伙伴们的讲述，但却没有一个形象吸引住他。他的想象最鲜明、最接地气。这可能就是他在生活中所看到过的且在他的脑海中留下了印象的东西。

不过，这种沉默寡言、脑筋转得慢的孩子在课堂上却是备受煎熬。老师总想让学生快一点回答问题。他不在乎孩子是怎么思考的，要的是孩子立刻给出答案，然后给他评个分数。他竟没有想到，要让这种缓慢而强劲的大河加快流速是不可能的。就让这条大河按照它独有的本性流淌吧！它的水流一定会达到预期的标界。别急别赶，也别用评分这根桦树条去抽打这条强劲的大河，因为这样做也是无济于事的。

是不是每个老师都曾考虑过机体的生长发育阶段，即从出生到成年，是人类较其他动物而言最漫长的一个阶段呢？人体直到 20 岁甚至更久都在经历着成长、发育和壮大的过程。在较长的人体生长发育阶段中蕴含着大自然的重大奥秘。仿佛大自然自己就把这一阶段划分了出来，用于发展、强化和培养神经系统——大脑皮层。人之所以为人，是因为他在很长一段时间内经历了神经系统的幼年期和大脑的童年期。

婴儿从出生时就拥有了数十亿个细胞，它们不仅能对环境做出微妙的反应，还能在一定的条件下发挥思维功能。这些细胞构成了意识的物质基础。在神经系统处于幼年期时，思维实体的细胞应当每天都在积极的活动中进行训练，而积极的感知、观察和自我剖析则是这些训练的基础。

人在学会观察周围世界的现象、思考其中的因果关系、深入其本质之前应当在童年时期进行思维训练。这些训练就是观察事物和现象。孩子看到一个生动的形象，然后展开想象，并在脑海中塑造出这个形象。观察现实的事物和在脑海中塑造虚构的形象是思维活动的两个阶段，且二者之间不存在任何矛盾。孩子不仅能对童话故事里虚构的形象进行理解和思考，还可以自己塑造出一个好像是真实存在着的虚构形象。塑造虚构形象是让茁壮的思想萌芽成长的最佳土壤。

在思维的童年期，思维过程和周围世界里生动、鲜活、直观的事物应尽可能紧密地联系在一起。让孩子先别去考虑因果关系，让他只是观察事物，发现其中的新东西。这个小男孩儿从夜幕薄雾笼罩下的树丛中看到了一头愤怒的公牛。这不仅是儿童想象力的游戏，也是思维中有艺术表现力和富有诗意的部分。而另一个孩子则从同一片树丛中看到了另外的一种东西，一种属于他自己的东西，并在这一形象中加入了自己的理解、想象和思想。

每个孩子不仅会感知，还会描绘、创作和塑造。儿童对世界的观察是一种独特的艺术创作。如果一个形象既能被孩子感知到，又能被他塑造出来，那么这个形象往往带有鲜明的情感色彩。当孩子们在感知周围世界里的形象时，当他们赋予这个形象某种想象出来的东西时，他们就会感到无比的快乐。在感知过程中怀有的饱满情绪是儿童创作的精神动力。我深信，如果没有情绪起伏，儿童脑细胞是无法正常发育的。儿童大脑中发生的生理过程也与情绪有关。每当表现出精神紧张、情绪高涨和兴致高昂的时候，大脑皮层细胞的代谢就会增强。细胞在这些时期内会消耗大量的能量，但同时也会从机体中获取大量的能量。以我多年来对小学生脑力劳动的观察，我坚信儿童思维会在情绪起伏较大的时候变得特别清晰，而识记强度也最大。

这些观察对儿童教育过程做了重新说明。小学生的思维和情感与体验是密不可分的。在教学过程中，特别是在感知周围世界时，饱满的情绪是儿童思维发展规律提出的要求。

到了初秋，天气格外暖和。我们并不是待在一个地方一动不动。我们常到田野和丛林里去，偶尔也会去看看"幻想园地"。

孩子们在距离村子两公里的地方发现了一个小山冈，从这里可以看到奇妙的景色，有隐没在花园中的村子，有远处的田野，还有蓝色的山冈和林带。

空气变得格外干冷清新，地面上漂浮着银色的蛛丝，蔚蓝的天空中出现了越来越多的候鸟。在离我们的小山丘不远的地方有一片树林，林中空地上长满了一丛丛野蔷薇。我们常来欣赏一粒粒紫色的果实和挂在树枝上的银色蛛丝，我们把每一丛树的轮廓都刻在了记忆里，我们还常常来瞭望果园和村边的一排排杨树。孩子们每天都会发现一点新的东西。眼前的绿色丛林已披上了深红色的衣裳，树叶呈现出绚丽多彩的颜色，孩子们从这些发现中感受到了极大的欢乐。

生动的语言和创造性思维的源泉是如此丰富，如此无穷无尽啊。如果我们每时每刻都能获得一个新的发现，那么这些发现就能够延续好多年。

瞧，在我们面前的是一丛丛野蔷薇，上面布满了一串串紫色的果实。果实之间的银白蛛丝上挂着滴滴朝露。露珠看起来是琥珀色的。我们入迷地站在这丛野蔷薇旁，眼前呈现出奇妙的景象：露珠似乎活了起来，它们从蛛丝末端移动起来，仿佛在向着下垂的蛛丝中部爬去，彼此融合到了一起，但是它们为什么没有变大，也没有滑落到地上呢？我们全神贯注地观察着：原来，露珠蒸发得很快，眼看着它们一点点变小，然后完全消失。

"是太阳把露水喝掉了，"拉丽萨低声说道。她凭想象塑造出的这个形象引起了孩子们的好奇心，于是一个新的童话故事诞生了。在这丛野蔷薇一旁，在生动语言的源泉一畔，孩子们的面前呈现出了一条新的奇幻小溪。也许，这只是一次偶然，但又说不定什么时候会成真呢。

拉丽萨发现了露珠、蛛网和珠粒这些词语的谐韵。这种巧合仿佛让孩子们恍然大悟。此前，孩子们知道的诗歌都是从哥哥和姐姐那里听来的，而哥哥姐姐又是从书本上读到的。而在这里，诗歌从生动的语言中来，从周围世界而来。

"到了夜里，露珠落入了银色蛛网。"拉丽萨说道。她的眼中闪烁出喜悦的光芒。

大家都安静了下来，但我看得出，每个孩子的思想都受到了语言力量的震撼，像鸟儿一般展翅翱翔。

"琥珀色的珠粒，颤抖起来了。"尤拉接着说道。

当一个人接近事物的本源，当一个词对他来说已不单单是事物的符号，而是花朵的芬芳、泥土的气息、故乡草原和森林奏响的音乐和亲身感受与体验时，这样的景象就会出现。

依照教育学规范，我也许本该让孩子们继续编写诗句，然而这些规则却被我抛之于脑后。孩子们的创作思潮把我吸引住了，于是我不假思索地说出："太阳吮吸了露珠，银色蛛网被清洗一新，那琥珀色的珠粒也笑起来了……"

我们尖叫起来，围着灌木丛奔跑，一遍又一遍地吟诵着这些诗句。我想尽快给教师们讲一讲这源于周围世界的灵感迸发。我想提一个建议：头几堂思维课不应在教室里、在黑板前上，而应到大自然中去上。我还想说，真正的思想总是一种心动的感觉，只有当孩子感受到语言的特点时，他的内心才会充满热情。请去野外走一走，去公园转一转，从源泉中汲取思想。那富有朝气的水源会让您的学生们成为睿智的探索者，成为好钻研和有求知欲的人，成为诗人。

经过千万次的证实，我相信：缺少了诗意和美感的思潮，儿童智力就无法得到全面的发展。儿童思想的本质属性本就要求富有诗意的创作。美好事物和鲜活的思想像阳光和花朵一样是有机地联系在一起的。富有诗意的创作始于对美好事物的观察。大自然的美能加强感受力，能唤醒创造性思维，能让语言中充满了个体体验。

为什么人在童年时能掌握这么多的母语词汇呢？这是因为在这一时期周围世界的美第一次展现在了他的面前，还因为他既能体会出每个词的含义，又能感受到它在美感方面的纽微差别。

大自然是健康之源

经验告诉我们，大约 85% 成绩不及格的学生之所以学业落后，主要是因为身体状况不佳，身体有某种不适或疾病。而这些身体异常往往完全不被察觉，因此只有在父母、医生和老师的共同努力下，才能治愈这些疾病。被孩子的活泼好动所掩盖、隐藏起来的身体不适、心血管系统疾病、呼吸道疾病以及胃肠道疾病通常不被视为疾病，而是健康状况异常。

多年观察表明，所谓的思维迟钝在多数情况下是儿童自身也感觉不到的全身不适导致的，而不是大脑皮层细胞发生了某些生理变化或功能出现了障碍。在个别孩子当中可能会发现脸色苍白、食欲不振的现象。稍微做一下改善营养的尝试就会引发反应：身上出疱疹。即便是最周密的化验分析也说明不了什么：一切似乎都是正常的。而事实证明，在大多数的情况下，这与长时间待在室内所引起的代谢紊乱有关。因此，患有这种代谢紊乱的孩子无法集中精神进行脑力劳动。

在机体快速发育期和青春期，身体会出现特别多不适的状况。在这种情况下，改变作息制度是唯一的治本疗法：多到户外去呼吸新鲜空气，开着通风窗睡觉，早睡早起，合理膳食。

有些孩子看上去很健康，但仔细一看他们的劳动情况，就会发现某种潜在的疾病。有意思的是，当老师一心想把课堂的每一分钟都填满紧张的脑力劳动时，那些潜在的疾病和身体不适状况就会表现得特别明显。老师开展的那种"不浪费课上的每一分钟"的课程会让一些孩子感到吃力。我坚信，这种"加快"的节奏甚至对完全健康的孩子来说都是难以承受和有害的。用脑过度会致使孩子们双眼呆滞、目光模糊、动作迟缓。于是，孩子会感到完全力不从心。他本应去户外呼吸新鲜的空气，而老师却把他牵制在"缰绳"里，一边还吆喝着："快点，快点……"

在"快乐学校"开学的头几周里，我认真地了解了孩子们的健康状况。尽管所有孩子都是在村子里、在大自然的怀抱中成长起来的，但个别孩子却脸色苍白、发育不良。而沃洛佳、卡佳和萨尼娅，正如人们常说的，瘦得皮包骨，身材瘦小且单薄。几乎每家的伙食都很好。有些孩子体弱多病的主要原因是他们的生活环境好似温室一般，母亲们都很呵护孩子，生怕他们受风。孩子们很容易疲倦，他们来"快乐学校"之初勉强也走不过一公里。母亲们都抱怨这些孩子吃得少。

我让家长们相信，越是加倍呵护孩子，担心他们感冒，孩子的身体就越弱。大家答应了我的坚决请求，热天让孩子光脚来上学（对孩子们来说，这是件极大的乐事）。有一次，我们在田间赶上了一场温暖的大雨。孩子们只好踩着水洼回家。和家长们的担忧恰恰相反，没有一个孩子生病。好不容易才做到让家长不要给孩子裹得里三层外三层，不再为了"有备无患""以防万一"再给孩子穿一件棉袄和毛衣。

我们这里有一个规定：春天、夏天和秋天的时候，孩子们不得在室内待一分钟。在"快乐学校"最初的3~4个星期里，孩子们每天走2~3公里，第二个月走4~5公里，第三个月走6公里。这一切都是在田间、草场、丛林和森林中进行的。孩子们没有察觉到一天走了多远的距离，因为目标并不是要走多少公里，活动和行走只是实现其他目标的一种手段。孩子想走一走，是因为他觉得自己是世界的发现者。孩子们回到家虽有疲倦，但感到幸福、快乐。健康离不开疲劳。孩子在紧张劳动过后休息时，健康好似提神去乏的源泉注入了他的机体。

在新鲜空气中走上几公里之后，按家长的话说，孩子们的胃口都变好了。每逢我们准备带孩子们去森林时，我都会建议孩子们带上面包、洋葱、盐、水和一些生土豆。家长们一开始都怀疑，孩子们怎么会吃这些东西呢？要知道，他们在家连更有营养的食物都不吃一口。结果，无论是面包，还是洋葱和土豆，在森林里都变成了最美味的食物。而且，孩子们的食欲也好了起来，在家也会心甘情愿地吃完盛给他们的整盘苏波汤或罗宋汤。

一个月后，脸色苍白至极的那些孩子们的小脸蛋儿微微泛红起来，母亲们对孩子们的好食欲赞不绝口：孩子们也不任性挑食了，给什么，吃什么。

运动是锻炼身体的重要条件之一。孩子们爱跑、爱玩，于是就给他们修建了游戏区。但凡游戏、娱乐所需的一切，这里都有，不过我想要得更多。我还想给孩子们装旋转木马、搭秋千，还想把户外游戏和童话故事结合起来，让想象力渗入户外游戏之中。我已经设想好在旋转木马的木制转盘上装上驼背的小马、大象、灰色的狼和狡猾的狐狸。孩子们不仅能骑着玩儿，还能因骑上了驼背的小马或灰色的狼而感到兴奋激动。这些暂时都还只是计划而已，但我确信我的目标在半年以后就会实现，也许是在一年以后。我弄到了安装旋转木马的材料。我想在入冬前就给孩子们准备好，让他们在冬天也能尽可能地在户外活动。

以我多年来对低年级学生身体发育的观察，我相信完善且平衡的儿童膳食结构有着巨大的作用。许多孩子的饮食中缺乏增强体质、预防感冒和避免代谢紊乱所必需的重要物质。只有 8 户家庭有蜂蜜。形象地讲，蜂蜜是盘子里的一小块太阳。我跟家长们进行了交谈，让他们认识到食用蜂蜜对孩子的身体健康有多么重要。于是，到了 9 月末，已经有 13 户家庭养殖了蜜蜂，每家有一到两窝蜂。到了春天，养蜂的家庭已有 23 户。

到了秋季，我便建议母亲们储备一些野蔷薇、野梅和其他富含维生素的鲜果，把它们制成果酱过冬。我还跟家长们聊过，希望每个家庭都能栽有足够多的果树，特别是苹果树。整个冬季都应当备有新鲜的水果。只要费一点儿心，这些事情在农村很容易就能办到。

富含谷类作物（小麦、黑麦、大麦、荞麦及其他青稞）植物杀菌素的空气是有益于健康的灵丹妙药。因此，我常常带孩子们到田间和草场去，让他们去呼吸弥漫着麦香的空气。我还建议家长在孩子卧室窗外种上几棵核桃树。这种植物能分泌植物杀菌素，杀灭空气中的多种病原微生物。害虫同样无法忍受核桃树的气味。所以，哪里有核桃树，哪里就没有苍蝇和蚊子。我也提到过要各家在院子里都装上夏天使用的淋浴。

多年来，有一个问题一直困扰着我：为什么很多孩子的视力都不好？为什么才上三年级的孩子就要戴眼镜？我通过对许多低龄儿童的观察得出了结论，这里的问题与其说是读书导致的用眼疲劳过度，倒不如说是不良的生活方式，特别是饮食中缺乏维生素，孩子缺乏身体锻炼，容易患上感冒。童年时候患过的有些疾病会对视力产生影响。正确的生活方式、完善的膳食结构和身体锻炼均可预防孩子生病，给他们带来体验周围世界美好的幸福感。

通过多年来对儿童的观察，我发现了一些令人不安的现象：春季，从三月份开始，所有孩子的身体就变得弱了起来。孩子好像感觉筋疲力尽。这时，身体抵御感冒的能力变弱，工作能力下降。视力下降在春季表现得尤为明显。我在医学和心理学专家的著作中找到了对这些现象的解释：各身体系统相互作用的节奏在春季发生了显著改变。原因是：体内的维生素储备不足，太阳辐射强度到了春季急剧下降，长时间紧张的脑力劳动也使神经系统处于疲劳状态。我寻思着该如何削弱这些因素的作用。家长们开始更多地关注专为春季储备的富含维生素的食物。

在冬季和春季，每逢风和日丽的日子，我们都尽量到户外去活动。我想在春季的那几个月里降低一下脑力劳动的强度。自打有了这个想法，我的心绪一直无法平静。我认为可以利用脑力劳动的多样化来解决这一问题。脑力劳动应尽可能多地在大自然中进行，而不是在教室里进行，同时还要与体力劳动相结合。这已成为春季教学的一项原则。

战后初期，在许多孩子身上明显出现了神经官能症的倾向。我的有些学生（特别是在托利亚、科利亚、斯拉瓦和费佳）表现出了精神压抑和冷漠的生活态度。我尽力不让孩子们的这种拘谨、胆怯、迟疑和一反常态的羞涩发展成为神经官能症。

我们这些小学老师经常讨论怎样才能让孩子们在集体生活中获得快乐。我们得出的结论是：重点是要在校园环境中消除孩子在家庭生活中遇到的那些不幸、痛苦和冲突。为了不让孩子那敏感的心灵受到任何伤害，教育者们要竭力了解每个孩子的内心正在发生着什么，他是怀着怎样的心情来学校的。

我们在"心理研讨会"上讨论了孩子精神生活中所有备受关注的问题。学校集体应当驱散孩子们的痛苦和悲伤。对那些遭受过心灵创伤的孩子们要加以极大的关注。科利亚、萨什科、托利亚、彼得里克和斯拉瓦这几个人的神经有时会紧张至极。只要稍一触动，他们就可能"火起来""气炸"。在某些日子里，甚至不能向孩子们提问题。对他人有效的教育方式，对这几个孩子完全不适用。

我在医学专家的著作中看到了"医学教育学"的概念。这一概念最为准确地表达出了有关行为受病态心理影响的儿童的教育本质。医学教育学的主要原则是：

（1）顾及孩子易受损伤的病态心理。

（2）通过在校生活的方式方法让孩子摆脱忧郁的思想和情绪，激发乐观情绪。

（3）任何情况下都不要让孩子察觉到自己被当成病人对待。

学校曾有过一个患有癔病性神经官能症倾向的孩子沃洛佳。父母称赞孩子的方式让我倍感不安。他们暗示自己，儿子是一个特殊的孩子。我担心，让孩子失望的事情必然会接二连三地发生，这可能会让他对父母和长辈产生憎恨。我认为，治疗这类孩子的主要方法是要培养待人谦虚和尊重他人的态度。我努力做到让沃洛佳尊重他身边的每一个人。

思维迟缓和情绪压抑的儿童在医学教育学中占有一席特殊的位置。应像对待心肌疾病和肠道疾病一样深入地、耐心地治疗大脑皮层细胞的钝性和惰性。但是，在治疗过程中要倍加谨慎，还要具备丰富的教学技巧，并对每个孩子的个性都要有深入的了解。

每个孩子都是画家

在"快乐学校"开学一周后，我告诉孩子们："明天把画画本和铅笔带来，咱们要画画。"

第二天，我们来到校园的一块草地上坐了下来。我给孩子们提议："看看你们的四周。你们看到什么美，你们最喜欢什么，就画什么。"

秋日阳光照耀着我们面前的学校果园和实验场。孩子们叽叽喳喳地讨论开了：有人喜欢红色和黄色的南瓜，有人喜欢低垂着头的向日葵，有人喜欢鸽子窝，还有人喜欢一串串的葡萄。舒拉对天空中轻盈蓬松的云彩看得入了迷。谢廖沙喜欢上了水面如镜的池塘里的白鹅。丹科想画一条小鱼，他还兴奋地讲了有一次他和叔叔一起去钓鱼的故事，虽然他们什么也没钓到，但看到了小鱼们是怎样"玩耍"的。

"我想画太阳，"季娜说道。

大家安静下来。孩子们兴致勃勃地画着画。我读过很多关于绘画课教学法的书。不过，此时在我面前的是一群富有朝气的孩子们。我意识到，孩子画的画和画画的过程是儿童精神生活的一部分。孩子们不只是把周围世界里的某个东西搬到纸上，而是作为美的创造者生活在这个世界上，融入这个世界里，并欣赏着这种美。

看，这是万尼亚，他在全神贯注地画着蜂房，旁边是一棵树，上面开满了朵朵巨大的花，一只蜜蜂驻足在花朵上，它几乎和蜂房一样大。孩子的脸颊泛着红晕，眼神中闪烁着灵感的火花，这让老师感到无比欣慰。

儿童创作是儿童精神生活中一个极为特殊的领域，是一种自我表现和自我肯定，它能够鲜明地展示出每个儿童个性的独特性。无法通过某些唯一的且人人必须遵守的规则来透彻地理解这一独特性。

科利亚没有说他喜欢什么，于是我非常担心，不知他会画什么。我看到他的画画本上画着一棵枝繁叶茂的大树，树上挂着又大又圆的果实。可见，这是一棵苹果树，被闪着耀眼光芒的群星环绕着，一弯明月高高地悬在树上。我多么想从这幅有趣的图画中读出孩子内心的想法和感受！我从他的眼神中看到了我们在观察世界时迸发出的那种灵感的火花。

"苹果树上空环绕着什么星星？"我问科利亚。

"这些不是星星，"科利亚说道，"是从月亮上撒落入果园的银色火花。月亮上不是也有巨人铁匠么，是不是呀？"

"当然有，"我回答道。那些在宁静傍晚时分曾让孩子激动不已的想法也令我为之惊讶。可见，这个孩子曾仰望过夜空，欣赏过月光，留意过苹果树上方闪烁的淡淡月晕。

"但是，巨人铁匠们夜里打造的是什么线呢？"孩子思索着问道。

我觉得，与其说他是在向老师发问，不如说是在回忆夜空、淡淡的月光和起舞跳动的群星。我生怕打乱孩子的创作灵感。我的心扑通扑通地跳了起来，因为我欣喜地发现，创作可以打开儿童心灵中潜伏着善良情感的隐秘角落。老师帮助孩子感受周围世界的美，同时也在不知不觉地接近这些角落。

我仿照着拉丽萨的样子画起巨人铁匠。我觉得自己画得还不错。铁匠们画得像是真的铁工，铁砧也和集体农庄打铁作坊里的长得一模一样。我都已经忘记自己是个大人了。我感受到了一种喜悦的心情：我画的铁匠们会比拉丽萨的更好。然而我的画却没有留住孩子们的目光，大家反而簇拥在拉丽萨的周围。

"她画了什么呢？"我想。我从孩子们的头顶上看去：孩子的画里好像也没有什么特别的，但是为什么大家都很喜欢，而对我的画却不理不睬呢？我越细看姑娘的画，就越是清楚，孩子们有自己的世界观，在艺术表现手法上形成了自己的语言，所以无论你怎么努力，都效仿不来。

　　我的巨人铁匠们戴着普普通通的帽子，围着围裙，留着长胡子，穿着皮靴。而她的巨人铁匠强壮有力，顶着蓬松的头发，头发周围光芒四射，胡须也非同寻常，好似气势雄伟的涡旋。巨大的铁锤几乎是脑袋瓜的两倍大……对孩子来讲，这并没有偏离现实，反而是鲜明、真实的，是真真实实的想象力和敏捷的思维，是巨人与火焰力量的童话共性。不要把孩子想象出的奇妙语言改成我们大人的语言。让孩子们在彼此间用自己的语言去交流。我给小学教师提出了这样的建议：请教给孩子们比例、透视和对称的规律。这些都很好，但同时也请让孩子去自由地想象，不要破坏孩子观察世界的那种童话语言……

　　每个孩子都想讲一讲自己画的东西。他们讲的那些鲜明的形象和比喻好似宝石一般闪闪发光。画画提高了孩子们的语言能力。

　　现在，每逢去田野和森林，我们总是会带上画画本和画笔。高年级的学生给小朋友们制作了可以装进衣服口袋里的小画本。春天，在我们学校恢复开学的几个月后，我做了一本大纪念册。每个孩子都照着自己的意愿把周围世界中所喜爱的一角画在了这本画册里。我在这里面还写了一些小故事。这是一部记录我们集体生活和精神发展的完整画卷。

爱护生物和美好事物

个别孩子对周围世界里的生物和美好事物漠不关心，我为此感到非常担心。孩子们还表现出一些行为，从表面上看，让人百思不解，实则是一种儿童自身存在的残忍行为，这同样让我感到不安。

我们走在草地上，草丛上飞舞着蝴蝶、黄蜂和甲虫。尤拉捉到一只甲虫，他从口袋里掏出一块玻璃片，用它把虫子切成了两半，然后"研究"起它的内脏来。在校园的一处偏僻角落里连续多年住着几窝燕子。有一次，我们来到这里，还没等我讲上几句燕巢的故事，舒拉就朝鸟窝扔了一块石头。所有学生都很爱护长在院子里的美人蕉的美丽花朵，然而柳夏走近花坛，摘了一朵下来。这一切就发生在"快乐学校"刚开学的那几天。

令我惊讶的是，孩子们对美的神往与对美的冷漠复杂地交织在一起。在与这些学生见面之前，我确实认识到欣赏美只是善良情感的萌芽。这种情感必须得到发展，并化为积极的行动力。

科利亚和托利亚的行为尤为让我担心。科利亚有一种毁灭麻雀窝的瘾。据说，一旦有羽毛未丰的雏雀从被掏空的雀巢里跌落下来，他就会把它们扔进油厂的排水道里。麻雀唧唧地叫个不停，而科利亚却把耳朵贴在管道壁上去听它们的惨叫声。

儿童自身存在的这种残忍行为不只表现在见过家庭恶行的科利亚身上，在正常环境里成长的孩子们身上也会有所体现。最令人担忧的是，孩子们并不认为这些"微不足道"的恶行以及对待美好事物和生活从冷若冰霜到麻木不仁的态度有什么不妥。

怎样才能让孩子们快乐起来，让他们变得善良起来？怎样才能在他们的心灵中培养善待并关爱生物和美好事物的态度？

一次，我们在田间游玩，在草地上发现了一只断了翅膀的云雀。它来回挣扎，却怎么也飞不起来。孩子们捉住了它。一颗小小的生命在孩子的手中颤动起来，惊慌的如珠粒一般的眼睛望向蔚蓝的天空。云雀被科利亚死死地握在手里，发出了唧唧的痛苦叫声。孩子们大笑起来。"难道他们中没有一人怜惜这只被同伴遗弃在荒芜田野里的小鸟吗？"我想了想，看了看孩子们。莉达、塔尼娅、丹科、谢廖沙和尼娜的眼里泛出了泪花。

"你为什么要折磨这只小鸟？"莉达心酸地问着科利亚。

"你可怜它吗？"科利亚问道，"那你就拿去照顾它吧！"他随手把小鸟扔给了莉达。

"就是可怜，我会照顾它的。"莉达边说着，边抚摸着云雀。

我们找了一块林中空地坐下。我告诉孩子们，秋天的时候候鸟都会飞去遥远的南方。在荒芜的田野里留下来的几只孤零零的小鸟，有的折了翅膀，有的从猛兽的恶爪中挣脱出来，已是遍体鳞伤……然而，严冬将至，暴风雪和严寒也要来临。在这只云雀身上还会发生什么呢？可怜的它一定会冻死。可是它的歌声是多么动听，让春天和夏天的原野充满了迷人的曲调。云雀是太阳之子。童话里讲"这种鸟从太阳之火中诞生"。所以，我们民族称它为"云雀"，即"火鸟"。

你们当中有谁知道，在严寒中冻得发僵的手指，在寒风吹拂下被遏制的呼吸，有多么疼痛难忍。你们可以赶回家，到温暖的火炉旁，去借着温柔的火光取暖……然而小鸟能去哪里呢？谁会收留它呢？它会被冻成一团。

"可是我们不会让云雀死掉，"瓦莉娅说道，"我们把它放到暖和的地方，给它搭一个窝，让它等待春天的到来……"

孩子们争先恐后地出主意，怎么给云雀弄个住处。大家都想把小鸟带回自己的家去过冬。但只有科利亚、毛利亚和几个男孩子没有说话。

"孩子们，你们为什么要把云雀带回家呢？咱们在学校里给它搭一个暖和的窝，给它喂食，给它治伤，到了春天就把它放回蓝天。"

我们把云雀带回了学校，把它放进笼子里，摆在一间专为孩子们准备的教室里。每天早上都有一个人来看云雀。孩子们带来了鸟食。几天后，卡佳还带来了一只啄木鸟。这是她的父亲在森林里发现的。它也许落入了猛兽的魔爪，然后奇迹般地逃脱了出来。啄木鸟的翅膀无力地耷拉着，背上还凝着一层血。我们把它和云雀养在了一起。谁也不知道该给啄木鸟喂什么，是喂小甲虫吗？到哪里去找呢？在树皮里找吗？

"这我知道，"科利亚夸口说道，"它可不光吃小甲虫和苍蝇。它还喜欢吃柳芽和草籽。我看到过……"他还想再说点什么，但却害羞起来。可能是他以前捉过啄木鸟。

"那好，既然你知道怎么喂养啄木鸟，那就由你来给它喂食吧。它的眼神是多么楚楚可怜啊！你看到没？"

于是，科利亚每天都来喂鸟。他还没有对生物产生过怜悯之心。这只不过是小伙伴们的赞赏（"咱们的科利亚可真行，知道给鸟喂什么食"）让他感到很高兴罢了。就算善良的情感是出于虚荣心，那也不要紧。先让做好事成为一种习惯，然后就会唤醒心灵。

我回想起孩子们在"你想成为什么样的人？"这一问题上给出的种种答案，有的说想成为身强力壮的人，有的说想成为勇敢的人、英勇的人，还有的说想成为聪明的人、机智的人、无畏的人等等，但却没有人说想成为善良的人。

为什么善良不能和英勇、无畏这样的高尚品质相提并论呢？为什么男孩子们甚至会为做好事而感到难为情呢？这是因为，如果缺乏善良，如果一个人不能给予另一个人真心的温暖，就不可能存在心灵美。

我也曾想过，为什么男孩子比女孩子的善心少一些。也许，这只是一种感觉罢了？不，确实如此。女孩子之所以更善良、更富有同情心、更温柔，可能是因为她从小骨子里就带着一种潜移默化的母性本能。在成为新生命的缔造者之前，她就已经在内心中树立起了热爱生命的情感。善良的根和源在于建造、创造、肯定生命和美好。善与美有着千丝万缕的联系。

一天早上，费佳带了一只黄鹂鸟来学校，这一早成了孩子们的节日。这只鸟也不知为什么飞不起来了。费佳是在牧场附近的灌木丛里发现它的。孩子们对黄鹂鸟身上色彩缤纷的羽毛爱不释手。他们把教室里的这个角落叫作"小鸟诊所"。我们在这里度过了一天的时光，也在这里送走这一日。

科斯佳带来了一只瘦弱的小麻雀，这是他在路边捡到的。小麻雀不想啄一粒谷子，也不想吃一粒面包渣。科斯佳为小麻雀的病发起愁来。小麻雀死了，我们大家都很难过。科斯佳哭了，女孩子们也都哭了。科利亚也变得闷闷不乐、沉默寡言起来。

我回想起亚努什·科尔恰克的一段话，他说："纯粹的儿童民主是不受等级制度束缚的。无论是仆人的汗水和同龄伙伴的饥饿，还是小黄马和被宰杀母鸡的厄运，都能让孩子为之伤心。他亲近小狗和小鸟，他把蝴蝶和花朵等量齐观，他视石子和贝壳为兄弟。孩子不是傲慢自大、爱出风头的人，他并不知道只有人才有心灵。"[①]是的，事实如此，但善良的孩子不会从天而降，所以一定要加以培养。

有一次，在山谷游玩时，孩子们发现了一只腿有残疾的小兔子。我们把它抱回了教室，放进一个新笼子里。又建起了一所医院——"野兽诊所"。一周之后，拉丽萨带来了一只冻得发抖的小瘦猫。我们把它和小兔子养在了一个笼子里。孩子们一下子多了许多要操心的事。他们要给小兔子送胡萝卜，要给小猫送牛奶。一天早晨，我们看到小猫和小兔子彼此偎依在一起，甜滋滋地睡着了，孩子们此刻高兴的心情无以言表。他们窃窃细语，生怕吵醒了小动物们……

冬天，"小鸟诊所"里又多了几只山雀，是孩子们从留鸟的食槽旁捡回来的……

---

① 亚努什·科尔恰克：《孩子受尊重的权利——教育文集》，莫斯科，1966 年，第 271 页。

　　还有一件让我非常高兴的事：有些孩子在家也建起了自己的"小鸟诊所"和生物角。在我们的教室有了养小鱼的鱼缸之后，孩子们便央求起父母来："在家摆一个鱼缸吧。"许多家长来到学校，问该怎么做。他们很难搞到鱼缸用的水草和鱼苗，鱼食也不好弄到。但是，孩子们非要不可，搞得家长和我鸡犬不宁，我们终究还是把这些困难都克服了。斯拉瓦和季娜的母亲找到我说："孩子们一直缠扰我，别人家都有金鱼，可我们家没有。"于是，我只好求助高年级的学生。

　　那些年还没有校内工厂，于是为了鱼缸这件当务之急，我们办起了第一个供少先队员和共青团员们使用的工厂。

　　我们永远也忘不掉那些夜晚，大家围坐在一个小灯泡照亮的鱼缸旁边，观赏着小金鱼。我给孩子讲了海底深渊，还讲了海洋生物特别有意思的生活。虽然我的这帮学生们早已毕业，现已长大成人，但是他们一生都会记得这些夜晚。

　　不久前，科利亚对我说："我经常梦见这只小灯泡。它照射出的光亮好似知识的第一个源头。我好想知道更多海洋深处的奥秘，了解更多千奇百怪的鱼类……"

　　如果一个24岁的大人还能以如此满腔的热情回忆着那些小鱼，这便并非小事。这是善良情感的一条小溪。我一直忐忑不安地期盼着周围世界的美好能在最冷漠的心灵中唤起善良的情感——温柔和同情心。

　　我永远不会忘记那年秋意乍凉的日子。我们来到花园的玫瑰丛旁，看到一朵盛开的花，娇嫩的花瓣上挂着露珠。熬过寒夜，花竟奇迹般地活了下来。我们望着它，一想到严寒很快就会毁掉这般美景，就不由得伤心起来。我和科利亚的目光不谋而合地交织在了一起，我第一次在他的眼神中看到了悲伤和不安——纯粹的儿童情感。随后，我们又去了暖房，在那儿种了几盆我们当地少见的花——杜鹃花和仙人掌。我们在一朵小红花旁坐了下来。这是仙人掌开的花。我们瞧着这朵花，欣赏了很久很久。爱护生物和美好事物已逐渐融入了孩子们的生活。

1951 年深秋，正值树叶凋落，我们来到树林，挖了一棵幼小的椴树苗，我们把它带回校园种下。这棵小椴苗成了我们的朋友。我们想象、幻想，还创作了一些关于它的童话故事，把它塑造成了一个能够感受到和体验到我们的爱护和担忧的人物形象。

每当下起温和的小雨时，孩子们就会欣喜万分，因为我们的朋友正需要很多的水分。当严寒笼罩着大地、刺骨寒风席卷着原野时，我们便会担心起来，因为我们的朋友会感到寒冷。于是，孩子们把雪积起来，培在树干周围。女孩子们找来几根芦苇，把树干包扎了起来。

等到春天，我们便常常去见我们的朋友。我们激动地看着它，观察它有没有发新芽。第一批长出的绿叶让孩子们喜出望外：椴树竟还活着。

夏天，我们给它浇水。充满温柔、善意和关怀的集体向心力是一股多么巨大的力量啊！它犹如湍急的水流让那些最冷漠的人也为之动容了。

看到科利亚、托利亚、斯拉瓦和彼得里克激动地来见自己的朋友——绿油油的小椴树，看到他们在喂鱼缸里的鱼时眼睛里闪烁着光芒，我便感到无比欣慰。

那些曾一想到小椴树在严寒中会冷而心感不安的人已经长大成人。我们的朋友也长成了一棵枝繁叶茂的大树。此刻，来到它身旁的是一些青年男女、一些年轻的父母，当他们回想起童年时代的金秋，内心仍激荡着美好的情谊。

经验证明，善良的情感应当扎根于童年，而人性、善良、温柔和善意则产生在劳动之中，在爱护和关怀周围世界的美好事物之中。

善良情感和情感修养是人生的核心。如果在童年时就未培养出善良的情感，则以后永远也培养不起来了，这是因为在心中树立真正人性的同时，也建立起了对最初和最重要真理的认识，形成了对母语中各类词汇细微差别的体会和感受。人在童年时期就应当经历一段情感的磨炼——善良情感的培养。

我们的劳动世界之旅

"怎样才能做到让劳动成为孩子们最重要的精神需求？"这个问题让我们全体教师都焦虑不安。小学教师诺维茨卡娅、涅斯捷连科、韦尔霍维尼娜、奥西马克和扎连科从开学第一天起就引导孩子们参加校园和教学实验场里力所能及的劳动。我们和诺维茨卡娅老师一起建了一个小暖房，冬天孩子们在这里劳动。老师们商讨一番如何让孩子们觉得劳动是高尚的思想动机，然后还做出了一个决定：我们每年都要在战胜法西斯德国的胜利纪念日那天种一棵小橡树。这将成为我们欢度胜利纪念日的活年鉴。也就是从那时起，在我们的"胜利纪念日橡树林"里每年都会添上一棵百岁树——孩子们这样叫橡树。

我们看到，让孩子们的周围不仅有自然世界，还有劳动、创造和建设的世界，这是一项重要的教育任务。人性的美在劳动中表现得最为明显。我们的"快乐学校"开启了去往劳动世界的"旅行"。

第一次去集体农庄粮仓的"旅行"让孩子们一直念念不忘。孩子们看到了一堆一堆的小麦——成千上万公担的粮食。万尼亚的父亲给我们讲了一些农作物高产种植能手的故事。联合收割机司机格里戈里·安德烈耶维奇把孩子们带到田里。农田就紧挨着粮仓。"今年，我在这块一百公顷的土地上收获了四千公担粮食，"他说道，"在这短短的十年间，我用自己的这台联合收割机收割了很多粮食，这些足够供应亚历山德里亚这么大的城市。"

认识世界不仅要有理性，还要用心。孩子们为劳动者的美而感到惊叹，为人类而感到自豪。当孩子们在去往劳动世界的"旅行"过程中见到自己的父母时，这种情感就会变得愈加深刻。孩子们在牧场得知塔尼娅的母亲能供应 1500

人所需的奶量。

在一个温暖的秋日，我们去了机械制造厂。在那里瓦莉娅的父亲接待了我们。他带孩子们去了炼铁的铸造车间。人类把坚硬的东西变成了火红色的铁水，人类按照自己的意愿通过劳动又把它变成了一块块的金属锭。这也许是孩子们听到过和编过的最有意思的一个童话故事了。当看到孩子们的创作充满了新鲜的内容时，我感到欣喜万分。孩子们开始编起了童话故事。它们讲的都是炼火红色铁水的大力士们的故事。孩子们还画了冶金工人。第一次走进铸造车间参观，留下了难忘的印象。孩子们似乎对曾经见过的东西有了不同的看法：如果没有金属，人类一天也不能生存和劳动。冶金工人和机械工人才是真正的生活缔造者，我的学生们对这些人产生了深深的敬意。

我们去机器拖拉机站的"旅行"也非常有意思。我们去见了那里的能工巧匠——钳工和车工。孩子们在那里还看到了金属块是怎样被制成拖拉机和联合收割机的零件的。孩子们屏住呼吸，看着拉丽萨父亲用一双巧手制成了一颗螺丝钉。要是没有它，机器就运行不了。

一个人对待他人的态度及其社会生活主要表现在造福人类的劳动中。一个人仁道不仁道，要看他是怎样为他人劳动的。让社会主义现实的这一方面恰恰反映到儿童周围的环境中，这是我的当务之急。无论是与大自然的美有关的事物，还是塑造我国新人类本质的行动——为国家、社会和人民服务，我希望孩子们能从中感受到快乐和崇高的力量。孩子对劳动者的热爱是人类道德品质的源泉。

我们在聆听大自然的声音

音乐、旋律和美妙的乐音是德育和智育的重要手段，也是内心高尚和心灵纯洁的源泉。音乐能让人打开眼界，看到大自然之美、道德关系之美以及劳动之美。人类通过音乐既可以认识周围世界的崇高、伟大和完美之处，也可以认识自身的崇高、伟大和完美。音乐是自我教育的有力手段。

多年来，我对同一批学生从幼年到成年的精神发育状况进行了观察，从而相信，电影、广播和电视虽然不会对儿童产生自发的、无组织的影响，但多半不利于正常的审美教育。大量自发性的音乐印象特别有害。我认为，儿童教育的一个重要任务是要把理解音乐作品和理解有助于人认识、感受音乐美的背景，即田野和草场的宁静、橡树林的簌簌声、蓝天中云雀的鸣唱声、成熟麦穗的细语、蜜蜂和黄蜂的嗡嗡声，结合起来，这就是大自然的声音，这就是人类汲取音乐创作灵感的源泉。

心理定势在审美教育中，特别是在音乐教育中起着重要的作用。教育者遵循心理定势，引导孩子们进入美的世界。对我来说，对美的情感评价的能力培养和对审美印象的需求才是主要的定势。我认为，整个教育系统的一项重要目标是要让学校教会人在美的世界里生活，要让人们的生活离不开美，要让世界的美造就人自身的美。

"快乐学校"非常重视音乐欣赏——聆听音乐作品和大自然的声音。对此还提出了首要任务：要引起对旋律的情绪反应，再逐步让孩子们相信，音乐之美源于周围世界的美，音乐旋律好像在向人发出召唤："请停下脚步，听一听大自然的声音吧！请欣赏一下世界的美！请爱护这种美！请增添更多这样的美!"多年经验证明,人只有在儿时才能学会母语,才能掌握基本的音乐修养,才能感知、理解、感受和体会旋律的美。等到成年后再去弥补童年的遗憾是非常困难的,也几乎是不可能的。

儿童内心对母语、对大自然之美和对音乐旋律的敏感程度都是相同的。如果孩子在儿童早期阶段就能从内心感受到音乐作品的美,如果孩子能从声音中体会到人在情感上的各种细微变化,那么他的文化修养水平将提升至任何其他手段都无法达到的高度。孩子在感受音乐旋律之美的同时,也把自己的美展现了出来——一个小不点儿意识到了自身的价值。音乐教育并不是培养音乐家,而主要是培养人。

初秋时节,清新的空气中的每一个声响听得一清二楚。傍晚时分,我和孩子们坐在青草地上。我让他们听里姆斯基·科萨科夫所作歌剧《沙皇萨尔坦的故事》中的小曲《野蜂飞舞》。这首曲子引起了孩子们的情绪反应。他们说道:"大黄蜂时而飞近,时而飞远。听到了小鸟啾啾的叫声……"我们又听了一遍这首曲子。随后,我们来到了一片开着花的蜜源地。孩子们听到蜜蜂竖琴般的鸣声,这是大黄蜂在嗡嗡地叫个不停。那只毛茸茸的大黄蜂一会儿在花上飞舞,一会儿飞落到花头上。孩子们高兴极了。要知道,这可和录制在磁带上的那个旋律差不了多少,但是音乐作品里还蕴含着一种与众不同的美。作曲家从大自然中听出了这种美,然后把它传递给我们听。孩子们还想再听一听磁带上的旋律。

一天过后,我们一早又去了繁花盛开的蜜源地。孩子们听到蜜蜂竖琴般的鸣声,想去捕捉到毛茸茸大黄蜂发出的嗡嗡叫声。他们在此前觉得普通的东西里发现了美。这就是音乐的魅力。

我选了一些曲子来听。这些曲子里所表现的鲜明形象都是孩子们可以理解的,它们所传递出的声音也是孩子们在周围就可以听得到的:小鸟的啾啾声、树叶的飒飒声、惊雷的隆隆声、流水的潺潺声以及狂风的呼啸声等。同时,我也要避免给孩子们灌输过多的形象。我要再说一次,给孩子的音乐形象过多,就会过犹不及，也会让他心慌意乱，以致情绪反应迟钝。我每个月使用的曲子不超过两首，不过在每首曲子上都做了大量的教育工作，目的是为了让孩子们产生一遍一遍反复聆听音乐的愿望，让孩子们每次都能发现音乐作品中的新魅力。在聆听那些有助于掌握基本音乐修养的乐曲时，不要夹杂任何自发的、乱七八糟的形象，这一点也很重要。在听完乐曲之后，孩子们应当再细心地聆听一下田野的宁静，并且在感受这两种旋律的同时去认识大自然的美。

瞧，我们来到了橡树林。初秋时节，一个安静的阳光明媚的日子，树木在阳光的照耀下闪烁着五彩缤纷的光芒，秋鸟吟唱，远处传来了拖拉机轰隆轰隆的响声，大雁在碧空中排成"人"字形队伍飞行。我们欣赏了柴可夫斯基的《秋歌·十月》。这首曲子让孩子们感受到了此前在周围大自然中未曾留意过的独特之美——橡树上泛黄的叶子在微微摆动，清新的空气散发着一股芬芳清香，路旁的野甘菊凋谢了。

孩子们精神饱满、心情愉快，然而这首大调曲子竟引起了淡淡的忧伤。孩子们预感阴云密布、秋雨连绵、雪虐风饕、夜长黄昏早的日子就要来临了。他们在音乐旋律的感染下谈论起夏天的美景和金色的初秋。每个孩子都记得一些鲜明突出的东西。此刻，夏天和秋天的形象在他们的脑海中已是非常完美的了。

比如，拉丽萨讲道："我跟爸爸去了峡谷，崖坡上一大片的森林、森林，还是森林，处处洒满了阳光。不知从哪里传来了斑鸠咕咕的叫声。森林里好美，好美……好想一直走呀走呀，这样就会一直被太阳照着。斑鸠咕咕地叫个不停。此时，树上的叶子好像安静了下来，它们在侧耳倾听。"

舒拉回忆道："妈妈带我去了田里。她跟在联合收割机一旁干活。我和联合收割机司机叔叔坐在上面。后来我困了，妈妈把我抱到了新的稻草垛上。我望着蓝天，稻草垛飘了起来，飘得好高好高，飘到了大地上空。我时而来到一只小鸟的身旁，可是鸟儿还在空中飞舞着呀，我又时而离它远去。草虫们也和我一起飞了起来，它们齐声歌唱，向着小鸟迎面飞去。我便这样睡着了。醒来时，小鸟仍在空中飞舞，草虫们唱得更嘹亮了。"

我们又聆听了一遍柴可夫斯基的乐曲。我感到孩子们能从乐曲中找回那些难忘的夏、秋两季美景的回忆。这些回忆让他们打心里感到亲切。

孩子们还听出了一些新鲜的回忆。济娜道："我和父亲一起运了一车干草。我躺在干草上，满天繁星闪闪发光。田野里传来一阵阵鹌鹑的歌声。星星越来越近了，好像伸手就能捉到那些像小灯笼一样的星星。"当听到这个女孩讲自己的故事时，我感到很惊讶。她一直都不爱说话，可是现在音乐让她开口了。

令人高兴的是，音乐不仅能使情感反应变得更加敏锐，还能激发想象力。这种想象力是受音乐形象的美的启发而产生的。我想让每个孩子都能在音乐的感召下去想象，去幻想。音乐能让孩子天性中的诗情和想象的成分得以深化，这真是件好事。令我感到欣慰的是，无论是科利亚，还是托利亚，他们在听完塔尼娅和拉丽萨讲的激动人心的故事后坐着入了神，他们也在回忆着什么。

音乐是强大的思想源泉。没有音乐教育，儿童智力就不可能得到全面的发展。音乐的本源不只是周围世界，还是人本身及其精神世界、思想和语言。音乐形象以一种新的方式向人们揭示了现实事物和现象的特点。孩子好像把注意力集中在了那些通过音乐以新角度展现在自己面前的事物和现象上，于是在他的脑海中便描绘出了一幅鲜明生动的图画，而这幅图画又要求用语言来描绘。孩子从周围世界中为新的想象和想法汲取素材，再通过语言进行创作。

音乐—想象—幻想—童话—创作，孩子就是遵循这样一种途径来发展自己的精神力量的。音乐旋律能激发孩子们鲜活的想象力。它是一种无与伦比的理性创造力培养手段。孩子们一边听着格里格的曲子，一边在脑海中描绘神奇的山洞、难以通行的密林以及善良和邪恶的人物。最不爱说话的孩子也按捺不住地想说话了。他们把手伸向了画笔和画画本，他们想把这些童话形象记录到画纸上。音乐甚至能把最懒惰的孩子的思维能力激发出来。似乎音乐给思维实体的细胞注入了一股神奇的力量。我认为，在音乐影响下的这种智力提升就是思维的情感之源。

冬天，所有的小路都被雪覆盖了起来，大家只好坐在学校教室里欣赏柴可夫斯基、格里格、舒伯特和舒曼的作品。在黄昏时分听童话故事是孩子们的一大乐事。我给孩子们讲了乌克兰民间童话里女巫芭芭雅嘎的故事，然后我们还听了柴可夫斯基的《女巫芭芭雅嘎》。在这首曲子的耳濡目染之下所产生的大量丰富的虚构形象和想象是不可言喻的。孩子们想象着翻过遥远的山脉，穿过层层的密林，越过蓝蓝的大海，奔向神秘的洞穴和峡谷。我惊讶地听到了孩子们创作出的一些故事，简直让我觉得不可思议，有些故事甚至让我一生难忘。

尤拉把女巫芭芭雅嘎想象成了一个厌恶人类的形象。她存心破坏人类的快乐，不让他们唱歌。"她拿了一个大罐子，坐到了木臼上，满世界乱飞。她一听到哪里有歌声，就会寻着人们的歌声和欢笑声飞到哪里去。她把罐子往木臼上一敲，人们就不出声了，忘记该怎么唱了，因为歌声已经被藏在罐子里了。女巫芭芭雅嘎就这样把所有的歌声都藏了起来。唯独剩下一个会唱歌的牧童。他一边吹着木笛，一边哼着歌。不管女巫用罐子怎么敲击木臼，都奈何不得。因为，这是一只神笛。于是，女巫在自己的山头上气冲冲地坐到装着歌声的罐子上，整个世界都静悄悄的，没有人唱歌，也没有人欢笑，只有一个牧童在吹木笛。女巫芭芭雅嘎趁他去睡觉的时候偷走了木笛。牧童醒来以后，召集勇敢的小伙伴们，他们一起去找女巫芭芭雅嘎了……"尤拉继续幻想着牧童是怎样解救歌声的，怎样让人们重拾快乐的。这里有一个惊人的发现：孩子受音乐的影响在脑海中创造出了一些极其鲜明的童话人物形象，他们是善恶的化身，好像是为正义而战的斗士。音乐赋予童话形象有生命的心跳和活跃的思想。音乐把孩子领进了善良的世界。

每当我发现孩子们陷入惯性思维的时候，就会领他们去橡树林或花园。我们会听一些能对善恶产生清晰认识的音乐。音乐旋律好像打开了如泉涌般的思维。

冬天，在我们的学校里涌现出了越来越多的幻想家。小丹科特别害羞，以至于大家也不指望他能说出什么。不过，他也讲了自己编的女巫芭芭雅嘎的故事。的确，这个故事和尤拉编的故事有些相似。丹科的女巫芭芭雅嘎乘着木臼满世界飞，她摘遍了各地的花，然后飞回了地狱一般的厨房。她把罐子放进火炉里，于是所有的花都烧死了。"不过，我采集到了所有花的种子，还把它们种到了地里（孩子们常常把自己想成故事里面善良的英雄）。花又开出来了。当女巫芭芭雅嘎知道后，她一气之下折断了木臼，还弄断了一条腿，她现在再也不能对人类作恶了。"

听完孩子们讲的这些故事，我和老师们谈起了教育面临的困难和存在的弊端。我们得出一致的结论：我们的教育学常常会忽视一点，就是学生在校学习的整个期间，有足足一半的时间都还表现得像一个孩子。老师把现成的说法、总结和推论硬塞进孩子们的脑袋里，甚至有时不给他们机会去接近思想和生动语言的本源，束缚了他们想象、幻想和创作的翅膀。往往，孩子就好像是从一个活生生的、积极的、活泼的人变成了一台存储机器……不，不应该这样呀。不能用一堵石墙把孩子们和周围世界分隔开来。不能让学生失去快乐的精神生活。只有当孩子生活在充满游戏、童话、音乐、幻想和创作的世界里时，他的精神生活才会有充分的价值。不然的话，他就是一朵枯萎了的干花。

当然，学习不可能像游戏一样轻松，也不可能是纯粹的、源源不断的快乐。学习首先是一项劳动。但是，在组织这项劳动时，必须考虑到儿童在智力、道德、情感和审美能力发展的各个阶段中的精神世界的特点。儿童脑力劳动有别于成人脑力劳动。儿童不像成人那样可以通过刺激心智去掌握知识。学习欲望的源头在于脑力劳动、思想感情和知识经验。如果源泉耗尽，那么无论用何种方法，都无法让孩子坐下来念书。

我永远忘不了在"快乐学校"度过的第一个冬天。如果没有音乐，如果没有幻想，又如果没有创作，温暖舒适的教室很快就会让人心生厌烦。音乐让我们的周围世界充满了惊人的魅力。在隆冬的暮色之下，在银色月光的沐浴之中，在暴风雪的旋涡里，在池塘冰面的破裂声中，我们到处都能看到凭自己的想象力创造出来的童话人物。

"快乐学校"的第一个春天来了，溪水潺潺，雪花莲开花了，从苹果树和梨树的花海中传来蜜蜂嗡嗡的叫声。在这段日子里，我们聆听了春天的森林、蓝天、草场和草原之声。

在一个寂静的夜晚，我们来到草场。我们看到沉思的柳树长满了嫩叶，池塘里倒映出无边无际的苍穹，天鹅排成了"人"字形队伍在清澈的蓝天中飞舞。我们细细倾听这优美夜晚的乐声。听，从池塘那边传来了奇妙的声响，好像有人轻轻地触动了钢琴的琴键，好像是池塘、岸边和蓝天发出的音响。

"这是什么声音？"万尼亚小声问道。

"这是春草的声音，"我对孩子们说，"你们看，在池塘水面上倒映出蔚蓝的天空。深水之下有一座巨大的水晶钟。在那美丽的宫殿里生活着一个漂亮的春姑娘。她用金色的锤子敲打了一下水晶钟，草场上便回声四溢。"

又一次响起了这个声音。科利亚笑着说道："这是青蛙在呱呱叫呢。"

我担心孩子们会哈哈大笑起来，周围的迷人景象也会随之一消而散。然而，大家伙却纹丝未动。

"也许是青蛙，也可能不是青蛙，"萨什科说道，"如果是青蛙的话，就当它是吧。这不过是草场在唱歌呢。"

从邻近池塘的某个地方传来了响声，仿佛是在回应他说的话。片刻之后，远处的草场也做出了回应。我们站在那里，春天草场的美妙音乐让我们听得入了迷。这种音乐是积极世界观的生命源泉。它可以帮助儿童在美好的事物中去理解、发现和感受生活的快乐。我认为，美的和谐与统一好像是光芒四射的光环，它一直萦绕在我们终生难忘的童年回忆中。

在四月里第一个阳光明媚的日子，古老的山冈在雾气中颤动，我们来到草原聆听云雀的歌声。一团团灰色的小生命在碧空中颤抖。在我们的耳边响起了银铃般温柔的音响。忽而，银铃声停止，灰色的小生命落向地面。鸟儿在嫩绿的冬小麦麦田的上空慢慢地伸展开双翅，好像在牵引着一根看不见的弦，越拉越高。我们听到的不再是银铃声，而是银弦的声音……我多想让这美妙的音乐沁入孩子们的心灵中，让他们睁开双眸去欣赏周围世界的美好。于是，我讲了云雀的故事：

"它是太阳之子。冬天，太阳距离我们很远很远，大地被积雪覆盖，被严寒冻结。太阳慢慢地回到了我们身边，但却很难让雪融化。它把热滚滚的火花投向一个个雪堆。哪里有火花落下，那里的雪便会融化，那块土地就会复苏，于是在这里诞生了一只神奇的小鸟——云雀。它飞向蔚蓝的天空，向着太阳飞去。它一边飞翔，一边歌唱。太阳还在撒着银色的火花。云雀悬在碧空，俯瞰大地，寻找着最明亮的那颗火花。一旦看到它，云雀就会像石头一样团成一团，急速地冲向地面，一下子抓住那颗火花，火花马上变成细细的银线。云雀把线的一端放在地面，挂在麦秆上，又把另一端拉向太阳和蓝天，而且越拉越高。你们看，云雀向上飞得多费力气呀！它在多么卖力地扇动着翅膀呀！银线像琴弦一样演奏着乐曲，云雀飞得越高，银弦发出的声音就越响。云雀把银线一直拉到了太阳那里，然后又飞回了地面，再次寻找火花。"

童话会不会对人们认识真正的自然规律有阻碍呢？不会，它反而会让这种认识变得更容易。孩子们清楚地知道这块土地不可能变成有生命的活物。他们也明白巨人铁匠、女巫芭芭雅嘎和长生不老的瘦老头科谢伊都是不存在的。但是，如果孩子们缺少了这一切，如果他们没有体验过善恶之间的斗争，如果他们未曾理解童话所反映出的人对真理、荣誉和美的看法，那么他们的世界就会变得狭隘和不舒服。

云雀的故事帮助孩子们理解了大自然的乐曲，并为欣赏音乐旋律做了准备。我们回到学校，欣赏了柴可夫斯基的《云雀之歌》。孩子们欣喜万分，因为他们从奇妙的音乐声中既听到了银铃的音响，也听到了连接绿色麦田和太阳的细弦发出的抑扬婉转的旋律。这段乐曲我们听了不止一次，无论是在天气晴朗的清晨，还是在乌云密布的阴雨天。孩子们总能记起沐浴在阳光下的奇妙世界、蔚蓝的天空、灰色的小生命和茫茫一片的田野。孩子们还想用最鲜明的形象把自己对神奇小鸟的想象展现出来：他们把云雀的童话形象画了出来，还画了银色火花和从大地拉向太阳的银弦。

我们慢慢地制作完成了孩子们喜爱的音乐作品集。我们有时会来教室听音乐。我把这部作品集称作"音乐宝盒"，孩子们都很喜欢，他们自豪地说："我们有音乐宝盒了。"于是，我们有了一个想法：我们要年复一年地汲取最好的作品，把它们收入音乐文化宝库中，建一个"音乐室"，我们将在这里欣赏到大自然和人类创造的美。我们将在这里唱歌、学习拉小提琴和弹钢琴，不过这些都是将来的事，我们暂且先学习吹奏简单的木笛。

那是一个阴雨天，我们来到小树林，用接骨木做了一支笛子。我们对它进行了打磨，然后开了一个孔。我吹了一段关于快乐牧童的乌克兰民歌旋律。此时此刻，孩子们那种开心的心情难以用语言表达。孩子们个个都想小试牛刀。人人都想拥有一件属于自己的乐器。结果，每个人都做成了一支木笛。莉达、拉丽萨、尤拉、季娜、谢廖沙和科斯佳这几个人也都表现出了敏锐的乐感和很好的旋律感。几天之后，孩子们就已经会吹奏民间的歌曲和舞曲了。我永远都忘不了那个寂静的傍晚时分，季娜演奏了乌克兰民歌《哎，山上收割忙》中的一个曲段。她的双眸闪烁着光彩，脸颊泛着红晕。她的母亲告诉我，季娜常常拿着木笛坐在自家的花园里，一边"编"曲子，一边吹奏旋律，而有时她还会浮想联翩，深情地望向天空和树木。

一次，我一大早来到学校，周围一片寂静。突然，不知从花园深处的什么地方传来了阵阵轻扬的笛声。我循声而去，有人在随意地吹奏，这段音乐旋律显然是即兴之作。全曲贯穿着一种透彻的、纯粹的悲伤之情。为了不惊扰到奏乐的人，我小心翼翼地走近玫瑰丛。季娜正坐在草地上。看来，笛子已经成了她身体的一部分。她望着盛开的玫瑰花，眼睛里闪烁着亲切的、柔和的目光。此刻，我才领会到这段旋律的含意。小姑娘吹奏的是一朵美丽的花，是一片蓝蓝的天空。我以为是一种悲伤之情，原来竟是一种不安的心绪：小姑娘在乐声中传递出了对未来的思考。

科斯佳也迷上了木笛。他用一只手吹奏，本来就很费力，不过他很快就学会了几段民歌的旋律。后来，他还编起曲子来，都是即兴演奏出来的，他通过音乐表达自己的思想、情感和感受。有一次，下起了滂沱的大雨，我们坐在"幻想园地"待着。雷雨过后，天边映出了一道彩虹。大家默默地欣赏着这一幕美景。一段乐声传来，是科斯佳在吹奏木笛。从这段音乐声中可以听出溪流的潺潺声，然后又转为骇人的隆隆声。雷雨将临，乌云越来越近了，远处响起了雷声。小男孩儿忘了大家还在聆听他的演奏，他一门心思地沉浸在创作之中。他忽然看到小伙伴们一张张沉思的脸，于是不好意思起来……并非他们中的每个人都会成为音乐家，但我深信，在每个人的身上都能培养出对音乐旋律的敬佩之情。

对这种简单民乐的迷恋往往出于深深的个人情怀。有时会出现一种特殊的"音乐情绪"：孩子们想坐下来演奏一番。这种情形通常发生在日落之后的宁静傍晚时分，此时的太阳已经躲到了地平线的身后，余晖还照耀着大地。音乐让我们感到快乐和满足，这才是我们最大的幸福。

科利亚有敏锐的乐感，他很快就学会了如何对民歌旋律进行再创作。有一次，在我们从森林返回家的途中，我问科利亚："你还记得自己画过打造银色花环的铁匠吗？你试试用木笛吹出这些铁匠是怎么打造花环的，是怎么把冰冷的火花撒向地面的……"

"不，不是冰冷的！"科利亚强烈地反驳道，"它们是炽热的，哎哟，真烫呀！"

"是的，当然，火花是炽热的……本来从铁锤和铁砧之下也不能飞溅出什么冰冷的东西来。我也要试试用木笛吹出这些铁匠的故事，吹出太阳上的铁匠的故事。"

第二天早上，我们来到学校果园。大家伙用自己的笛子吹出质朴的旋律来讲述神奇铁匠们的故事。我们不仅能够彼此理解，还能够感觉到影响旋律创作的情绪。我侧耳静听科利亚吹奏的音乐《铁匠》。他不仅吹出了铁匠们敲击铁锤时发出的叮当声，还传递出对铁匠力量的敬佩之情。他惊异于银色火花撒落田野和花园时的美妙景象，也为无法饱览大地美景而感到沮丧。他希望能亲眼见到自己在世间万物中隐隐约约感受到的美。

的确，我看到了通往这个孩子内心的一条小路。音乐旋律能够修养身心，能够使情感人格化。音乐如同语言，能表现出真正的人格。我们不仅是在培养孩子对音乐的敏感，也是在提高他的思想境界和志向水平。重要的是，要让音乐旋律在每个人的心中都开拓出滋养人类情感的源泉。无论是生动活泼的母语，还是音乐旋律，都在向孩子展现周围世界的美好。但是，旋律是一种人类情感语言，它不光是把世界的美好铸进孩子的心灵里，还向人们揭示了人类的伟大和价值。孩子在欣赏音乐时会感到自己是一个真正的人。孩子的心灵犹如一位敏感的音乐家的心灵，在他的内心中每一根弦都紧绷着。一旦您能触碰到它们，迷人的音乐便会响起。这里要表达的不只是引申的意义，也是直接的意义。童年有多离不开游戏和童话，就有多离不开音乐。

经验证明，音乐是老师和孩子们在精神上建立一致性的最好契机。音乐似乎能打开人的心灵。老师和孩子们在聆听旋律时，在感受和赞叹旋律的美妙时，他们之间也会变得更亲近。

只有当音乐激发出荣辱与共的情感时，老师才会意识到孩子离不开音乐。当孩子的心灵在乐声的感染下感受到崇高情感时，孩子就会把自己的焦虑和不安倾诉给您。有一次，科利亚告诉我，他有一个画画本，他把自己所有的不安、快乐和焦虑都画在了这里面。然后，他还让我看了他画的画。科利亚的理想世界呈现在了我的面前。他想驾驶拖拉机，想去边境哨所站岗。

冬天的欢乐和活动

冬，在这个美好的季节里潜藏着多么好的儿童教育和发展机会啊！谁要是认为只有夏天才是儿童锻炼身体的季节，那就大错特错了。如果不利用寒冷适度和瑞雪飞舞的冬季去强身健体，那么夏季也带来不了任何益处。我一直培养孩子们适应寒冷的环境，呼吸干净、寒冷的空气。

清晨，我们来到学校暖房，迎接日出。阳光映在暖房走廊里结了冰花的玻璃窗上，它把新奇别致的花纹照得通红。我们在每一块玻璃上画出了自己想象中的奇妙世界：我们看到了奇幻的野兽、神秘的峡谷、云彩和花朵。孩子们在结了冰花的玻璃窗上创作的童话故事不止一篇。他们在这里学习阅读，关于这一点我会在后面讲到。

太阳出来了，孩子们打开了从走廊到暖房的大门，他们来到了花的世界。冬天，我们在一间暖房里种的菊花已经开花了。每个孩子在这里都拥有一个自己的朋友——一朵自己的花。孩子们给花浇水。彩虹映在了小水珠里，孩子们高兴地望着它，盼着夏天的到来……这些都是一段又一段的快乐时光。太阳桥——金色彩虹的童话故事就是在这里创作出来的。

每次暴风雪过后，当雪白的大地焕然一新，我们就会来学校花园看雪堆。雪堆，这个奇妙的世界，像云朵一样神秘莫测。孩子们在千奇百怪的雪堆中发现了高不可攀的山顶之上的神奇楼阁、冻结的海浪、雪白的天鹅、大灰狼和狡猾的狐狸。有一次，大自然好像特意为我们造了一艘神奇的海船，有帆、有驾驶台、有船锚，还有眺望远方的海盗。一连几天，我们都去看这只船，直到大风和太阳把它毁掉。晚上，孩子们来到学校，听我讲海盗和好人（他们解救了弱者和受委屈的人）的故事，善与恶的斗争以及真理战胜邪恶的故事。

在寒冬腊月里，我们是不出去活动的。如果天气还不算冷，孩子们就在户外待一会儿。等到天儿一开冻，我们就像是开始过节一样了。少先队员们帮我们建了一座冰雪小城。他们用大雪搭建了一个藏身之处，结果竟像一个山洞。除了能在里面休息和劳动，我们还在这儿讲童话故事、做游戏。我们玩了北极求生团队游戏。我给孩子们讲了一些冰雪世界的故事。这是一个广阔无垠、寂静无声的冰雪世界。故事里的幻想和真实的英雄事迹交织在一起。然而，这座藏身之处在阳光的照耀下最终融化了，孩子们只好怀着惆怅的心情与它惜别。

冬天，我们去了两次森林，一次是坐汽车去的，另一次是坐马车去的。孩子们的脸颊被微微的寒意冻得通红，但谁都没有喊冷。在冬季森林里度过的那些日子永远留在了孩子们的记忆里。我们聆听冬之歌，观察小鸟们的生活；我们在山林深处发现了不结冰的泉水；我们围着篝火取暖，煮粥，欣赏美丽的晚霞。眼前是挂满雪花的树枝，它们的色彩变幻莫测，时而呈淡红色，时而呈橙黄色，时而呈深红色，时而又呈蓝紫色。太阳的故事里又增添了许多新的形象，它们以其奇特和美妙的荒诞吸引了孩子们。我们还在这里编了一首诗，孩子们在诗中流露出对冬季森林的印象。

卡佳边欣赏着银装素裹的松树，边说道："松树睡了。"

济娜描绘出了一个更加鲜明的形象，她说道："松树会一直熟睡到夏天……"

"松树会一直熟睡到春天。"谢廖沙说道。

大家感到这些词的音韵非常和谐悦耳。孩子们想接着谢廖沙的思路继续说下去。

"它还在梦里，在梦里，在梦里！"孩子当中有人说道。

"松树一直睡到了春天，它还在梦里，在梦里，在梦里！"无论是男孩子，还是女孩们，都唱了起来，他们为自己能编出歌而感到自豪。这个冬夜让我看见了孩子们丰富的精神世界。我也终于坚定了自己的信念：必须要从思想和语言源头去教孩子们如何思考，去发展孩子们的智力和能力。

有哪个孩子不喜欢堆雪人、骑雪橇呢！每逢天气温和且不太冷的时候，特别是阳光明媚的时候，我们整天都会待在户外。我们在村旁造了一个小冰山。我们对木雪橇和金属雪橇很不满意，因为滑得不够快，所以我们又做了二十几个小的冰雪橇。我们拾来麦秸，把它们和肥料搅和在一起，再倒些水，便做出了鸟巢的形状。这种小雪橇非常安全。

我不由得回忆起了童年过往……我们找来一个废旧的马车车轮，把车轴插在池塘的冰窟窿里。结果，车轴被冰面冻住了，车轮变成了一个冰制的旋转机。孩子们握着拴在车轮上的那几根木棍，在镜子般的池塘冰面上滑动起来。就这样，孩子们在游戏和玩耍中度过了一天又一天。萨尼娅、沃洛佳、卡佳和科斯佳这几个身娇体弱的孩子的气色也变得红润起来。

在这样一个安静而又晴朗的寒夜，冬季大自然的独特之美和它极其绚丽的色彩映入了孩子们的眼帘。我们驻足于花园里的某个地方，望着红色的云霞，期待着最早出现的星星。雪地在晚霞的照耀下呈现出粉红色，然后又变成了淡紫色。此时此刻，孩子们的感受通过语言和音乐旋律表达了出来。他们在脑海中回想起了与此刻独特美景相称的民歌旋律。心醉神迷的我们回到学校，燃起炉火，唱起了歌。

在冬天宁静的早晨，孩子们在观赏朝霞。他们静静地站在那里欣赏着这般美景。他们想找到一些词，用来表达自己的喜悦之情。于是，我便帮他们寻找起来。每有一次新发现，不仅会激起喜悦的心情，还能给思想补给新的能量。

第一届云雀节

冬天，我们在"小鸟诊所"和"野兽诊所"的笼子跟前憧憬和煦春日的到来。到时候，我们的小伙伴们将飞向蓝天，奔向树林。盼望许久的节日终于来临了。在天空中出现第一只云雀后的第二天，我们就把鸟笼和兽笼抬到了山顶上。鸟鸣声响彻原野。孩子们打开笼子，云雀、啄木鸟、黄鹂鸟和小兔子重获了自由。听，我们的云雀已在空中放声歌唱；看，它又飞向地面……我们站在那里，痴痴地望着这般美景，感受着拯救小生命的快乐。此时此刻，我在脑海中描绘出了这样的未来景象：我们每年都登上山冈顶峰，去庆祝云雀节。

云雀节好像成了春夏两季的分界线。令孩子们引以为荣的是拯救了小鸟的生命。每个孩子都拥有自己的"生物和美丽园地"。云雀的形象和回响在洒满阳光的田野上的独特旋律——这一切永远地融入了孩子们的精神世界。孩子们迫切地盼着这个节日的到来，还因为这一天与创作的激动心情有关：他们会和母亲们一起用小麦粉做一些云雀、燕子、椋鸟、喜鹊、夜莺和山雀形状的面包，然后把自己的作品带到学校来。孩子们通过自己的小创作表达了对大自然的热爱之情。每个孩子还以自己的方式表达了对美的理解。每到秋天，孩子们总是依依不舍地与候鸟惜别。这种伤感可以美化人心。体会不到这种伤感的人也不会有善心。

我们怎样学习读和写的

我讲一讲孩子们是怎样学习读和写的。亲爱的读者，请不要把这里讲的一切视为识字教学的新方法。我没有思考过创造力（这里指的正是儿童创造力和有助于教学的教育工作）的科学根据，也没有想过它可以在某种程度上取代历经几十年检验的识字教学法。这种创造力诞生于田野和草场之间，橡树林的林荫下和草原热风的吹拂中，夏日黎明升起和冬日黄昏降临之时。

多年来，我一直在想：孩子初入校园时，读和写对他来说是一件多么困难、乏味和无趣的事情啊！孩子在通往知识的荆棘道路上又要遭遇那么多的失败，而这一切皆因学习变成了纯粹的啃书本。我曾看到孩子在课堂上吃力地辨别字母，这些字母在他的眼前乱跳，最后拼凑成无法辨明的图案。与此同时，我还认识到，一旦这项功课有点意思了，能与游戏结合起来，特别重要的是不再有人要求孩子"必须记住，学不会就等着挨罚"，孩子们就会轻轻松松地记下字母，还能用它们组词。

从入学之初，孩子在这条艰难的学习之路上萌生了成绩至上的想法。有的孩子认为，分数是善良的、宽容的；而也有孩子认为，分数是严厉的、无情的。为什么会这样？孩子们不理解为什么分数鼓励一个人，而折磨另外一个人。要知道，一个7岁的小孩子本来也理解不了分数取决于自己的劳动和个人的努力，这是他还理解不了的。他要设法去满足，或者退一步讲，去骗取分数，并渐渐地习惯了为分数而学习，而不是为乐趣而学习。我绝非有意要把分数从学校中彻底地剔除出去。没有分数也不行。等到孩子明白在学习上所付出的努力决定着自身脑力劳动的质量时，才应该给他打分。

　　我认为，在小学阶段进行评分，其最主要的要求就是要在学校采用乐观主义和快乐准则。分数应当是对勤奋的奖励，而不是对懒惰和应付的惩罚。如果老师把1分和2分看作鞭策懒马的皮鞭，而把4分和5分看作蜜饼，那么，皮鞭也好，蜜饼也罢，不久之后都会让孩子们憎恨不已。1分和2分就好比一把锋利的精密工具，睿智且又有经验的小学教师宁可总是坚持备而不用。也可以说，这把工具存在于小学，就是为了任何时候都不动用它。教师的教育智慧是让孩子永远不要失去信心，永远也没有什么事都做不好的感受。每项作业都应当成为学生的一次进步，哪怕只是一点点。一个刚刚踏入学校大门的7岁小孩儿，好不容易才学会辨别字母"a"和"6"，突然就被评了2分。他还没搞明白这是怎么一回事，起初连痛苦和焦虑都感觉不到。他只是感到不知所措。亚努什·科尔恰克曾写道："有时候，即使是聪明的孩子，他在面对刻薄老人的攻击时也会因受惊而停下脚步。"他还提到："要尊重孩子的无知。"波兰教育家的这番话令我毕生难忘。只有当老师掌握到"入学"的最高智慧的时候，即善于尊重孩子的无知的时候，2分才能成为一件最锋利、最精密且从不在小学动用的工具。

　　在开办"快乐学校"前的几年曾发生过这样的一件事。我带着几个6岁大的学龄前孩子们去了树林，我们找了一块林中空地，大伙儿坐下之后，我便讲起了蝴蝶和甲虫的故事来。在草丛里爬着的一只大甲虫吸引了我们的注意。它想方设法要飞向空中，但怎么都无法飞离草丛。孩子们把虫子从头到尾地观察了一遍。我的面前摆放着一个画本，于是我把甲虫画了下来。孩子当中有人要求我给这幅画起一个名字。我用大写字母的印刷体写下了"ЖУК（甲虫）"。孩子们好奇极了，便开始一遍又一遍地重复起这个词来，他们还观察了这几个字母，在他们看来，这几个字母就像是几幅图案。有人在沙土上模仿了这几个字母，也有人用草梗编织出了这个词。每个字母都能让孩子们想象到某种东西。例如，他们从字母"Ж"中看出了那只倒霉的甲虫的样子，就是那只想展翅高飞，却飞不起来的虫子……

几个月之后，我去这些孩子们的班上听课（他们已经入学）。一位女老师抱怨孩子们在阅读方面有困难。真想不到竟发生了这样的巧事。恰巧就是在这节课学习字母"Ж"。孩子们的脸上露出了笑容，教室里仿佛顿时间响起了一片嗡嗡的虫鸣声，这是孩子们在重复"ЖУК（甲虫）"这个词，还加重了字母"Ж"的读音。孩子们举起手，所有人都能把"ЖУК（甲虫）"一词写出来，老师对此困惑不解。这是多么愉快和高兴的一节课啊！对我来说，这是寓教于生活的一节课。此时此刻，身处"快乐学校"，我又回忆起了这件事。

孩子们应当生活在充满美景、游戏、童话、音乐、绘画、幻想和创作的世界里。如果我们想教会孩子读和写，就应当让他身处这样的世界。是的，孩子在登上认识阶梯的第一级台阶时，他会是怎样的感受，会有什么样的心境，这些决定着他日后通往知识的道路。这一级台阶正成为许多孩子的绊脚石，一想到这一点就不由得害怕起来。请仔细地了解一下校园生活，您就会发现许多孩子恰恰是在识字教学阶段失去了信心。亲爱的诸位同行，我们要登上这一级台阶，为的是不让孩子们感到疲倦，为的是让向着知识迈进的每一步都如同展翅的鸟儿一飞冲天，而不是像疲惫不堪地背着沉重担子的人拖着往前行进的艰难步伐。

我和孩子们开启了去往语言源头的"旅行"，让孩子们去看看世界的美，让语言的音韵深入他们的内心。我尽量做到让孩子理解语言不只是事物和现象的符号，它还带有感情色彩——意味和细微差别。重要的是，要让孩子们像听美妙旋律一样去聆听语言，要让语言本身的美及其反映的那部分世界的美能引起孩子们对展现人类语言音韵的一幅幅情景的兴趣，即对字母的兴趣。在孩子们还没有感受到语言的意味之前，在他们还没有领会到它的细微差别之前，根本不应该开始识字教学。一旦老师这样做，就注定会让孩子不堪重负（孩子终将挑起这副重担，但要付出多大的代价啊！）。

要让识字成为孩子生活中光彩夺目、引人入胜、充满生动形象、声音和旋律的一部分，才容易把读写教学进行下去。孩子必须记住的东西首先应当是有趣的。必须把识字教学与绘画紧密地结合到一起。

在去往语言源头的"旅行"中，我们一直带着画本和画笔。瞧，这是我们最早一次的"旅行"。我设定的目标是：给孩子们展现"草场"一词的美及这个词的感情色彩。

我们坐在一棵柳树下，柳叶垂向池塘。远处是一片阳光普照的绿色草场。我对孩子们说："你们看，我们面前景色多美啊！蝴蝶在草丛上飞舞，蜜蜂嗡嗡地鸣叫。远处的牛群好似玩具一般的模样。草场看起来像是一条淡绿色的河流，树木则像是深绿色的河岸。牛群在河里洗澡。你们瞧，在这初秋时节绽放出了多少美丽的花朵啊！咱们来细细聆听这首草场乐曲吧。你们听到花蝇的嗡嗡声和草虫的歌声了吗？"

于是，我在画本上画起草场、牛群、散在草场上的白绒绒的天鹅、一缕依稀可见的炊烟和地平线上的白色云朵来。孩子们被这宁静清晨的美景迷住了，他们也画起画来。我给画起的名字是"луг（草场）"。对大多数的小朋友来说，字母就是图案。每个图案都会让人想起点什么。究竟是什么呢？是草梗。把草梗一折，就成了一幅字母"Л"的图案。把两根草梗一搭，又拼成了一幅字母"у"的图案。孩子们给这些图案取的名字也是"луг（草场）"。接着，我们就开始读这个词。孩子们对大自然音乐的敏锐感受力帮助他们感受到了这个词的发音。孩子们不仅记住了每个字母的笔画，还给每一幅图案赋予了生动的声音，这样一来，字母记起来就容易多了。

通常，要把词的笔画看作一个整体去感受。读词并不是要在声音分析和合成方面做长时间的练习，而是有意识地再现有声的音乐形象，这一形象与孩子们刚刚画出的视觉图像是相对应的。在视觉和声音的统一感受中（在这种感受中充满了丰富的感情色彩，其中加进了视觉形象和语言音韵），字母和短小的词就被同时记了下来。亲爱的读者朋友，我们并不是发现了识字教学的新方法，而是对已被科学证实过的东西进行实践。不是必须记下的东西更容易记住，被感知的形象的感情色彩在识记过程中发挥着极其重大的作用。

一个词的视觉形象、发音及其感情色彩是统一的，但这丝毫不会影响独立发音的分析。比如，孩子们在听到"луг（草场）"一词的发音时，反而能区分出这个词的每一个音，他们明白词是由单个音组成的，而且每个音都有对应的字母。

几天后，又是一次新的"旅行"。清晨，我们来到学校果园，迎接日出。地上的小草、树上的叶子、成串的葡萄、金黄的梨和紫红的李子全都挂着露珠。每一滴露珠里都闪烁着太阳的火花。火花在一处消失，又在另一处出现，仿佛是太阳一边在吸吮露珠，一边在撒落另一些露珠出来。但这也只是感觉罢了。当阳光照射在露珠上时，从里面闪现出了火花。然而，露珠究竟去哪儿了呢？有一些露珠蒸发了，还有一些沿着草梗滑落了下来，被大地吞噬了。倘若没有露水的话，花花草草就会凋萎。接着，我们观察了翠菊、金莲花、美人蕉和玫瑰花，它们上面也闪烁着露珠。于是，我画起小草、金莲花、太阳和闪烁着火花的露珠来。孩子们也画了起来。我们在这些画的下方写上了画名"Роса（露水）"。这几个字母让孩子们想到了太阳和露珠。我们看着这些画出的图案，读这几个字母。每个孩子都按自己的想法画出了这几个字母的图案，并通过这些想象出来的图案反映出了自己对周围世界的认识。

谢廖沙对小伙伴们说："这是一滴露珠，挂在了草梗上。"他这样想象着字母"Р"。接着说道："它就要滑落到地面上来了。露珠急切地等待着太阳。"他又把字母"О"看成了这个样子。他又说道："露珠里闪烁着太阳的火花。"谢廖沙用铅笔重新描画了字母"С"的轮廓。我让每个孩子都在大纪念册里画上一棵挂着露珠的草梗。孩子们用"Роса（露水）"一词作为画名。孩子们画了画，写上了画名，这些说起来挺容易，可对孩子们来讲，画和画名就是一个饱含形象、声音、色彩和感受的完整世界。在孩子的意识之中，每个字母都与直观形象相联系，因此，不论是整个词还是每一个字母都很容易记。

接连几天，我们一次又一次地去观赏露珠，一遍又一遍地画画和取画名。每一幅新画作并非例行差事的练习，而是一次创作。我们用了两三周的时间进行和"Poca（露水）"一词有关的创作。每个孩子都把草梗或喜爱的树枝画上了几遍，细心聆听这个词的发音，区分出词中的各个音，再用字母把它们表示出来。字母与周围事物有相似之处，这实际上是孩子们的幻想、童话故事和创作。

我在画册封皮上写上了画册名《我们的祖国语言》。我告诉孩子们："我们要把这本画册保存很多年，直到你们毕业，直到你们长大成人。虽然你们每一个人也都会拥有一本属于自己的有画有字的画册，但是这一本却是我们大家共同拥有的。"

日子就这样一天一天、一周一周地过去了。我们完成了越来越多的去往生动语言源头的"旅行"。特别有意思的是，我们认识了这些词：村子、松林、橡树、柳树、森林、烟、冰、山、穗、天空、干草、小树林、椴树、白蜡树、苹果树、云、山冈、橡实、落叶。春天的时候，我们还以花朵、丁香、铃兰、刺槐、葡萄、池塘、河、湖、林边、雾、雨、雷电、朝霞、鸽子、杨树、樱桃为题做了"旅行"。一旦有哪个孩子因为受到词的启发而被激发出了最鲜明的想象、情感和回忆，我们就会让他在《我们的祖国语言》这本画册里画出他自己想画的东西。

没有人会对母语的美无动于衷。1952年春天，也就是在我们开始工作大约八个月之后，孩子们已经认识了全部的字母，还学会了词的书写和朗读。在此还要提防机械地照搬老经验的做法。利用这种方法进行的读写教学是一种创造，而任何创造都容忍不了墨守成规，只可以富有创造性地去使用新事物。重要的是，不要对孩子们提出必须把字母背下来和学会朗读的要求。孩子们在游戏中踏上了认知的第一级台阶，他们的精神生活因受到美景、故事、音乐、幻想、创作和想象的影响而变得高尚起来。孩子们深刻地记得那些激动人心和美丽迷人的东西。许多孩子迫切希望能用语言说出自己的感受，还能把它写出来，这让我大为吃惊。

一次，我们躲在森林哨所里避雨。雷声轰鸣，电光闪烁。一粒粒冰雹落到了地面上。雨后，冰雹在绿草上仍存留了一段时间。太阳拨开阴云，露出明媚的阳光，小小的冰雹也变绿了。孩子们欣喜万分地叫了起来："真好看啊！"第二天，孩子们想把昨天看到的画出来。尤拉、谢廖沙、舒拉和加利娅还给自己的画取了名字。他们已经能读得很好了。我还看到他们最早写下的句子。内容是："乌云把冰雹撒落在草地上了""绿草丛中的白色冰雹""太阳融化了白色冰雹""雷撒下了白色的冰雹"。

这个例子再一次证实，孩子们越接近思想和语言的源头、越接近周围世界，他们的语言就越丰富、越具有表现力。我相信，我的孩子们很快就能写出一些小短文。我的信念在 1952 年夏天得到了印证。

在校园的一角种着一朵罂粟花。当罂粟秆闪现出五颜六色的光彩时，我便带着孩子们来到这里。这美景唤起了孩子们内心的喜悦心情。我们就这样欣赏着花朵，听着蜜蜂嗡嗡地歌唱，我们待了许久许久。第二天，我们带着画画本和彩笔又来到这里。孩子们画画，我就给他们讲罂粟籽的故事，讲彩虹把七色光的美送给罂粟籽的故事。许多孩子都想用文字表达自己的喜悦心情。于是，他们写出了这些鲜明生动的短文："盛开的罂粟花连成了一条花毯子"（塔尼娅）、"罂粟花的花毯子盖住了大地"（尼娜）、"罂粟花盛开了，太阳笑了"（济娜）、"蜜蜂在罂粟花的花毯子上嗡嗡地歌唱"（加利娅）、"太阳撒下遍地的花朵：蓝色的、粉红色的、红色的、天蓝色的"（拉丽萨）、"在天蓝色的花瓣里躲着一只毛茸茸的黄蜂"（谢廖沙）、"花朵在细细的花梗上轻轻摇动"（舒拉）、"太阳正在罂粟花朵中嬉戏玩耍吗？"（科利亚）、"天蓝色的花瓣从空中落下，在地上铺出了一条花毯子"（卡佳）。孩子们把自己画本里这些配有图案的文字搬进了《我们的祖国语言》大纪念册里。

在我们去看向日葵、去繁花盛开的荞麦地的"旅行"中，孩子们的想象如泉水般生动，想象出一个又一个色彩鲜明的形象。孩子越是能从周围世界的美景中体会到激动兴奋的心情，就越能把字母记得牢靠，尽管主要目的从来都不在于此。我越来越相信，用形象去看世界，用语言去表现美感，这是儿童思维的灵魂和核心所在。儿童有艺术性思维和形象思维，他们的思维里充满了情感。要想让孩子变得聪明机智，就必须要让他在很小的时候就体会到用艺术眼光看世界所带来的幸福感。当孩子看到和感受到美好事物时，在他脑海中浮现出的幻想、创作和活跃的思想便会如泉涌般无穷无尽！

我永远也忘不了曾经前往生动语言源头的"旅行"。夏天的时候，我们去参观了集体农庄的养蜂场。养蜂老爷爷请我们吃了新鲜的蜂蜜，喝了凉爽的泉水。孩子们坐在苹果树下，欣赏着繁花盛开的荞麦地的美景。蜂群从田里飞回蜂房，在流淌着冰凉泉水的小溪流的上方盘旋，嗡嗡地低声鸣叫。孩子们说："它们在给彼此讲花朵和小树林的故事，讲荞麦和向日葵的故事，讲鲜艳的罂粟果和三叶草的小蓝花的故事。"再过五年，我的这群孩子们就会成为四年级的学生，到那时我会让他们写一篇作文，就是一篇题为《蜜蜂在嗡嗡地说着什么》的故事。六月里的这一天给孩子们留下了深刻印象，它将化作鲜明的形象和活跃的思想。的确，在幼年时期喜爱上的东西是永远不会被忘记的。让母语和周围世界的美在童年时代就在孩子的脑海中留下永不磨灭的烙印。让为攀登陡峭艰难的知识阶梯而迈出的第一步因美而变得高尚起来吧！

随着孩子们不断掌握识字的要领，书本就会越来越频繁地进入到他们的精神生活里来。我们建了一个小的书画库。可惜的是，我在书店里没能找到好的图画书，于是不得不自己画几本出来，还要在里面写上字。我画的第一本图画书是一部乌克兰民间童话，它讲的是圣诞老人、狠毒的继母、善良的继女和懒惰的女儿的故事。这本书篇幅不算小，一共有三十多页，每一页都有一幅图和几个句子（有时只有一句话）。1952年春天，大多数的孩子都能够进行流利的阅读。瓦莉娅、科利亚、加利娅、拉丽萨和谢廖沙读得格外好。瞧，我们正坐在草地上，有一个孩子翻开了图画书，然后读了起来……这并不是单纯地读词和遣词造句。这是创作。孩子在读故事的时候就好像是走进了画中的那个世界。从他阅读的语调中可以传递出不同人物形象在情感和愿望上的细微差别：圣诞老人的善良、后母的狠毒、继女的勤劳和热心、女儿的懒惰和无情。孩子们读到的内容深深地牵绊着他们的心：他们痛恨邪恶，为善良的胜利而喜悦。

有趣的是，孩子们读一个故事能读上几十遍，竟然还总能兴致勃勃地听下去。我想起了老师们的担忧：为什么孩子们读起来是那么单调，又毫无表情呢？为什么很少能在孩子的朗读中听出感情呢？这是因为孩子的朗读在很多情况下脱离了自己的精神生活、思想、情感和看法。孩子关心的是一件事，而他朗读的却是另外的一件事。只有当语言触及孩子的内心深处时，朗读才能让他的生活丰富起来。

我们开始创作新的图画书。尤拉、谢廖沙、卡佳、莉达、柳芭和拉丽萨也都画了画。没有一个孩子不想画画。识字中的困难主要还是通过绘画兴趣克服的。

1952 年夏天，孩子们开始读一些简短的儿童读物，如托尔斯泰的民间童话、乌申斯基《祖国语言》里的小故事以及普希金、莱蒙托夫、涅克拉索夫、舍甫琴科、列夏·乌克拉因卡和尹万·弗兰科的诗作。有一次，孩子们在读完乌申斯基《祖国语言》里的诗《孩子们，该去上学了》之后，一下子就把它记住了。欢喜之余，我还为满是拙劣诗句的读物而焦思苦虑。这些用文牍语言写成的枯燥诗句与其说是在培养对语言的热爱，不如说是在泯灭作诗的兴致。

我和老师们分享了每一次的成败。做好学龄前儿童升入一年级的准备成了我们学校全体小学教师们的共同工作。在教师韦尔霍维尼娜、扎连科、扎泽、涅斯捷连科、奥西马克和诺维茨卡娅富有创造性的经验中，教育方法，更确切地说，是课外和校外教育工作方法，每年都在不断地完善和深化，有利于儿童智力的发展和取得优异成绩所必需的基本实践技能的掌握相统一。在各种技能中，阅读则居于首位。

几年来，从事学龄前儿童教育的老师们已经能够做到让学生们在进入课堂学习前就会读。无论是在小学，还是在中学和高中，整个教学过程在很大程度上都变得容易了。总结多年的集体经验，我们可以就相关问题做出重要的结论。如，流利、生动且自觉的阅读对儿童智力发展和学习过程中的创造性脑力劳动的作用是什么？结论是：儿童阅读开始得越早，阅读和儿童全部的精神生活越能有机地联系到一起，那么贯穿于阅读中的思维过程就会越复杂，阅读对智力发展就越有益。如果一个孩子在 7 岁之前就学会了阅读，他便能练就出一项非常有用的技能：对词和句子成分的视觉感知和思维感知会先于发声。孩子在读的过程中不会一直专注在词上，他仍有可能在某一瞬间将视线移到书本之外，并在这个时候去思考和理解将要念出声的那些内容。这么说来，孩子能一边读，还能一边思考、理解和体会。我们的集体经验证明，特别是扎连科和韦尔霍维尼娜两位老师的经验证明，自觉学习的基础就是流利的阅读。

我的孩子，你生活在人与人之间

少先队员们在校园的一个僻静角落种了几株菊花。秋天的时候，开出了白色、蓝色和粉红色的花。在一个风和日丽的日子，我带着孩子们来到这里。孩子们看见这么多花，高兴极了。然而，沉痛的教训告诫我，孩子对美的喜欢往往是自私的。孩子可能去摘花，且并不认为这有什么不妥。于是乎，这次就发生了这种事。我一看，一朵朵花已经拿在孩子们的手里了。当花朵剩下不到一半的时候，卡佳叫了起来："难道菊花是可以摘的吗？"从她的话音里听不出惊讶和愤怒，她只是在问。我没有做任何回答。这一天的事就当是给孩子们的一次教训吧。他们又摘了几朵花，角落里的那番美景不见了，草地看上去也是一片荒凉。曾在孩子心中燃起的对美的喜爱之情也消失不见了。孩子们不知道该拿花如何是好。

"怎么样，孩子们，这块角落还美吗？"我问道，"你们把花摘走了，这些光秆还美吗？"

孩子们沉默不语，不一会儿就有几个人开口说道："不，不好看……"

"现在我们在哪儿还能欣赏到花呢？"

"这些花是少先队员们种的，"我对孩子们说，"他们来这里欣赏花的时候，看到的会是什么呢？别忘了，你们可是在人与人之间生活啊。谁都爱欣赏美的东西。咱们学校里的花虽多，可是如果每个学生都摘一朵花，那结果会是怎样呢？最终就是一朵花都剩不下了，大家也都没有可欣赏的花了。应当去创造美，而不是去破坏它，也不是去毁掉它。秋天将至，又到了寒冷的日子，我们要把这些菊花移到暖房里去。我们到时候会去那里欣赏美景。为了能摘一朵花，要栽培十朵才行。"

几天后，我们来到另一片草地。这里的菊花更多。孩子们已不再摘花了。他们在观赏花的美。

儿童内心能敏锐地感受到为人类创造美和快乐的号召，重要的是，要在发出号召之后，能紧接着付诸劳动。如果孩子能感受到在他身边还有他人的存在，他的行动能给这些人带来快乐，那么他从小就能学着在自己的愿望和他人的利益之间取得平衡。这一点对培养善良品质和人性是极为重要的。如果一个人的欲望永无止境，那么他也永远不会成为一个好的公民。无论是利己主义者、自私自利者，还是对他人的悲痛无动于衷的人，他们恰恰都是那些从童年起就只管个人意愿而不顾集体利益的人发展而成的。要善于管理欲望，这是一种看似很简单的人类习惯，而实际上它却非常复杂。它是人性、同情心、善心和内在自制力的源泉。如果没有养成这种习惯，就会缺失良知，也成为不了真正的人。

在此，我要再次强调幼年期在人性培养中的作用。道德观念、态度和习惯都与情感密切相关。形象地讲，情感是高尚道德行为的沃土。哪里对周围世界的感知模糊不清，哪里就会出现冷酷无情的人。敏锐的心灵形成于童年期。童年的遗憾是永远无法弥补的。把孩子领进人际关系复杂的世界，这是教育的根本任务之一。孩子们的生活不能没有欢乐。我们的社会所尽的一切努力，为的是让孩子们能过上幸福的童年生活。然而，快乐并不等于无忧无虑。如果孩子从大人精心栽培的树上摘取到快乐的果实，却不考虑为他人留下什么的话，那么他就丢失了人类最重要的品质——良知。在孩子还没有意识到自己是社会主义社会的未来公民之前，应当学会以德报德，学会用自己的双手为他人创造幸福和快乐。

在"快乐学校"开办之前，多年来一直让我感到困惑的是，许多父母被"对子女盲目的溺爱"所蒙蔽，以致他们只看到孩子好的一面，注意不到不好的一面。我还记得，一个4岁大的小男孩儿没有去厕所，而是当着母亲和邻居的面小便。母亲不但没有生气，反而还心生怜悯地说道："您看，我这孩子什么都不在乎。"从这个不拘小节的 4 岁孩童的任性眼神、嘟囔起来的小嘴和轻蔑的冷笑中就已经能看出这是个讨人厌的小孩子，如果无法制止他的这种不良行为，无法让他用旁人的眼光审视自己，那么他可能就会变成一个痞子。

我和沃洛佳的母亲聊过不止一次。母亲一开口说话，儿子就揪住她的裙角摆弄，还抓住她的手，好像总是有什么要紧事似的。胡搅蛮缠和肆无忌惮是儿童个人主义的不同表现形式，其原因是宽容无度、过分迁就和惩处不力。有些家长（遗憾的是，还有个别的教育者）认为，和孩子讲话时应当始终带着一种娃娃腔，孩子敏锐的耳朵就能从这种腔调里捕捉到迁就的语气。儿童因内心还不成熟会以任性妄为作为对大人这种娃娃腔的回应。我总是怕陷入娃娃腔的迷惘中，所以时时刻刻不忘在自己面前的都是些孩子，并把这些小不点儿看作未来的成年公民。在我看来，当话题涉及为他人劳动时，这种态度便显得尤为重要。儿童在劳动时常常会伴随产生一种想法，其中最坏的想法就是：他们给大人帮了很大的忙，所以受到赞扬，甚至奖励也是理所应当的。

秋天，我们把菊花挖出来，移到了暖房里。农村孩子是可以胜任这项劳动的。他们每天都给移栽的几株菊花浇水，迫不及待地盼着开出第一茬花来。暖房变成了奇妙的地方。我向孩子们提议："咱们现在邀请一些客人来这里参观吧。邀请谁呢？"我的许多学生都有弟弟和妹妹。于是，学生们把他们带到暖房来了。当弟弟妹妹们伸手要去摘菊花时，学生们便会去制止他们。

我对孩子们说："如果我们能种出来很多花的话，我们在'三八节'那天就能给你们每个人的妈妈送上一朵菊花。"这个主意让孩子们提起了精神。到了三月初，我们果然收获了足够多的花。过节那天，我们邀请了各位妈妈来参观我们的暖房，给每位妈妈都送上了一朵美丽的花。加利娅的继母也来到学校，小姑娘也送给了她一朵花。我多次跟加利娅谈起她对继母的态度问题，并让她相信继母是一个善良的人，我的话终究还是打动了这个女孩儿的心。令我感到欣慰的是，科利亚的妈妈、托利亚的妈妈、萨什科的奶奶以及科斯佳的继母也都来我们这儿过节了。

许多东西还无法给孩子讲明白。那些关于高尚情操的优美辞藻未必能被他们理解。但是，孩子们也能从心底感受到人性的美。从"快乐学校"开办之初，我就希望每个学生都能体会到他人的快乐、痛苦、悲伤和不幸。在春天和秋天的时候，我们常去集体农庄养蜂员安德烈老爷爷那里做客。老人没有家，一个人孤苦伶仃的。孩子们感觉到我们每一次的探望都让安德烈老爷爷很高兴。去养蜂场之前，我向孩子们建议："咱们给老爷爷带些苹果、葡萄和李子，他会很高兴的。咱们给他采些野花，这也会让他感到安慰。"孩子们的心变得越来越能体谅他人的心情、心境和感受。他们开始自己琢磨可以给老人带去哪些快乐。有一次，我们在森林里煮粥。在篝火燃起的那一刻，孩子们感到无比欢乐……在这个欢乐的时刻，瓦莉娅若有所思地说道："安德烈老爷爷现在却是一个人。"孩子们陷入了沉思。

也许，有些大人会觉得这种情景有些感伤，也许还有人会认为 7 岁的孩子怎么会在精神上有这般热情呢？是的，亲爱的老师们、同行们，如果您正是在这个年龄段去磨炼孩子敏锐的心灵，如果您能把"你生活在人与人之间"这个伟大的真理灌输至孩子的内心深处，那么孩子就想去和他人分享自己的快乐，在自己欢乐之余，一想到朋友还是孤零零的，就会感到十分痛苦。

于是，孩子们决定去和安德烈老爷爷分享喜悦的心情。

"咱们给他送肥肉粥去……"科利亚说道。

这个提议受到了大家的欢迎。孩子们送来的粥多得连饥肠辘辘的人也不见得能吃得下。我们又一次和老爷爷一起在养蜂场吃了午餐。

对悲和喜的敏锐感只有在童年期才能培养得起来。在这个年龄段，人内心对人类苦难、不幸、烦恼和孤独的感受会十分明显。孩子犹如变了一个人，能够设身处地地替他人着想。记得有一次，我们在从森林回来的路上经过了一座孤零零的屋子，四周一片荒凉。我告诉孩子们这里住着一位残疾人，他是在伟大卫国战争中负伤的。他还病着，所以没办法自己去种苹果树和葡萄。从孩子们的眼中冒出了泪花。每个孩子都体会到了这位病人的孤独感受。于是，我们种了两棵苹果树和两株葡萄，作为礼物送给了他。然而，孩子们收获到的最宝贵的东西却是为他人创造幸福时所感受到的喜悦。

培养学生关心和关怀他人疾苦是苏联学校的一项重要任务。一个人只有能忧他人之忧，才能成为他人的朋友、伙伴和兄弟。做到让孩子们心中有他人，这也是我为自己设定的一项重要的教育任务。

如果孩子对伙伴、朋友、父母及任何相识同胞的内心世界都是一种漠不关心的态度，如果孩子不善于从他人的眼神里读出他的心情，那么，这个孩子永远也不会成为一个真正的人。我希望学生们的心灵能被磨炼得敏锐起来，我希望无论是朝夕相处的人还是不期而遇的人，学生们都能从他们的眼神里发现他们的感受、情绪、欢喜和悲伤。

我和孩子们正从树林往回走，看见一位老爷爷坐在路边的草地上。他好像有什么伤心事。

"这个人出了什么事？"我问孩子们，"也许是在路上生病了？也许丢了东西？"

我们走近老人问道："老爷爷，有什么需要我们帮忙的吗？"

老人深深地叹了一口气，说道："谢谢孩子们，不管你们想怎么帮我，都无济于事。我家里出了大事。老伴儿在医院快要死了。我这是要去看她，在等公交车呢。虽然你们帮不上忙，但我心里却觉得好受多了。世上有好人啊！"

孩子们安静了下来，无忧无虑的叽叽喳喳声也停止了。孩子们四散而去准备回家，但老人的那番伤心话仍在影响着他们的情绪。孩子们本打算再玩一会儿，但不知怎么地把玩的事情忘在了脑后，各自回家去了。

教育中最难的就是教人去感受。友情、伙伴关系、兄弟情谊是在培养善心、同情心、关怀和体贴的品质。当孩子能为他人的幸福、快乐和安心做些什么的时候，他便会感受到人最微妙的心境。如果小孩子对父母和祖父母的爱未受到善良意愿的驱使，它就会变成一种自私的情感。孩子之所以爱妈妈，是因为妈妈是他的快乐源泉，他为了获取快乐才需要妈妈。那么，必须在孩子的心灵中培养出真正的爱，即忧他人之所忧，急他人之所急，想他人之所想，烦他人之所烦。只有在关心他人命运的心灵里才会产生真正的爱。孩子能拥有一个需要去关心的朋友，是多么重要啊。我的学生们就有这样的一位朋友，他就是养蜂员安德烈老爷爷。我坚信，孩子对他人的照顾越多，就越会体贴伙伴和父母。我给孩子们讲了安德烈老爷爷的艰辛人生。他的两个儿子都在战场上牺牲了，老伴儿也去世了。他感到十分孤单。

"孩子们，咱们以后多去看看老爷爷吧。每次都要想办法让他高兴高兴。"每当我们准备去看老人的时候，大家都在想：什么才能让老爷爷高兴起来呢？于是，孩子们送给老人一本画册，里面是我们每个人画的画。我们还在河边捡了一些五颜六色的石头送给了他。老爷爷做了一个小木匣子，把小石头放在里面又送给了我们……男孩子们用稻草给老爷爷编了一顶草帽。老爷爷还用木头给我们雕刻了几只小动物，有小兔、狐狸、绵羊等。

孩子们对朋友的关心越多，就越能感受到身边的不幸、悲伤和不安。他们注意到尼娜和萨莎有时来到学校显得闷闷不乐，在她们的眼睛里充满了忧伤，显露出一副若有所思的样子。小朋友们就会问问她们：母亲的身体怎么样了。因为母亲的状况不好，两个女孩儿感到十分难过……

当孩子能为减轻伙伴的悲伤做些什么的时候，在他的心灵里就树立起了善良的情感。我们去过尼娜和萨莎的家几次，我们除了院子里的杂草，还帮忙收了菜地里的土豆。每当孩子们准备去树林的时候，大家伙儿就会关心一个问题：尼娜和萨莎能不能和我们一起去呢？毕竟，她俩以前都是留在家里，要给父亲帮忙。于是，为让大伙儿都能高兴，我们会在前一天去到尼娜和萨莎的家里，尽可能地帮她们做些事情。

人在社会中生活，这就意味着要能为他人的幸福和安宁而牺牲自己的快乐。或许，我们每个人都曾遇到过这种现象：虽然孩子面对的是痛苦、不幸和泪水，但他仍能乐在其中。然而，也有这样的情况：母亲想方设法不让孩子感受到阴暗和悲伤，为的是让他在享受满满的喜悦之时不受到任何的伤害。这是赤裸裸地在滋养一个自私自利的人。不要让孩子回避人生中的阴暗面。要让他知道，在我们的生活中不仅有快乐，还有悲伤。要让孩子的内心能感受到他人的痛苦。

一个人在童年时代获取快乐的来源是怎样的，最终决定他个人的道德面貌如何。如果孩子的快乐就是无所用心和竭泽而渔的话，如果他不了解什么是悲伤、委屈和痛苦，那么他就会成长为一个自私自利的人，对他人漠不关心。要让我们的学生懂得在关怀他人时感受到的激动人心的喜悦才是最大的快乐，这一点非常重要。

我们的集体是一个友爱的大家庭

自"快乐学校"开办之初，我就想为我们的集体增添一种亲切、热诚、关怀、互信和互助的家庭般的氛围。维佳、瓦莉娅和科利亚这三个孩子在 9 月份过生日。我们集体为他们过了这次生日。我们在学校食堂烤了馅饼，给小寿星们送了画儿和书。当得知科利亚家里从孩子到父母从来都没有庆祝过生日的时候，我大吃了一惊。这是这个男孩子有生以来庆祝的第一个节日。小伙伴们的关心让他激动不已。

每个人在童年时都需要得到关心和疼爱。如果孩子在冷漠无情的环境中成长，他就会变成一个对善良和美好满不在乎的人。学校无法完全取代家庭，尤其是母亲。但如果孩子在家庭里缺少疼爱、关怀和照顾，那么作为老师的我们就应该对他倍加关心。

我们的小集体有了自己的物资、秘密、操心的事儿和烦恼。橱柜里存放着玩具、铅笔和本子。"幻想园地"里有一个"补给站"。我们在这里存放了土豆、粮食、食油和葱头，这都是为度过那些个秋雨连绵的夜晚而准备的。所有的家庭成员都是些小孩子，不过有几个特别小的孩子：丹科、季娜和瓦莉娅。无论是在路途中、还是在森林里，大家都认为帮助小朋友是应该的。

如果有孩子不知为什么没来学校，晚上就会有小伙伴去看望他，去了解他是不是生病了。这已成为了一个好的传统。这种眷恋感是最基本的精神需求的基础。如果缺乏这种情感，就无法想象共产主义社会之中的人与人之间的关系——对人的需求。我尽力做到让孩子们之间的交往和精神层面的交流成为他们每个人的快乐源泉以及丰富他们情感和阅历的源泉。每个人都应当为集体做一点贡献，为他人创造幸福和快乐。

在工作过程中，我在儿童集体教育方面遇到过不少困难。为克服这些困难，我曾求教于诺维茨卡娅、雷萨克、扎连科和韦尔霍维尼娜这几位极具经验的小学老师，他们能敏锐地感受到儿童的内心和集体的脉搏。每晚，当教学楼和校园里都安静下来的时候，我们常常聚到一起，交换想法，聊一聊我们每个人如何看待儿童集体生活的多面性。我们都明白，人的认识活动始于家庭，始于孩子在母亲哼唱摇篮曲时第一次对她微笑的那个时刻。要让对待善良、亲切和世上最美好事物的初心以及对待人与人相亲相爱的初心能在亲身经历中被激发出来，要让家长成为孩子最亲爱的人，这一切是多么重要啊。如果家庭里缺少或完全没有这种关怀，那么集体能给予多大程度的弥补呢？又如何向内心敏锐的孩子们展现人心的善和美呢？

在我看来，我们在这段时间里的交谈、商议和思考一点一滴地汇集成了一种伟大的教育思想，它已变成我们全体教育者的信念：只有当儿童集体能有助于个人提升，能让每个人都树立起自尊心并懂得自重的时候，它才能化作一股教育力量。要知道，母爱和父爱的真正核心精神就在于让子女感受到自尊，体会到做好人的意愿。我从经验丰富的教师身上发现了些许创作的价值，其意义可归结为：要让孩子能为自己和自己的行为感到自豪，并能维护自己的荣誉和尊严。

我小心翼翼地、一点一滴地收集起我校最优秀教师在教育方面的宝贵经验，为的是让孩子们能在彼此亲切、真诚的集体关系中体会到要做一个好人的意愿。集体关系是否真诚亲切，已成为我持续关注的问题。在我看来，儿童集体生活的多面性不只是通过共同目标和劳动而结合在一起的莫逆之交的团结友爱，还是彼此之间的热情关怀以及从理智上和打心眼儿里体会他人悲喜的精神。正是在这种亲切和真诚的集体关系中蕴藏着"做一个好人"的崇高意愿：不是为表现，也不是为求得赞美，而是出于一种感受高尚情操的自然需求。实际上，在后来多年的教育工作中，我主要致力于提升儿童、少年、青年的自尊

心。过去和现在都是以此为原则建立集体关系。我一直希望儿童集体这个小社
会单元的生活能够以个人提升为宗旨。同时，孩子们的创造力、素质、才能和
天赋的发展也服从于这一宗旨。

我们在"健康园"的日子

　　距我的这群孩子们入学还剩下一个月的时间。夏季最奇妙的月份——八月已经临近了。在炎炎七月，孩子们常常是在清晨或夜幕降临前来学校。有人回家吃午饭路途太远，所以有六七个孩子会留在学校食堂吃饭。由此，我产生了一个念头：让孩子们离开家，去果园、去池塘边找个地方住上几个月。我们看中了池塘边的一块地方。少先队员们帮我们在树丛里搭建了几个窝棚，就是夏天集体农庄看瓜地的人住的那种窝棚。窝棚里铺上了稻草，还做了几张画画用的小桌子。我们附近有一个集体农庄大果园。果园主人答应把果园给我们当作休息的主要地方。我们还在窝棚旁边搭建了一个伙房，农庄给了我们食物，还派来厨工。萨尼娅的父亲建了一个游泳场，旁边停着一艘摩托艇，男孩子们一见，眼睛里直冒光。

　　家长们把我们的住处和休息的地方称作"健康园"，我们在这里的集体生活开始了。我们在户外度过了整整一个月的时间。我们在日出前就起身了，一直忙到太阳出来的时候。我们在池塘洗澡，然后做操、吃早饭，过后去森林、果园和农田。我们在这个月进行了最有意思的几次去往语言源头的"旅行"。我们在山冈上欣赏朝霞和日出，看千百只燕子是怎样聚集成群准备南飞，看阳光和晨风是怎样驱散清晨河面上的白雾。孩子们在田野里、在草场上、又或在树林里吃了第二顿早餐，他们吃了苹果、梨、李子、牛奶煮嫩土豆配鲜黄瓜、西瓜、甜瓜、玉米和西红柿。八月是水果和蔬菜的旺季。每个孩子在这段日子里都能吃上两公斤多的苹果和梨。安德烈老爷爷每天都来给我们送蜂蜜。孩子们一天到晚都能喝上新鲜的牛奶。厨工还给我们做了可口的红菜汤。晒黑了的小朋友们每天只穿着短裤、背心，光着脚去玩耍，骑摩托艇。健康的膳食加上阳光、空气、水、适当的劳动和休息，这一切搭配起来便成了无可取代的、有益的健康之源。

入学前的想法

我们在"快乐学校"的日子就要结束了，我的这些学生们很快就要成为小学生了。一想到这点，我既会感到高兴，又会感到不安。值得欣慰的是，我还可以有不止一年的时间去引导这些小朋友们沿着生活、劳动和认识的道路向前迈进，一年以来他们的身体变得强壮起来，都晒得黑黝黝的。

当我们在"快乐学校"的日子要接近尾声的时候，我在心里把现在的沃洛佳、卡佳、萨尼娅、托利亚、瓦莉娅、科斯佳和他们一年前的样子作了比较。原先，他们的面色苍白，身体瘦弱，眼底都露出了青筋。而现在，他们都变得面色红润，皮肤晒得黝黑，正如人们常说的"白里透红"。高兴的是，这里没有沉闷的教室，不需黑板和粉笔，也不需平淡无味的图画和字母块，孩子们也登上了认知阶梯的第一级台阶，还学会了读和写。现在，与那些从教室黑板的条条框框里迈出这第一步的孩子们比起来，他们会感到更轻松。

我非常注重教学法，讨厌纸上谈兵。然而，生活本身却要求循序渐进地掌握知识，要求学习是快乐的，即孩子从事的最重要、最细致复杂的劳动是快乐的，而且它能够提升孩子的精力和体力。这一点对小孩子来说尤为重要，因为他们还无法理解劳动的意义和艰辛的本质。

常言道，学习是劳动，不能把它变成游戏。但又不能用一道万里长城把劳动和游戏隔离开。我们要仔细地观察游戏在儿童生活中所处的地位，特别是在学龄前阶段。孩子认为，游戏是最正经的事情。在游戏中认识世界，并迸发出创作才能。如果没有游戏，就没有智力发展，也不可能得到全面的发展。

游戏犹如一扇巨大而明亮的窗，有关周围世界的概念和看法正源源不断地通过这扇窗涌进孩子们的精神世界。游戏犹如火花，点燃好奇和求知的火种。如果孩子可以在游戏中学习书写，且能够在智力发展的某个阶段把游戏和劳动结合起来，这样有什么不好吗？而且，老师也不会常常对孩子们说："好了，已经玩过一会儿了，现在该学习了！"

游戏是一个含义广泛且多面的概念。孩子们跑来跑去，是游戏；比赛谁跑得快，谁跑得敏捷，也是游戏；巨大的创作才能和想象力，也可能是游戏。如果不进行智力游戏，如果缺乏富有创造性的想象，也就无法实现全方位的教学设想，特别是在学龄前阶段。

从广义上讲，游戏始于有美存在的地方。不过，由于小孩子的劳动脱离不开美学因素，所以在幼年时期进行的劳动活动和游戏是密切相关的。校园收割季的开幕日是一个盛大的节日。孩子们盛装来到学校，把第一把割下的麦穗插在花瓶里，摆在铺好桌布的桌子上。这是一个充满了深刻意义的游戏。不过，一旦游戏被人为地强加于劳动之上，且人对周围世界和自身的情感评价未以美来表达，那么游戏也就失去了教育价值。

还存在着一个尚未解决的问题：什么时候才是开始进行识字教学的最佳时间呢？是孩子坐在课桌旁，成为一年级学生的时候，或许，还要早一些——在学龄前阶段。全体老师通过经验证明：学校不应当让孩子们的生活发生骤变。请让今天已是学生的孩子还可以继续做昨天做过的事情。请让新的认识一点点地浮现出来，而不是排山倒海般地一下子涌入孩子的生活里。

我认为，与绘画、游戏紧密相关的识字教学恰好为幼小衔接搭建了桥梁。我的学生们从字母图案中发现了许多美景：露珠里的太阳的火花、高大的百年老橡树、池塘边的垂柳、蓝天中排成"人"字形的鹤群以及熬过七月酷暑天之后沉睡了的草场。尽管孩子们还不太擅长描画字母，但这并不是关键，重要的是他们能够从每幅画中感受到生命的跳动。此外，还让我感到欣慰的是，孩子们已开始理解语言在色彩和音乐方面的细微差别。鲜明的、形象的和富有诗意的思维在他们的意识中已形成了固化的基础。绘画走进了孩子们的精神生活。

他们总想在画里面表达自己的思想、情感和感受。听音乐已成为这些学生们的精神需求。

让我又高兴又激动的是，孩子们在道德发展方面已迈出了第一步。他们已步入了品行优雅的世界，在他们的心中已能对他人的喜和忧感同身受。孩子们已经体会到为人类创造美和快乐的幸福感。在我看来，从孩子踏入校门到步入青春期，再到完全成人，在这个长达多年的教育过程中，首先要培养的是人的情感。我们要培养的人应当能够深刻意识到身边的人也有着和自己一样的悲伤、痛苦、忧虑和不幸。我希望，我的学生们在童年就能树立起良好的品行，并首先以个人情感作为出发点。我高兴的是，孩子们已学会了感同身受，能够迅速地体会到让亲人、长辈、父母或其他大人们担忧的那些感受。而最让我高兴的是，孩子们能把生活中所接触到的每一个人都首先当作一个真正的人去看待。

高兴之余也不免有些担忧。日常的脑力劳动将成为孩子们的主要责任，而我又能否让他们一直保持对周围世界的浓厚兴趣呢？每个孩子都在以自己的方式看待周围世界，认识事物和现象，思考自己能否把浩荡磅礴的溪流和波澜不惊的大河一起带进认识的世界。

不过，我更担心的是每个孩子的精神世界。我面对的是一些敏感、细腻和易受感染的心灵。我和孩子们接触的次数越多，越能清楚地看到，每个孩子的心灵和头脑都能敏锐地领会到我所说的话、我的眼神、我在提建议或开展批评时的口吻。我面对的这31个孩子就是31个精神世界。我想起了海涅的一段话："……每一个人都是一个完整的世界，人与之同生共死，每一座墓碑下都埋葬着整个世界的历史。"现在，科利亚与科斯佳、瓦莉娅与季娜、丹科与拉丽萨、沃洛佳与斯拉瓦等在学龄前阶段就已经有了那么多不一样的地方。

要知道，不管这些特性是各自的、特有的，还是纯属个人的，它们都将会一天一天、一周一周地显得更加鲜明，更加明显。每个孩子的内心深处都有一根属于自己的琴弦，它按照自己的意愿发出声响。因此，为了能让那颗心灵响应我所说的话，就必须去做自我调整，以便迎合这根琴弦的音调。我多次看到，当孩子为某件事感到焦急或伤心时，老师却全然不知，孩子的心情是多么沉重啊。我能否了解孩子每天是怎么度过的？他有什么心事？我是否总能做到公正地去对待每一个孩子？

公正是孩子信赖教师的基础。不过，不存在某种抽象的公正，那种脱离了个性、个人兴趣、喜好和激情的公正。要做到公正，就必须详尽地了解每个孩子的精神世界。这就是为什么我认为今后的教育就是去更加深入地了解每一个孩子。不过，在整个教育生涯中，一直困扰我的最主要的问题是：怎样把小学生领进社会生活的广阔世界？怎样才能做到让每一个孩子不仅能看到自己的村庄和留有童年记忆的两岸河水的美好，还能饱览祖国宏伟壮阔的天地？要让他既喜爱大自然和人心的美，又憎恨奴役人民的帝国主义敌对势力；要让他时刻准备着捍卫苏联人民的伟大成果——我国社会主义制度、自由、荣誉和各族人民的团结友爱。怎样把公民教育和全面发展结合到一起？小学生的教育问题十分复杂，我又能否按照年龄要求的那样解决好这一问题呢？

童 年

什么是小学

这是 1952 年 8 月的最后一天。一个寂静无声、阳光明媚的清晨，所有的学生、老师和家长都来到学校教学楼前的那块绿色草坪上。这一天是新学年开始前的一个隆重的日子，它早已成为我们学校和读书人的传统节日。尤为让人激动的还是安排在这天早上的节日活动。

我像是一个探险家，准备启程去遥远陌生的地方，如注视旅伴和伙伴们的眼睛那样，凝视着学生们的双眼。瞧，就是站着的那几个，男生 16 个，女生15 个。陪孩子们一起来的有父母，还有不少祖父和祖母。这是科利亚的母亲和托利亚的母亲。加利娅的继母搂着她的肩，小女孩儿也并不像一年前那样愁眉苦脸了。大家向我们道贺，祝我们一帆风顺。十年级的学生们走近这帮小孩子，送给他们每人一本书作为纪念品，上面还写了题字："祝你一帆风顺，小朋友。请爱惜这本书。它会让你一生都记得学校的这个节日，记得成为小学生的那一天。请把这本书永远地保存在你的家庭图书室中。"（岁月流逝，我的学生们都已长大成人，他们每个人都还保存着这本书，把它视如金色童年的珍宝，视如金色童年的宝贵回忆。）

孩子们和家长、老师、十年级学生一起来到学校果园。小伙子和小姑娘们小心翼翼地挖了一棵苹果树，带着大团泥土把它移动到了另一个地方。然后，大家又齐心协力地把它放进了一个坑里。每一个孩子抓一把土，坑就被填满了。孩子们给小树浇了水，便回家去了。第二天，他们就要来学校开始上第一堂课了。他们将读四年小学，这四年也将由我对他们进行教学和教育工作。

在这天的前一天晚上，我还在为一些思绪所烦扰："什么是小学？"很多人都在讨论小学的重要决定性作用是什么。"小学阶段为学生今后学习知识奠定了坚实的基础""小学阶段是基础的基础"。每当谈及中、高年级学生在学习中的缺点和不足时，每当谈及知识肤浅且不巩固时，经常就会听到这些话。人们对小学指责最多的就是它未给定儿童下一步学习所必备的知识和技能范围。

的确，经验证明，小学应当首先教会学生怎样学习。杰出的教育家们，如夸美纽斯、乌申斯基、第斯多惠，都在自己的著作中写到了这一点。老师们通过实践也证明了这一观点。小学最重要的任务是传授给学生一定的扎实知识和能力。学习能力包括一系列与掌握知识有关的技能：会读、会写、会观察周围世界的各种现象、会思索、会用语言表达自己的思想。形象地说，这种能力犹如一把工具，没有它，就不可能掌握知识。

我在为小学教学备课时，希望能够确定孩子应该牢记下来什么东西，什么是他们应当学会的。然而小学的任务不仅限于此。每时每刻都不能忘记小学老师是在和孩子们接触。在一到四年级的学习时期，7 至 11 岁恰是一个人的形成期。当然，即使小学阶段结束，这一过程也不会就此完结。然而，就是在这几年中，一个人要度过最紧张的一段生活。孩子在这一阶段不仅要为今后的学习做好准备，还要为取得优异的学习成绩积累丰富的知识和技能。他必须拥有丰富的精神生活。

小学教育阶段就是德、智、体、美、情共同发展的阶段。只有儿童在当下过着丰富多彩的精神生活，而不是为了掌握知识做明日的准备时，这些方面的发展才会成为现实，而非空谈。

我国拥有成千上万优秀的小学教师资源。他们每一个人于孩子而言不仅是知识的灯塔，还是真正意义上的生活导师以及老师。苏联国家的小学教育是普及中等教育的坚实基础。但必须指出的是，很多小学都还存在着较为严重的不足，特别是在八年制学校和完全中学的小学阶段。在我看来，某些学校小学生的情况并无可羡慕之处——孩子背着一个大口袋，老师总想把尽可能多的东西放到那里面去。要把这些沉重的东西一直背到某个分界线，也就是背到初、高中阶段。老师常常把这一点看作是学生生活和活动的意义所在。

应当在小学阶段就把应授给学生的知识范围明确下来。如果在这一问题上有任何不明确和不肯定之处，那么不仅会削弱小学的作用，还会削弱接下来的教学环节。如果应当授给孩子的知识、技能和实际技巧没有一个明确规定的范围，那么学校也就名存实亡了。很多学校在基础教学方面存在着严重的不足，老师经常忽视一、二年级的孩子应当深刻理解和记住哪些定理和定义，哪些字应当学会书写并永远记住如何正确书写。有些老师为了能够最大限度地减轻孩子们的脑力劳动，却忘记了孩子不仅要了解某个事物，对它产生兴趣，还要牢牢地记住并永远地保存在记忆中。

当前，有关小学生的一般发展问题被谈论得很多。当然，一般发展是教与学极其重要的因素，但是有些基础知识仍发挥着很大的作用。如果无法把它们记住，无法把它们留存在记忆中，那么也就谈不上一般发展，因为一般发展本就要求不断掌握知识，而为了达到这一目的，就必须会学习。

尽管小学面临的各项任务都非常重要，但也不能忘记老师面对的可是正处在神经系统快速形成时期的人。不能把孩子的大脑看成一部现成的活机器，用来掌握、记忆和保存知识。当儿童处于 7 至 11 岁之间的时候，他的大脑正处于一个极速发展的阶段。一旦老师疏于关心学生神经系统的发育和大脑半球皮质细胞的增强，那么学习就会导致孩子的头脑变迟钝。

学习不应当只限于不断地积累知识、锻炼记忆力和死记硬背。死记硬背对任何人都是无用的，它只会让孩子变呆变傻，对孩子的健康产生危害并影响其智力的发展。我设定要达到的目标是：要让学习成为丰富多彩的精神生活中的一部分，这将有助于儿童的成长，有助于丰富他的思想。我的学生在学习时并不是死背书本，而是在充满游戏、故事、美景、音乐、幻想和创作的世界中进行活跃的脑力活动，犹如喷涌的泉水。我希望孩子们能成为这个世界的旅行者、发现者和创造者。去观察、思考、谈论和体验劳动的快乐，为所创造的一切感到自豪，为人们创造美和欢乐，并在这种创造活动中寻找幸福。欣赏大自然、音乐和艺术的美，并用这种美来丰富自己的精神世界，在乎他人的痛苦和快乐，好似切身经历过一样去体会他人的境遇，这才是我的教育理想。与此同时，也不能忘记严格规定的明确目标：儿童究竟应当知道什么，哪些字他们应当学会书写并永远记住如何正确书写，哪些算术规则应当永远记住。还在"快乐学校"的时候，我就已经列出了一至四年级儿童要牢记的母语词汇表。

我认为，掌握脑力劳动的方法、形式和技巧是一项非常重要的教育任务。我担忧的是，很多校长和督导员对小学抱以不苟求的态度。督导员来到学校，首先关注的是初、高中年级，而对待小学年级的态度则是，他们好像进行的也不是什么真正的教育，只不过是在做儿童游戏罢了。等到学生升入五年级的时候，他们对这种游戏的喜爱就会变成对知识匮乏的焦虑。

可不能放任啊！我自打从事幼儿工作起就设定了这样的任务。学生在二年级结束之前应当学会流利地、有感情地阅读，能养成自主阅读的习惯，能一眼就看懂不太长的句子和长句中的完整部分。

阅读是思维和智力发展的根本原因之一。我给自己设定的一项任务是要教会孩子边读边想的阅读方式。阅读应当成为孩子掌握知识的精妙仪器，也是丰富精神生活的源泉。

在这一章中，我要讲的是自己如何在 1952 年秋天到 1956 年春天这四年里完成了两个同等重要的小学任务：第一，教给学生深层且稳固的知识；第二，防止孩子们死记硬背，关心他们的精神生活是否丰富多彩，关心他们的健康。

健康，健康，还是健康

·我不怕一次又一次地重复：关注健康是教育者最重要的工作。孩子们的精神生活、世界观、智力发展、知识巩固和自信取决于他们是否乐观、是否有朝气。如果要衡量我在从教之初的 4 年里在孩子们身上的投入，那么多半是在为他们的健康而操劳和担忧。

只有和家庭保持经常性的联系，才可能关心到孩子们的健康。我与家长们之间的绝大多数谈话都是关于孩子们的健康的，特别是在孩子入学后的头两年。我向家长们讲明，不会给孩子们留家庭作业。他们会在课堂上把规则和定义记（熟记）下来。学生在家里主要就是做练习，这有助于加深他们对教材的理解。此外，孩子们在家要做的是阅读、画画和观察自然现象，还要写一写关于周围事物和现象的小短文，并背诵自己喜欢的诗歌。回家后的脑力劳动不应搞得孩子疲劳不堪，但缺失这一块也是不行的。完善课堂教学方法就可以彻底不留家庭作业，对这种推断不得信以为真。这种推论并没有反映出教学的真正目的和规律，原因就在于不可以让孩子集中在 3~4 个小时内连续不断地进行脑力劳动。家长们承诺会让孩子们多到户外去呼吸新鲜空气，早睡早起，开着通风窗睡觉。我和家长们商量好，在整个夏天、春末和秋初的那几个月里，要让孩子们在院子里睡觉。家长们在可以避雨的廊檐下和干草垛上设置了专门的"安睡角"。孩子们非常喜欢这个地方。我早在几年前就已经和家长们商量好，有小学生的家庭家家都要在花园里、在家门口的自留地上盖一个亭子，孩子从早春到晚秋就可以在这里看书、画画和休息。有些小朋友只有母亲可以依靠，然而仅凭母亲一己之力是办不成这件事的，于是高年级学生帮助他们盖好了亭子。

孩子们早在"快乐学校"时就已经习惯了做早操。当前，重要的是能够把这个习惯保持下去。我坚信，做操的习惯正是在儿童早期阶段巩固下来的。家长们要教孩子养成天天在同一个时间起床的习惯。孩子们在户外做完操之后，再去擦洗。夏天的时候，他们习惯在池塘里洗澡。此外，很多家长在院子和花园里安置了淋浴设备，这样孩子们一年有 5 个月（从 5 月到 9 月）都可以洗澡。孩子们已把洗澡养成了固定的习惯，所以他们在冬天的那几个月里也坚持擦洗上身，当然是在室内进行。

在家长们的帮助下，我们在室外建成了 6 个淋浴设备，供那些特别有需要的孩子们使用，他们是季娜、托利亚、科斯佳、拉丽萨、尼娜、萨莎和斯拉瓦。我还照顾到那些天生就有某种缺陷，如驼背、身材和面部长得不正常的男孩子和女孩子们，让他们也能洗上澡，也能做早操。

一个人不仅要健康，还要美。美和健康是与身体的和谐发展分不开的。身体各部分是否匀称，是否成比例都是由童年时的营养水平决定的，特别是骨骼组织，更尤其是胸廓的正常发育情况。多年来的观察表明，如果食物中缺少矿物质和微量元素，那么某些骨骼部分就会发育得不匀称，进而使体态终生受到影响。为了防止这种情况的发生，我会关注营养价值是否完善以及食物中维生素和矿物质的搭配情况。

我从前几年的观察和专门的研究中得出了一个令人不安的结论：25％的低龄儿童不吃早饭就去上学，因为他们在早上不愿吃东西；30％的儿童早上吃的东西还不到正常营养需要的一半；23％的儿童吃到了营养价值完善的早饭，但饭量却只是一半；而只有22％的儿童能按照标准吃早饭。在教室里待上几个小时以后，早上没吃早饭的孩子就会感到心口隐隐作痛，出现头晕。学生放学回家，虽然已经好几个小时没吃过东西了，但他却没有十足的、旺盛的食欲（家长们常常抱怨孩子们不想吃简单健康的食物，如汤、红菜汤、粥和牛奶，他们就想吃"好吃的"）。

食欲不振是威胁健康的一大祸患，是疾病和身体不适的根源。其主要原因在于孩子在不通风的教室里一坐就是好几个小时，进行着单调的脑力劳动，缺乏丰富多彩的户外活动，整天呼吸着满是二氧化碳的空气，从根本上就是"缺氧"。通过多年的观察，我还得出了一个令人失望的结论：长时间待在满是二氧化碳的室内会损害对消化有重要作用的内分泌腺。这些疾病还会变成慢性病，怎么治都治不好。家长为了激起孩子们的食欲，给他们吃各种好吃的东西，特别是甜食，这也是引起消化系统严重疾病的原因所在。关注儿童健康的一个重要前提是要防止"缺氧"，要让空气状况合乎要求。我建议家长们给孩子做可口、健康的食物，多储备一些富含维生素的水果过冬。当时，我们养了好几窝蜜蜂，所以冬天的时候我们的学校食堂还有蜂蜜供给孩子们吃。

正因为孩子们每天大部分的时间都待在户外，经常进行活动和体力劳动，放学后也不是马上就坐下来做功课，所以他们的食欲都很好。早上，所有的孩子都能吃上营养价值完善的早饭，入校 3 个小时之后（大约在上课后 2.5 小时）去学校食堂吃饭：一碟带肉的热汤或红菜汤、一块肉饼、一杯牛奶和一片黄油面包。放学后，他们回家还会再吃一顿午饭（在学校进餐后的 3 至 3.5 小时）。下午，孩子们不管在家里还是在学校里都会到户外去活动。他们只有在雨天或暴雪天才待在室内。

在儿童的和谐发展过程中，一切都是相互联系的。儿童的健康状况取决于教师给他布置了什么样的家庭作业，他是如何和何时做这些作业的。在家里进行独立的脑力劳动时，孩子的情绪起着巨大的作用。如果孩子不情愿地拿起书来读，这不仅会让他感到精神压抑，还会对内部器官相互作用的复杂系统产生不利的影响。我碰到过很多这样的情况，一旦孩子讨厌做功课，就会导致消化功能严重紊乱和胃肠疾病。

我们总是在户外的新鲜空气中和大自然中度过秋假、春假和寒假。我们在大自然中远足、小憩、逛森林、玩耍等。在第一次寒假的时候，所有的孩子都已经学会了滑雪，他们滑着雪云了树林，沿着山坡滑。就像当时在"快乐学校"过冬一样，孩子们也建了小雪城，做了冰制的旋转轮。孩子们在加入少先队之后还在林中举行了最有意思的少先队集会。

我们觉得，冬天在户外劳动是保证身体健康的根本。在天气还不太冷的时候（不低于−10℃），8岁大的孩子们每周劳动一次，每次进行两个小时，9到10岁大的孩子们每次劳动三个小时，11岁大的孩子们每次劳动四个小时。为了防止植物受冻，孩子们用芦苇把树干绑扎起来，积雪清除之后用小推车运走。这种户外劳动是锻炼身体和避免受凉感冒的绝佳办法。

孩子们在暑假的时候去远足，去草场、野地和森林游玩。孩子们与大自然直接接触了几个月下来，无论是在身体健康状况方面，还是在智力发展方面，都有了大大的改善。

在一年级结束后，孩子们在集体农庄的果园和养蜂场度过了八月份。

在二年级结束后，孩子们在集体农庄的瓜园度过了八月份。

八月是大自然赐予我们丰厚礼物的月份，是自然界最美的时刻，也是收获劳动硕果的时节。在此期间，空气变得格外清新，令人神清气爽，好像是沉浸在割下的小麦、成熟的甜瓜、葡萄和苹果的香气中似的。在夏秋之交，农村的空气里满是浓浓的植物杀菌素。如果想让易患肺病、感冒和风湿病的孩子们锻炼好身体，那就让他们在这段日子里整天到户外去活动。

有一次，孩子们在集体农庄的瓜园里待了一天。农庄主人大方地请他们吃西瓜和甜瓜。我们离开迷人辽阔的草原，心里感到闷闷不乐。当晚，集体农庄的主席下达了命令，要在瓜园里盖4个新窝棚。一天过后，这项工程就完工了。当我告诉孩子们我们要去窝棚里休息时，他们还不相信，便问道："真的让我们去那里吗？"只有当他们亲眼见到了顶上盖着稻草的窝棚时，他们才会相信这是为他们建的。当孩子们得知我们还要在这里过夜的消息时，他们高兴极了。窝棚里的地面上已铺好了芳香的干草，有人给送来了床单和被子，装好了盥洗盆，家长们还搭建了一个伙房，给孩子们留下了吃的东西。两个窝棚给男生住，另外两个窝棚给女生住。在瓜园度过的这一个月的时光就像是一首歌唱蓝天和明媚阳光的动人歌曲，给孩子们留下了毕生难忘的回忆。

我们在黎明时分醒来，欣赏从夜梦中醒来的大自然，这景色美得无与伦比。我们踏着露水漫步。我们把大木桶装运来的泉水倒进盥洗盆里，用它来洗脸。无论是做早操、用冷水洗上身，还是煮西红柿炖土豆、吃西瓜，这一切对孩子们来说都是一种享受。早饭过后，我们出去劳动，去帮助集体农庄的农民们收甜瓜和西瓜。

城里的孩子和父母一起来我们这里做客。我们骄傲地领他们去参观了瓜园，请他们吃了西瓜和甜瓜。孩子们已经学会了从外观判断西瓜熟不熟。在瓜园旁还种有蜜源植物，所以到了八月的时候，集体农庄的养蜂场就会往这儿迁移。这样，我们每天都可以去看安德烈老爷爷，给他带西瓜和厨工帕莎阿姨为我们做的热腾腾的肉饼吃。安德烈老爷爷送给我们班一窝蜜蜂。他说："把它带回校园去吧。"于是，孩子们常常饶有兴致地观察蜜蜂的生活。

孩子们每天都去池塘游泳，去森林玩，去草原采野花，然后把它们送给安德烈老爷爷和帕莎阿姨。在炎热的正午，孩子们钻进窝棚里去睡午觉。孩子们打开墙上的几个"小窗口"通风，并用野草根茎挡上驱赶蚊子和苍蝇——它们受不了野草的气味。院子里很热，而窝棚里却很凉快。从"快乐学校"开办的头几天起，我们便培养孩子们不怕过堂风的习惯。生活向我们证明，只要从小就习惯了过堂风，任何一种过堂风就都不会怕了。要让孩子不忍受在通风不良的房间里憋气，培养他们的这一习惯像培养卫生习惯一样重要。

炎热逐渐消退，孩子们出来劳动了。黄昏时分，常有人来瓜园拿西瓜和甜瓜。日落之后，一层雪青色的雾气笼罩着田野、山冈和草地，天空中的繁星一颗接着一颗发出闪亮的光，孩子们就聚在一个窝棚前。傍晚的时候，孩子们特别想听奇特的历险记、游记和一些有关英雄事迹的童话和故事。我给他们讲了几个我们本民族通过想象创作出来的童话人物——美人鱼、人鱼公主和秋美人。按照民间的说法，秋美人会在寂静的八月夜晚派送丰收的果实。

在宁静的夜晚，我们有好几次都听到一个极其美妙的旋律。从田野上空，从不久前收割过小麦的地方传来了一段悦耳的声音，像是木笛吹奏出来的嘹亮歌曲。看来，这是一只夜鸟在歌唱。虽然孩子们对它还一无所知，但他们却用想象力塑造出了一个虚构的善良人物——戴着麦穗花环的小男孩儿。他吹着木笛，逗人们开心。孩子们把这个小男孩称作太阳穗。在他们的脑海中，太阳穗是太阳和沃土的孩子。太阳穗生长在麦子发芽的地方。庄稼收割完，太阳穗被搬到了芳香的干草垛里，每到晚上，他就会唱起节奏欢快而内容悲伤的歌曲：冬天快要到了，他要离开了，他要到温暖的地方去，那里蕴藏着滋养果实的养分。而到麦子泛青的时候，太阳穗又重新回到自己的农田上，还唱起了美妙的歌曲。

有人可能会觉得，孩子们太过神化大自然，而幻想在某种程度上会让他们脱离现实。完全不是这样。毕竟这是讲述生活、丰收和人类的童话故事，是巨大的灵感来源。孩子们从体现生活、美景、丰收以及富足的人物形象身上受到了启发，于是编出了一首太阳穗的儿歌。听，就是这支儿歌，一支简单的儿歌：

太阳唤醒了大地，麦穗灌满了浆；

是谁在吹奏木笛？是太阳穗，是太阳穗。

魔法师的衣裳，是麦穗做的，是小麦做的；

绿色麦芒做的眉毛，有趣的睫毛……

孩子们受到童话形象的感染，于是在他们的身上出现了一个奇妙的现象：曾经听到过或读过的词好像在意识深处又苏醒了过来，闪烁着绚丽的光彩，充满了田野和草场的芳香。这是孩子们在创作和塑造富有诗意的形象。

有读者可能会问：为什么在关于健康的部分中会谈到童话故事、虚构的形象以及儿童创作呢？因为这是让儿童快乐的事情，如果没有快乐，就不可能实现身心的和谐统一。如果孩子一头扎进田野的美景、繁星的闪烁、草虫不绝于耳的歌声和野花的芳香之中，继而编起曲来，这就说明他的身心已达到彻底的和谐统一。关爱人类健康，特别是关爱儿童健康不只是一套卫生健康标准和规范，也不是一部收罗生活制度、饮食、劳动和休息要求的守则，而主要是关注全部体力和精力是否达到彻底的和谐，而当创作能给人带来快乐时，便意味着这种和谐达到了顶峰。

在三年级结束后，我们还是在瓜园度过了暑假，不过是在另外的一个地方——葡萄园旁边的植物园。孩子们在这里劳动，帮助大人们把一串串的葡萄放进篮子里。孩子们早晚都在池塘里游泳。他们想出了一个很有意思的游戏：他们想象着有三只小船，它们变成了一支捕鲸船队，小湖变成了大海，我们出去侦察，去寻找鲸鱼……我们还在这里制作了木笛。一到晚上，我们的音乐小组就会聚集到一起。大家不仅演奏民歌的旋律，还创作了描绘仲夏之夜、暴风骤雨和火红苍穹、坝旁神秘的漩涡和候鸟的乐曲。一年又一年，音乐越来越多地走进了我们的精神生活。无论孩子们在哪里休息，他们都会听一听录制在磁带上的著名作曲家的作品和民歌。

第四学年结束了，1956 年的夏天也到来了。孩子们在湖岸橡树林旁的草场上休息。我们用树枝搭了窝棚，在棚顶上盖了稻草。家长们帮我们搭建了浴棚和伙房。现在，孩子们已经能给厨工打下手了，还能去村里买粮食、土豆、鱼、牛奶和蔬菜。我们还照管了 20 头牛犊和 2 匹马。孩子们白天放牛，晚上就把牛犊赶进在湖边搭建的小牛圈里。所有人都学会了骑马，还去村里运回了物品。大家在这件事情上都严格遵守先后次序：因为每个人都想骑上几公里。让我感到非常欣慰的是，沃洛佳、萨尼娅和季娜成了特别优秀的骑手，骑马增强了他们的体质。

所有的孩子在这一年都学会了游泳，而且都游得很棒，他们经常到深水湖里去游泳。我选了一块安全区域用来游泳，并且每次只带一个孩子下水。

割草的日子特别欢乐。我们帮助大人们晒干草，垛成大垛，晚上我们就能躺在高高的草垛上休息。此时此刻孩子们格外入迷：他们想听星星的故事，想听遥远世界的故事。在满天繁星下，孩子们似乎觉得自己对宇宙还有些疑问，便去问老师："地球、太阳和星星是从哪儿来的？"我坚信，一旦孩子们从理智和情感上能对大自然的美和伟大感到无比惊奇和诧异时，才会在他们的脑海中产生这样的问题。

我永远忘不了孩子们在听完星星世界的故事后提出的问题："在比这儿更远的地方有什么呢？"孩子们听说在可见世界之外的地方也还是千千万万这样的大千世界，他们诧异地问道："那么世界的尽头究竟在哪里呢？"世界是无极限的，这一真理让孩子们百思不得其解。我还记得孩子们得知这一真理后非常震惊，大家一言不发，极力地想象着无极限是个什么样子，但却怎么都想象不出来。当晚，孩子们久久未能入睡。不止一个人梦见了遥远的太阳和行星。第二天，无论是男孩子还是女孩子都会时不时地重提"什么是无极限"，这个问题让他们感到困惑不解。我的学生们在整个小学阶段对这个问题始终保持着极大的好奇。

自打在"快乐学校"从事儿童教育的最初几周开始，我就非常重视体育游戏。我们在高年级学生的帮助之下建好了游戏区，安装好了秋千。我们一直有足够的球来用。孩子们已从二年级起开始打乒乓球。他们还喜欢扔铁饼、投球、跳绳和爬杆。孩子们整个夏天都光着脚走路，也不怕淋雨。我把这些看作是特别重要的体育锻炼方法。在一、二年级时有过三例感冒，到了三、四年级时已没有任何人生过病。

我认为，提高抵御伤风感冒之类疾病的免疫力是尤为重要的。在天气变化较大的时候，将近一半的孩子都会打喷嚏。即使孩子不发烧，他也无法在这种带病状态下进行正常学习。也没有根治伤风感冒的药物。这种不顺心的事情多年来一直困扰着我。医学证实，许多类伤风感冒没有传染性，而只是敏感机体对周围环境突变的一种反应。多年的经验证明，脚是特别敏感的部位。如果一个人的脚沾不得一点凉，那么他就很容易得上非传染性感冒。在我们的教育工作中形成了一种强身健体的方法。首先是从脚部锻炼开始，当然，也要注意孩子的总体状况。脚部锻炼没有什么特殊的训练方法，必须长期地坚持基本的作息制度，不要让孩子们习惯温室的环境，不要对他们表现出不必要的担心，不然会削弱儿童机体的抵抗力。如果孩子在夏天不光脚走路，那么不管是洗澡还是用湿毛巾擦身也都无济于事。

就这样，孩子们小学毕业了。暑期的最后一天，他们在湖里游完泳，然后聚集在绿草坪上。他们长得结结实实，晒得黝黑。他们都是 11 岁，但看上去像是 12~13 岁的健壮儿童。原先大家总是称小丹科为小不点儿，现在就连他的个头儿都赶上很多五年级学生了。

医生年年来给孩子们做几次视力、心脏和肺部的检查。在一年级的时候有四个孩子的视力下降，在二年级的时候还有 2 个孩子的视力下降，到了三年级的时候没有一个孩子的视力下降。生活经验证明，视力衰退不是眼病，而是儿童身心发展未达到和谐统一的结果。在一、二年级的时候，有 3 个孩子被诊断出有心血管疾病的症状，2 个孩子有胸膜炎后遗症，2 个孩子有支气管炎症，一个孩子疑似有结核病。到小学毕业时，只有一个孩子出现了心血管病的症状，而且比一、二年级时候的症状要轻得多。

学习是精神生活的一小部分

　　孩子们在上学之前被大自然、游戏、美景、音乐、幻想和创作的绝妙世界包围着，极其重要的一点是不要在孩子一入学时就把这样的世界拒之于教室门外。在学校生活的最初几个月和几年里，学习并不应该成为唯一的活动形式。只有当老师毫不吝惜地给予孩子们在入学前曾拥有过的那些欢乐时，他们才会爱上学校。同时，不要让学习这件事去迁就孩子的乐趣，也不要故意只是为了不让孩子感到枯燥无聊而减轻学习的负担。必须逐步地培养孩子去做一生中最重要的工作——劳动，它要求人们要有严肃认真的态度、持之以恒的决心和吃苦耐劳的精神。如果不能挖空心思去做，也就谈不上什么劳动了。

　　在我看来，逐步培养孩子们适应紧张和富有创造性的脑力劳动的能力，是一项重要的教育任务。此时，孩子们应当善于排除周围的干扰，把全部的脑力活动用在实现老师或自己设定的目标上。我努力去培养孩子们专心致志的好习惯。因为只有这样，脑力劳动才可能成为他们喜欢做的事。

　　小学阶段的任务在于逐渐地教会学生克服在体力劳动和脑力劳动方面的困难。孩子们必须要领悟到脑力劳动的本质所在，它是紧张的脑力活动，是对事物、事实和现象的各种复杂性、细微特点、细节和矛盾的深入理解。在任何情况下都不能让学生觉得一切都是轻而易举的，不知道什么是困难。他们在掌握知识的过程中还要学会脑力劳动中的技能和自我约束。

　　智力教育是精神生活的一个方面，在这一过程中教育者的影响要与自我教育有机地结合起来。培养意志力是从内心设定个人目标、集中精力、领会和自控开始的。在我看来，让孩子在脑力劳动中感受到什么是困难才是重要的教育任务。一旦孩子在学习中觉得什么都是容易的，他就会逐渐养成思维惰性。思维惰性使人腐化，形成肤浅的人生态度。说也奇怪，要是聪明的孩子在学习过程中没有发现有什么困难需要他去克服，这些孩子往往也更容易滋长思维惰性。思维惰性最常见于低年级的学生身上，因为这一阶段的孩子通常需要进行一定的紧张脑力活动之后才能掌握东西，而聪明的孩子则很容易就能掌握了，基本上也就闲着没事干了。防止学生无所事事也是一项特殊的教育任务。

　　我们一年级学生的教室设在一栋独立的房子里。我们在一间宽敞明亮的教室里学习。教室的窗户朝东和朝南，所以光线总是很充足。窗户外面有一棵核桃树，核桃树后面还栽有苹果树、梨树和杏树，再往远处一些就是一片橡树林。藏匿于绿荫之中的不仅只有我们这一栋房子，还有学校的其他房舍。树叶让空气中的氧气变得丰富起来。校园里总是一片寂静。我们的教室紧挨着一条宽大的走廊，走廊的一扇门通向另一间屋子。我们想把它建成一间童话室。

　　在我们这栋房子的台阶前有一块空置的水泥地。空地上有一个洗鞋的机器（利用存下的雨水）。从这块空地延伸出几条小路，路旁种满了桃树、椴树和栗子树。一条小路通向位于校园中心的大葡萄园；第二条小路通向我们旁边的一栋房子，这是两个五年级班级上课学习的小房子；第三条小路通向绿草坪和小树林；第四条小路则通向灌木丛生的峡谷。

　　我当时觉得一年级和二年级的学生最好是各自在单独的房子里学习。他们有各自特殊的学习和作息制度，特别是一年级的学生。低年级的学生尤其忍受不了人数众多的集体里的叫喊和打闹。尽可能多地让低年级学生享受到安静，这是全面发展智力所必不可少的。以我多年来的观察可以相信，孩子在步入学校后的最初几天里所遇到的状况会让他感到茫然。孩子们觉得疲惫，与其说是脑力劳动所致，倒不如说是课间和课前的叫喊、乱跑和打闹引发的持续亢奋所致。

　　五年来，我一直观察一年级学生在大课间过后的状态。人数众多的集体里的孩子们在一起喧闹、叫喊和打闹的时间是半个小时。课间休息结束后，学生们走进教室，即使是经验丰富的老师也要用掉课前十分钟的工夫让孩子们安静下来。要是一年级学生在自己的小集体里度过课间休息时间，那么出现的则会是另一番情景了。用不了两分钟的时间就能让孩子们安静下来，摆脱兴奋的状态。

漫无节制的叫喊和乱跑并非学校的好迹象。尽管孩子们的快乐如浩浩河流般无穷无尽，但应当也有抑制冲动和欲望的堤岸。现在，我们一、二年级的学生在各自独立的、舒适的房子里学习，周围绿树成荫。为孩子们创造的这些环境都有助于他们做到劳逸结合。

在刚开始的几个星期，我慢慢地引导孩子们走进新的生活。实际上，此时的教学和"快乐学校"的方式是没有太大不同的，而这又正是我所希望的。九月的时候，我们每天在教室上课的时间不超过40分钟，十月的时候，不超过2个小时。这些时间用来上写字课和算术课。其余的2个小时我们都在户外度过。孩子们急切盼望着能上真正的课，他们把在教室里的学习称作是真正的上课。孩子们的这种愿望让我感到十分欣慰。我还想道："孩子们，你们可知道，你们的同龄人是如此苦苦挣扎地待在令人喘不过来气的教室里，又是如此焦急地等待着下课的铃声啊……"

循序渐进地让孩子们做好课堂学习的准备，这是合乎德、智、体、劳全面教育的必要条件。最终目标是要教会一个人在不同的条件下做事。课堂学习并不是一件令人难过的事情，也不是想不想都得干的事情。这是最适合进行脑力劳动的环境，但仍有必要按部就班地让孩子逐渐适应这种环境，这就是给低年级学生上课的特点所在。如果一下子强迫孩子们在教室里学上4个小时，那么本应对脑力劳动有利的环境反而会对孩子的健康产生极其有害的影响。

我们在教室里读识字课本、画圆圈、画直线、写字母、编习题和解习题，这一切慢慢地进入了孩子们丰富的精神生活之中，也并没有让他们感到单调乏味。因为大家都已经很熟悉识字课本上的这几个字母了，我们也就不必一遍又一遍地反复去读。反而，我采用了各种积极的活动形式以培养孩子们的阅读技巧。孩子们编写了关于大自然的小短文，比起反复阅读识字课本上的同一篇课文来，这种方式更有助于发展他们的阅读能力。

我所关注的是，能否让每一个孩子都掌握到必要的阅读技巧。如果不做练习，也不制定明确的阅读规范，必然导致一无所获。认识字母、会读音节和单词是不够的。阅读是通向世界的窗口，是最重要的学习工具。阅读应当又快又流利，只有做到这一点，这个工具才能发挥出它的作用来。我试图利用各种积极的活动形式，如有感情的朗读、书写和绘画，把阅读变成半自动化的过程，让孩子们在二年级的时候就能把多音节词看作一个统一的整体。我让孩子们写描述大自然的小短文，努力激发他们对这一活动的积极兴趣，实际上，就是在通过"教育技巧"去实现教会孩子们好好阅读的目标。

在课堂上进行多种多样的活动形式便是其中的一种技巧。经验表明，不应该在一年级的开始阶段进行"纯粹的"阅读、书写和算术课程。因为这种单调乏味会让孩子们很快就感到厌烦。当他们刚一觉得累了，我就会转而采用新的活动方式。

绘画是丰富上课形式的一种有效手段。于是在我看到孩子们开始厌烦起阅读时，就会说："孩子们，打开你们的画本，我们把刚刚读的这个童话故事画出来吧。"起初疲倦的迹象消失了，孩子们的眼睛里闪烁出高兴的火花，创作活动取代了单调乏味的活动。在算术课上也有类似的情况发生。我发现，在让孩子们独立做题时，他们很难理解题目的条件。于是，绘画创作帮忙解了围。孩子们又读了一遍题，把它"画"了出来。那些原本完全不可理解的关系式也变得可以理解了。长时间的听课也会让学生感到厌倦。一旦我发现孩子们的眼睛变得无神呆滞起来，就不再讲下去，"到此告一段落"，于是便画起画来。

开学 3 个星期以后，我的学生们已经开始编排描绘大自然的画册了。高年级学生为每个孩子做了一本 20 页纸的硬皮画画本，封面上还挂了一支铅笔。我们每周都去接近一次思想和语言的源头，编写一段有画面感、能反映周围世界的故事。我们第一次的"旅行"是去的果园，去观察一棵很晚才结果实的苹果树。孩子们编了小故事，每个故事都反映了他们自己的感知世界和认识世界。孩子们把"苹果垂向了大地""苹果在阳光下取暖""绿叶中的红苹果""阳光轻抚着苹果，树枝摇动着苹果""春天开花，秋天结金色的苹果"和"我们来苹果的家做客"都写进了自己的那本描绘大自然的画本里。大伙儿在班里朗读了这些小短文，获得了巨大的满足感。果园里进行的教学本身并不是目的。写小短文是培养孩子们在进行脑力劳动时能坐得住、静得下心的最佳方法。

早在一年级的时候，尤其是在二年级，我就希望每一个学生都有自己的主题，并一直把这个主题进行到底。这对于培养脑力劳动中的自我纪律是非常重要的。在第一学年，所有的画本里写满了小短文，并配上了图画。孩子们写到一串串红色的绣球花、丰收和沉睡的湖泊（孩子们之所以称其为沉睡的湖泊，可能是因为我们在这儿旅行的时候，湖水总是像镜子一样清澈、平静），还写到他们在学校果园里的劳动、日落时的紫色天空、初秋时节的霜冻、阴郁多雨的秋天、十月革命周年纪念日的庆祝活动、我们的农村生活、第一场雪、一月的暴风雪、封住了河流和湖泊的神奇圣诞老人、二月的冰雪融化成水滴、三月雪中的天蓝色阴影、第一朵报春花、早早从南方飞回来却遇上了三月暴风雪的椋鸟、春天里快乐的候鸟群（用孩子的话说，这是"快乐的春鸟群"）、阳光明媚的初秋之日飞来和菊花告别的蜜蜂。

在我们的集体中，这些描绘大自然的画本已经成为一种特殊的、富有诗意的作品选，它描绘出了家乡大自然色彩的细微差别，表现出了大地和天空的乐声并出反映出了文字的内涵和韵致。这些画本已成为了孩子们不可缺少的快乐，缺少了这种欢乐也就无法走进他们的精神生活。

如果按照多少节课计算孩子在教室里度过的时间，那么我们在刚开学的 2 个月每天有 1 节课，在第 3 个月和第 4 个月每天有 2 节课，在第 5 个月和第 6 个月平均每天有 2.5 节课，在第 7 个月和第 8 个月平均每天有 3 节课。两次课间休息之间的上课时长在刚开始的 2 个月是半个小时，之后是 45 分钟。如果孩子在下课前要出去，他要征得老师的同意后才可以。如果不便打断老师讲课，那么孩子即使没有得到老师的同意，也可以出去；老师在看到学生要出去的时候，会给予默许。对于绝大多数的孩子们来说，遵守作息制度是很容易做到的，然而对于个别孩子来说，遵守作息制度却是一件难事。托利亚、卡佳、科斯佳和舒拉很容易感觉到累。累的主要原因是，他们在上课的时候会感到现在的活动自由度与以前的比起来要大大受到某种作息制度的限制。一想到这一点，他们就会紧张起来。

当然，也不可以对任何意愿都抱有放任的态度。必须让所有的学生都养成刻苦、严肃劳动的好习惯，但又不能过分绝对地改变孩子们的意愿和习惯。有几个星期，我允许这几个孩子可以在上课的时候离开教室，为的是让他们慢慢适应这种需要坐得住的劳动。于是，在开学后的 3~4 个月，所有的孩子都能遵守学校各项活动的作息制度了。

在阳光明媚的秋日，我们总是在一处"绿色教室"——高大的苹果树之间和绿草地上学习。几年前，我曾和高年级的学生们在这里用铁丝和铁条按照未来"绿色教室"的模样搭出了一个框架，还种了一些爬蔓植物，如野葡萄和啤酒花。两年过后，这里变成了一个"绿色教室"，它的顶棚上都已爬满了植物。有几个"小窗户"是用来供应正常照明的。即使是在大热天，这里依然很凉快。秋天的时候，这里又暖和又舒适。"绿色教室"总是寂静无声。可以用啤酒花和葡萄的叶子把"小窗户"挡上，于是教室里便出现了一片朦胧绿色，阳光透过叶子的间隙射照进来，形成了光和影的奇妙景象。孩子们称它是"关上小窗户，要讲故事了"。在"绿色教室"里摆放着一些小桌子和小凳子，孩子们可以在这里写字、读书和做题。

另外一处"绿色教室"是一块草坪，三面都种着那种耐寒的葡萄。在高温天气，这里却很凉快（即使在春秋两季我们这儿也常有天热的时候）。

我们还有一处"绿色教室"，它在绿色树木之间的草地上，在一片毗连着沟壑的僻静小树林中。有时候，我们会在最后一节课的时候来到这里，这样就不用再回到学校。一年之中，我们有大约 40％的课不是在室内进行的，而是在

"绿色教室"进行的。而其余60％的课，我们有一大部分是在"绿色实验室"和学校的暖房里上的。"绿色实验室"是一栋独立的房子，四周种满了树和葡萄。这里有一间上课的教室，里面种着许多花草。

一大部分的课是在大自然中、在户外、在蓝天下进行的，这对孩子来说有着特殊的意义。在学校学习的时候，孩子们精力充沛、朝气勃勃，放学回家后从来没有感到过头昏脑涨。放学以后，孩子们都回家休息。无论采取何种措施来防止因课上的脑力劳动所致的过度疲劳，但孩子们仍旧会感到很疲倦，所以放学后他们需要休息。

凭借多年来的经验，我相信学生在下午的时候就不应该从事像在学校进行的那种紧张的脑力劳动。尤其不能让低年级的孩子负担过重。如果孩子在学校已经历了3~4个小时的脑力劳动，回到家后还会被强迫着去学习，那么用不了多久他就会筋疲力尽。

不留家庭作业是不行的。必须教孩子学会专心致志和集中注意力。首先应当在课上做这件事，逐步地培养起独立开展脑力劳动的习惯。对孩子而言，学会认真专心地做事并不简单。经验丰富的老师并不是通过某些特殊的方法去影响学生，而是借助上课的内容把学生的注意力"拉"到自己的故事、解释和叙述上来。

组织低龄儿童进行脑力劳动的技巧就在于要让他一开始就不觉得费劲儿，并没有被强迫着去听老师的讲解、去记忆和思考，而是自然而然地就在仔细地听老师的讲解，认真地记忆和思考。如果老师能做到这一点，孩子就能把所有感兴趣的东西记住，特别是那些让他觉得了不得的东西。

为什么我的这群孩子们这么容易就把字母都记住了，还学会了读和写呢？这是因为没有人提出要把做到这几个方面设定为他们所需达到的目标。而且对孩子来说，每一个字母都是鲜明形象的体现，还能让他们的心头兴起敬佩之情。要是我每天都给学龄前的孩子们"一份知识"，给他们展示一个字母，并要求他们都记下来的话，那么就不会有任何成效了。当然，这并不意味着要向孩子隐瞒真正的目的。要教孩子们不去考虑目的，这样才能减轻脑力劳动的负担。这一切并没有第一眼看上去那么简单。这里所说的是儿童智力发展的一个阶段，它被雷若夫教授称之为人类神经系统的婴幼儿时期。在这个阶段，低年级的孩子简直不知道该如何集中注意力，特别是一年级的孩子。老师一定要抓住孩子们的注意力，激发出他们的这种能力，这就是心理学上所谓的下意识。

　　儿童的注意力是一种变幻莫测的"玩意儿"。我觉得它好像一只害羞的小鸟，一旦你想去接近，它就会远远地飞离自己的窝。最后，如果你抓到了它，就只能把它握在手里或关进笼子里。一旦它意识到自己是一个被囚禁起来的犯人，那你也别指望听到它唱歌。儿童的注意力也是如此，如果你像囚禁小鸟一样把幼儿的注意力死死地抓起来，那么它也不会好好帮你的忙。

　　有些老师们认为，他们的成就就是让孩子在课上"一直处于精力集中的状态"。做到这一点大多是利用了一些对儿童注意力有约束作用的外在因素，比如，给予频繁的提醒（注意听讲），急剧地从一件事转向另一件事，预先告知会在讲解知识后马上进行测验（更确切地说，要是你不听我讲，我就给你评2分）以及要在理解某一理论原理后立马完成实践。

　　我们一眼便能看出，所有这些方法制造出了大脑活跃的一种假象。上课形式像万花筒一样千变万化，孩子们全神贯注地听老师讲的每一句话，教室里一片紧张的寂静。可是这一切是以什么为代价换来的呢？又会导致什么样的结果呢？为了做到专注且不遗漏任何东西，学生会一直处在精神集中的状态之中。然而，这一年龄段的学生还做不到长时间聚精会神，继而就会导致他的神经疲劳、紧张和衰弱。不放过课上的每一分钟和每一个瞬间，一直让学生进行着活跃的脑力劳动，在教书育人这种细致的工作中还有什么比这样做更愚蠢的呢？老师在工作中抱着这样的目的，就是要从孩子们的身上榨尽他们所能付出的一切。孩子在上过这种"有成效"的课之后，拖着疲倦的身体回家。这样的孩子很容易发火，也很容易激动。孩子本该休息，可还有家庭作业要做，于是他一见到装着书本的书包，就会感到反感。

在学校里常发生违反纪律的情况，这绝非偶然。这些情况表现为学生对待老师和同学的态度粗鲁，回应他人批评意见时的态度嚣张，结果便引起了诸多矛盾。毕竟孩子们在上课时的紧张状态已经到达了极限，况且老师又不是一台电子机器，你试试把自己设置到"高效"模式，像万花筒一样不断变化上课的方式，能不能在整堂课的过程中抓住全班学生的注意力呢？孩子们在放学回家时常常表现出情绪低落、沉默寡言、对一切漠不关心，或者正相反，表现得过分易怒，这些现象也并非偶然。不行，不能用这样的代价去换取孩子们的注意力、专心致志和积极的脑力活动。学生的脑力和精力并不是一口挖不到底的深井，特别是低年级的学生。因此，从这口富有智慧的深井里汲取水源时，就必须动脑筋，也必须要谨慎。而最重要的是，必须不断地给孩子补充精力所需的源泉。这些源泉是对周围事物和现象的观察，是在大自然中的生活，是兴致盎然、求知若渴、不怕被提问而进行的阅读，也是去往生动思想和语言源头的"旅行"。

在学校集体生活中有一种难以捉摸的东西，可以把它称之为情绪稳定。要让孩子们感受到充实的生活、鲜明的思想、满怀的自信和克服困难的信心。我把这样的内容放进了情绪稳定这一概念中。情绪稳定的典型特征是要有一个安静的环境去进行目的明确的劳动，彼此之间保持平等的、友爱的关系，没有脾气。如果情绪不稳定，就不可能正常地做事。情绪在哪里变得不稳定，哪个地方的集体生活就会变得如地狱一般，学生就会互相欺侮，激怒对方，学校里便充满了紧张不安的气氛。

怎样才能建立起稳定的情绪，特别是保持情绪稳定呢？优秀教育者们的经验告诉我，在教书育人这种细致的工作中，最重要的是确保持续不断的思维活动不会导致过度劳累、突击追赶和心力交瘁的现象发生。

善意关怀、互帮互助、每个学生的智力及其力所能及的劳动之间和谐一致是保持情绪稳定的特殊条件。我非常认真地研究了小学教师诺维茨卡娅、扎连科和涅斯捷连科的教育艺术，因为他们是真正善于稳定学生情绪的大师。我希望能揭开那个在我看来是最睿智且最自然的东西的"奥秘"。在这些老师们的班级里，每个孩子都尽心尽力地学习，没有一个学习成绩中等的孩子，所有人都学得很好。得 3 分的学生并不认为自己是运气不好的失败者，小伙伴们也不会以趾高气扬的态度去对待他。

每当我想到那些追求好成绩的人的狂热劲儿时，就会感到特别不安。这种狂热在家庭中产生，又蔓延至学校，它成为一种沉重的负担，落在学生们幼小的心灵上，并摧残着他们的心灵。孩子目前还不能学得很好，而家长要求他非要得 5 分不可，最起码也要得 4 分，可怜的学生刚刚过了 3 分，他觉得自己好像是一个罪人。在教师诺维茨卡娅、扎连科和涅斯捷连科的班上从来没有发生过这样的事情。优等生并不觉得自己是幸运儿，而得 3 分的学生也没有感到过自卑。我从这几位真正的教育家那里学到了睿智和专心地进行脑力劳动的真正本领。从他们身上发现了我认为是极其细致的教育艺术的特征，即善于在孩子们的心智里激起获得知识的快乐。每当他们的学生发现了真理，并在认识和理解上取得了一些哪怕是微不足道的成绩时，孩子就会十分地激动兴奋。我希望学生努力学习不再是为了追求好成绩，而是出于感受智力刺激的愿望，于是我把这几位教育大师的宝贵经验的一点一滴都总结了出来。让我感到高兴的是，在我们的儿童集体里没有出现过分追求好分数的现象，也不存在对得 3 分学生有过激反应的情况。

我们每周都要花几节课的时间去"旅行"，去接近思想和母语的源头，去做观察。这是与大自然的直接交流，没有这种交流，儿童的智力和精力就会像水井一样很快枯竭。秋天、春天和夏天的时候，如果天气暖和，我们早在天亮之前就出发去旅行了。因为农村的孩子都能早早地起来。

描述大自然、周围事物和现象的故事激发了孩子们的好奇心，我不得不回答许许多多的问题。我在此列举其中几个问题：为什么清晨的太阳是红色的，而中午的太阳是火红色的？云朵是从哪里来的？为什么蒲公英的花朵在早上张开，到了中午却闭上？为什么会有雷和闪电？为什么刮西风就下雨，而刮东风就干旱？为什么向日葵的花朵会跟着太阳转动，难道它像人一样能看得见东西？为什么铁会生锈？为什么鸽子从不飞落在树上？为什么不能在夏天树上还有叶子的时候移栽？天上的星星滑落到哪儿去了？为什么雪花那么美，好像被人雕刻过似的？鸟飞得那么远，它们怎么认路？为什么月亮周围常有白色的光圈？日落时，如果快要下雨了，为什么天空会成了红色？为什么蜜蜂飞去采蜜之前会"跳舞"？为什么树开花的时候，要在果园里烧稻草？为什么森林中有回声？彩虹是什么？为什么冬天没有雷和闪电？为什么盐水只在非常寒冷的时候才会结冰？为什么野兔挖洞，家兔却不挖？为什么夏天的时候用一条湿毛巾把奶罐裹住，即使天气再热，牛奶也不会变热？为什么燕子在下雨前会飞得很低？为什么云雀在庄稼地里筑巢，椋鸟和山雀却在树上筑巢？为什么鸭子会游泳，母鸡却不会？为什么今天飞机在天空中留下了一条细细的烟雾，而昨天却没有留下？为什么天空的星星会滑落，它们落到哪里去了？为什么风像漩涡一样能把尘土卷起来？为什么柳树"低头哭"？为什么雪花莲只在早春开花？为什么秋天播种冬小麦，而春天播种春小麦？为什么萤火虫会发光？为什么母牛一次只生一只小牛，而母猪一次能生好几只小猪？为什么太阳在夏天的时候离我们很远，而在冬天的时候却离我们很近？为什么在冻冰的玻璃窗上会结出美丽的窗花？为什么秋天树叶会变黄？

　　我想通过回答每一个问题，不仅能为孩子们揭示大自然现象的本质，而且更能激发他们的好奇心和求知欲。回答孩子们的问题、谈论周围的世界是思维的第一所学校。有些问题我不知道该如何回答。结果，越是第一眼觉得简单的问题，就越难回答。我们这些小学老师们还专门聚到了一起，探讨该怎么回答孩子们提出的"有哲理的"问题。诺维茨卡娅、韦尔霍维尼娜和扎连科读了这20年间记录下来的数百个孩子们提出的问题。我们曾整晚研究儿童思维，它呈现出了一座最为复杂的迷宫景象。小学教师是儿童思维方面的专家，基于他们所积累的经验我得出了这样的结论：表面上看起来简单、明了的东西，其背后往往隐藏着巨大的复杂性。回答"为什么秋天播种冬小麦，而春天播种春小麦？"这个问题比回答那些关于流星的问题要难得多。我认为，带孩子们到大自然去"旅行"的主要教育任务是要让他们注意到事物和现象的因果关系，要学会看出它们之间的依赖关系。

如果到大自然去"旅行"是在最后一节课进行，那么我们在上完课之后还能在一起玩会儿。集体游戏是孩子们自己想出来的。大自然的现象与童话交织在一起。有一个游戏特别吸引孩子们，它的名字叫"寻找神秘的岛屿"。我们所有人被分成了两个组，其中一组在树林的偏僻角落里。我们在游戏地点的四周做了标记，这些标记只有我们知道。这是一座岛屿的岸，上面有岩石，还有很多猛兽。留在神秘岛屿上的孩子们是乘船失事的旅客。他们在几处地方上都做了标记，还把它们藏得很好。这些标记表示一条通向岛屿的狭窄小道（两个小组事先已经商量好这些标记的问题）。必须拯救这些乘船失事的旅客，于是孩子们在树林里分头找起来。他们一步一步地探索着几公里长的海岸，寻找着可以通向岛屿的秘密通道。这个游戏不仅要求有敏锐的视力和勇气，还要求具备分析自然现象和进行逻辑推理的能力。此外，它还能培养诚实和正直的品质。孩子们找到了通向岛屿的神秘通道。他们为旅行者提供了帮助，把病人送进了医院，所以游戏中还出现了飞机驾驶员和医生。游戏以乘船失事的旅客和前来营救的人一起熬粥作为结束。大伙儿一起围坐在篝火旁，听我讲故事。这时，好几个孩子把这段童话故事画了下来。他们在画中表达了自己对虚构形象的认识。

在大自然的"旅行"中，孩子们把主要的注意力投在了观察动物和鸟类的生活上。在我们眼前展现出了一个全新的惊人世界。在平静的秋日里，我们观察到一窝小刺猬从窝里爬到饮水处去饮水，还观察到母刺猬是如何保护自己的幼崽的。春天，我们观察了小兔子。孩子们看到母兔子离开刚生下的小兔子，然后再也没回来，而小兔子则等着母兔子偶然什么时候回来喂它。七月的时候，孩子们观察了雨蛙。一次，我们在一个偏僻的地方找到了一个狐狸洞。孩子们看到老狐狸领着小狐狸出来散步，教它们跑，又和它们一起玩耍。在森林的僻静角落里，我们也观察到了海狸。

　　我们的"旅行"和观察丰富了孩子们的想象和语言。他们在旅途和参观中产生的问题愈多，对课堂上所谈论的自然现象、劳动和对遥远异国的好奇心表现得就愈明显。每次当我观察孩子们从大自然"旅行"回来之后的情绪状态时，我就愈加坚信"思维从对问题的惊讶开始"，这句古老的至理名言说得一点没错。

　　我希望从大自然的奥秘中感受到的惊奇和认识事物后的喜悦能够成为激发和活跃儿童思维的推动力。在我们班上有几个学生（瓦莉娅、彼得里克和尼娜）要用很多时间才能弄懂一道并不复杂的习题。每种情况都有其原因，但结果却是相同的：这几个孩子的大脑皮层细胞处于某种压抑的状态，所以他们并不关心老师在课堂上讲了什么。

　　许多观察表明，这些孩子的思维过程存在缺陷，其原因证实了大脑皮层细胞变得迟钝和懒惰的结论。这些孩子很难在记忆中建立起几种事物或现象之间的联系，尤其是难以牢记。这就是缺陷所在。例如，出一道关于苹果、篮子和孩子的题。当他想着苹果和篮子的时候，就把孩子忘了。给他提醒了孩子，他又把苹果和篮子忘了。瓦莉娅、彼得里克和尼娜从对周围事物和现象之间因果关系的深入思考中，从一些小小的发现中以及从面对真相时产生的诧异中感受到了极大的喜悦。他们感到精神振奋，在他们的眼中迸发出了欢乐和激情的火花。孩子们冷漠的态度消失了，对学习产生了兴趣。如果能激发孩子提出具有鲜明感情色彩的问题的话，就说明此时在他的脑海中正在进行着一种激烈的过程，就好像是曾经沉睡的力量又苏醒过来了似的。我很高兴看到原本在智力发展方面最有困难的这群孩子愈加醒悟过来。他们不仅能满怀兴致地听老师讲故事，还能更好地理解习题的内容。当然，摆在我们面前的这项教育工作仍需要耐心细致地去做。我和几位经验丰富的小学老师分享了自己的观察结果，我们把这项工作称为情绪唤醒大脑。通过对儿童脑力劳动的观察，我愈加相信情绪冲动（如兴奋激动、大吃一惊和大惊小怪）好像是在唤醒正在沉睡的大脑皮层细胞，要让它们活跃起来。经验表明，幼儿智力教育应通过发展他们的认识需求，即求知欲和好奇心，来实现。

到大自然去"旅行"已成为小学各年级的一项传统活动。孩子们总是迫不及待地盼着到树林、野外和池塘去，还事先想好了要做的游戏。与克服困难有关的游戏以及融入了童话人物和现实人物的游戏都已成为孩子们心爱的游戏。我给二年级的孩子们讲了鲁滨孙的故事，就此便开始了长达几个月的有趣游戏。在讲完斯巴达克的故事之后，孩子们在一座高山上紧挨着悬崖峭壁的地方建了一个营地，就像是童话里的起义奴隶营一样。远古时代居住在我国边远地区从事放牧、打猎和捕鱼的斯基泰人的故事也让孩子们都着了迷，于是他们创造出了一些再现古代劳动者生活和劳动的游戏。

学习应当与丰富的智力和体力游戏紧密地结合起来，这样才能把鲜明和激动的情感激发出来，让周围世界像一本有趣的书一样展现在孩子们的面前。除了到大自然去"旅行"和做游戏之外，体力劳动也为智力和体力的发展提供了广阔的空间。如果劳动中缺乏快乐和激情，就无法拥有真正意义上的幸福童年。经验告诉我，体力劳动对幼儿来说不仅是获取一定技能和技巧的途径，也是道德教育，还是无穷无尽、无比丰富的思想世界。这样的世界能够唤醒在道德、智力和审美方面所需的情感。如果缺乏这类情感，便无法认识世界，也就意味着无法进行学习。体力劳动和学习要交叉进行，它是一场带领孩子走进想象和创作世界的精彩旅行。我的学生们正是在这种体力劳动的过程中树立起了最重要的智慧品质：饱满的好奇心和求知欲、活跃的思想、鲜明的想象力。

如果孩子在生活中进行的体力劳动是受到了思想的启发，那么他在课堂上进行的脑力劳动就会变得称心和有趣，它还会得以发展并变得丰富多彩起来。二年级的时候，我们每周进行一个小时喜欢的劳动，孩子们会做一些从思想上和感情上乐意干的事情。三、四年级的时候，我们每周进行两个小时喜欢的劳动。

喜欢的劳动并不意味着老师要被动地等到孩子自己产生兴趣。在劳动教育和在整个教育工作中，一切都不可放任自流。要让孩子们处于热爱劳动的氛围中。围绕在我身边的男孩女孩们都是一些时常参与劳动的青少年。所有学生对几十样事情表现出了极大的兴趣。他们种过树、种过庄稼、制作过机器和机械模型、调制过土壤混合物、照料过小动物、建过新暖房和车间，还安装过水管。正是孩子们的探索精神、好奇心和求知精神激发了他们对劳动的兴趣。劳动并不是最终目的，而是实现各种教育目的（社会、思想、道德、智力、创作、美景、情感）的一种手段，这一直是我的座右铭。

　　如果学习受思想、情感、创作、美景和游戏的感染而大放异彩，那它也能成为让孩子们感兴趣和着迷的事情。我对学生学习成绩的关注是从关心这些问题开始的：孩子吃得怎么样，睡得怎么样？他的自我感觉如何？他玩得怎么样？他一天有几个小时待在户外？他读了哪些书，听了哪些故事？他画了什么画，如何在画中表达自己的思想和情感？人民和音乐家们创作的音乐旋律以及大自然的乐曲在他的心中激发出了怎样的情感？孩子喜欢什么劳动？他对别人的快乐和苦难有多敏感？他为别人做了什么，并从中体会到了怎样的感受？只有当知识和积极的活动紧密地联系在一起的时候，学习才会成为孩子精神生活的一部分。很难做到让孩子自己就对乘法表或计算矩形面积的规则产生兴趣。只有当知识成为实现创造和劳动目的的手段时，它才会成为孩子想要拥有的财富。我设法让孩子们从低年级开始就对体力劳动产生兴趣，希望劳动能给他们创造表现机智和创造力的机会。学校最重要的任务之一就是教会学生如何去运用知识。由于脑力劳动就其本质而言主要是与不断获取的新技能和新技巧有关，所以在低年级阶段就把知识转化成一堆死的东西是有危险的。如果只是掌握了这些技能和技巧，而未在实际中加以运用，那么学习就会逐渐脱离孩子的精神生活，就好像是脱离了他的兴趣和爱好一样。老师要想防止这种现象的发生，就必须留意每个孩子是否能创造性地去运用自己所掌握的技能和技巧。

三百页《大自然的书》

德国著名数学家克莱因把中学生比作一门大炮，十年的时间里一直在向里面填装知识，然后把它们发射出去，之后炮膛里空空的什么也没有了。之所以会想起这段愁人的诙谐隐语，是因为我观察到孩子们在进行脑力劳动时，被逼迫着去死记硬背一些他们还并不理解的东西，也不会在他们的脑海中产生任何色彩鲜明的图像、形象和联想。用记忆代替思考，用背诵代替对现象本质的清晰认识和观察，这是一大弊病，会使孩子变得迟钝，到头来还会打消他的学习兴趣。

要是一个学龄前儿童的记忆力既敏锐又强大，谁又不会为之惊叹呢。一个5岁大的孩子跟着父母去树林或野外郊游，回来之后他满脑子都是色彩鲜明的形象、景象和现象。日子一月一月、一年一年地过去，父母又打算去郊游了，孩子一边迫不及待地期盼着宁静而又明媚的早晨，一边回忆着很久以前自己和爸爸、妈妈一起去树林郊游的情景。孩子回忆起的点点滴滴好似闪耀的光，鲜明且生动。父母大为吃惊，孩子竟然还能记起那朵长出两种不同颜色花瓣的怪花。

父亲诧异地听着儿子复述兄妹两人化作一朵花的美丽传说。这还是一年前在林中空地上父亲讲给母亲听的那个故事。当时，孩子在捉蝴蝶，看似没在听爸爸讲什么。周围世界里这看似不起眼的特征，他又是如何记住的呢？

原因是孩子能够非常敏锐地感受到那些凝合着色彩、色调和声音的形象，并把它们牢牢地记住。孩子在感受周围的各种形象时，在脑海中会产生一些完全意料之外的问题，让大人们吃惊不已。

当孩子现在再回忆起那朵奇怪的花朵时，便向父亲问道："它们兄妹俩看得见彼此吗？您不是说过，植物是活的。那就是说，它们听得到，也看得到，对吗？它们也讲话吗？我们能听见它们说话吗？"面对孩子这一连串的思考，父亲惊呆了：为什么儿子一年前没有问起过这些问题呢？

色彩鲜明的花朵形象和难忘瞬间的感情色彩为何能如此长久地保留在记忆中呢。父亲坚信，孩子还能清楚地想起百花盛开的林中空地、蔚蓝的天空和远处飞机的隆隆声。

想到这一点，我就反问自己：一个孩子富有生动鲜明的想象力，有敏锐的记忆力，而且他对周围的各种现象的情绪反应也很敏感，但为什么他在学校上了 2~3 年学之后，却怎么都记不住语法规则？为什么他记不住如何正确书写"草原"这个词，也记不住 6 乘 9 等于几？这是因为在学校学习知识的过程往往脱离了学生的精神生活。我得出的这个结论并没有比那位德国数学家的要好多少。儿童的记忆力敏锐且强大，这是因为他们的记忆中注入了如清澈小溪一般色彩鲜明的形象、景象、感受和图像。我们惊讶于孩子的思维在这条小溪极具生机的源泉滋养下竟能想出精细入微、出乎意料且极具哲理性的问题。

请别让学校的大门把孩子的意识和周围世界分隔开，这是何等重要啊！我希望，学生们在整个童年时期一直都能从周围世界和大自然中汲取到色彩鲜明的形象、景象、感受和图像。我希望，孩子们能意识到思维的规律就好像是一座巍峨严整的建筑，而大自然则就像是一座更加巍峨严整的建筑，有助于思维风格的形成。

为了不让孩子变成知识的仓库，不让他们变成真理、规则和公式的储藏室，就必须教他如何思考。从本质上来讲，儿童意识和儿童记忆本身就要求孩子一刻都不能离开色彩鲜明的周围世界及其规律。我坚信，如果周围世界是儿童学习思考、记忆和判断的环境，那么儿童记忆力的敏锐度和思想的清晰度就不会在入学时有所减弱，反而还会增强。

不可以夸大大自然在智力教育中的作用。如果老师认为，孩子身处大自然中就是对智力发展起到的一种强有力的刺激，那就大错特错了。大自然并没有任何能够直接影响理智、情感和意志的魔力。只有当一个人去认识大自然的时候，去深入思考因果关系的时候，大自然才会成为强大的教育资源。

过高地评价直观性原则，就是把儿童思维的某些特点加以绝对化，把认识活动归结为感觉范畴。不可以神化儿童思维的特殊性，特别是儿童运用形象、色彩和声音来思考的这一特点。这一特殊性是客观真理，乌申斯基极有说服力地证明了这一真理的重要性。完全不能因为孩子通过形象、色彩和声音进行思考，就不去培养他的抽象思维。经验丰富的教育者不仅注重直观性原则和大自然在智力教育中发挥的巨大作用，还把这些因素视为发展抽象思维和进行目标明确的教学工作的手段。

我悉数考虑了什么才应该成为自己学生们的思想源泉，确定了孩子们在4年里每天都要观察什么，周围世界里的什么现象会成为他们的思想源泉。于是便形成了这部300页的《大自然的书》。这是300次观察，是深深印刻在孩子们脑海中的300幅色彩鲜明的画卷。我们每周两次走进大自然，去学习思考。这并不是单纯的观察，而是去学习思考。从本质上来讲，这是一堂思维课，并非有趣的游玩，而恰恰就是上课。然而，上课也可以非常有吸引力和有趣，这能使孩子们的精神世界变得更加丰富多彩。

我设定的目标是让孩子们牢牢记住那些反映现实且色彩鲜明的景象。我设法让孩子们通过生动形象的想象进行思考，让孩子们在观察周围世界时了解现象的因果关系、对比物体的性质和外形特点。

观察证实，儿童智力发展的一条极其重要的规律是：必须在课上掌握的抽象真理和概括越多，脑力劳动越紧张，学生应该越注重知识的本源——大自然，周围的形象和景象在学生脑海中留下的印象就应当越清晰。然而，色彩鲜明的形象不会像反映在胶卷上那样反映到孩子的脑袋里。

不管想象有多么清晰，它本就不是教学的目的本身，也不是教学的最终目标。智力教育始于存在理论思维的地方，在这里积极主动的观察并不是最终目标，而只是一个手段。老师认为周围世界里色彩鲜明的形象才是源泉，在它的各种形式、色彩和声音中隐藏着成千上万个问题。老师在揭开这些问题的内涵时，就好像是在翻阅一本《大自然的书》。

这是《大自然的书》的第一页，这一页的题目叫作"有生命物质和无生命物质"。在初秋时节的一个温暖而明媚的中午，我们来到河边，坐在一块草地上。展现在我们面前的是一片开满了秋季花卉的草场，小鱼在清澈见底的河里游来游去，蝴蝶在空中飞舞，燕子在蔚蓝的天空中飞翔。

我们向着悬崖峭壁走去，在那里有一段多年裸露在外的土壤剖面。孩子们兴致勃勃地观察着不同颜色的土层和沙层，有黄色的、红色的、橙黄色的、白色的。这是一层薄薄的高岭土，在它的下面是金黄色的沙子，再下面是美丽的立方体形状的晶体。孩子们正在对土壤的表层、黑土和底层进行对比。

"我们在土壤的表层看到了什么？"

"植物的根。"孩子们答道。

"在底层就没有根了。"

"孩子们，你们看一看长在悬崖边上的绿草丛和一层金黄色的沙子。小草和沙子有什么不一样的地方吗？"

"小草在夏天生长，在秋天枯萎，在春天复活……"孩子们纷纷说道，"小草结下一小颗一小颗的种子，然后撒落到地上，于是长出了新生的小草……"

"沙子呢？"

我希望所有的孩子都能来对比一下周围的事物，特别是脑筋转得慢的彼得里克、瓦莉娅和尼娜。班上还有两个孩子——米沙和萨什科，可以把他们的思想进程比作一条缓慢而滔滔不绝的大河。还有一个女孩子柳达，她的思维对我来说仍还是一个藏得严严实实的秘密。起初，我以为这不过是孩子的智力发展有些迟缓罢了，别的孩子很容易明白的东西对她来说理解起来却很难。不过，从小姑娘灵动且敏感的双眼中流露出一种思想，它被某种内在的力量束缚着。她似乎有意不急于讲出自己所知道的……

"孩子们，你们看，这是金黄色的沙子，而这是绿色的小草。还有更妙的。这是绿色的沙子和绿色的小草。它们哪里长得不像？它们有什么不同？"

孩子们思索着，望着绿色的草地和裸露的悬崖。从柳达的双眸中看得出她陷入了沉思，彼得里克皱起了眉头，瓦莉娅把沙子从一只手里倒到另一只手里。

"小花不长在沙地上，而是长在草地上，"柳达说道。

"奶牛在草地上吃草，而你到沙地上放牧试试！"彼得里克大声说道。

"雨后，小草长出来了，"米沙心有所想地说道，"可是雨后会有沙子长出来吗？"

"沙子长在土地的深处，而小草长在地面上……"尤拉说道。

然而，谢廖沙却不赞成，他说道："难道岸上没有沙子吗？小草向着太阳生长，而沙子只是待在阳光下在晒太阳……"

后来，不知谁捡来了小石子。于是，我们把它和绿色的槭树叶进行了对比，还对比了红色的玻璃碎片和菊花、池塘里戏水的小鱼和鹅毛、小桥的铁栏杆和树上爬蔓的啤酒花茎。孩子们思如泉涌。他们发现了周围事物和现象之间的相互关系，这种关系一眼就能看穿。他们还发现了另一种关系，而这种关系是不能一下子就被注意到的。于是，在孩子们的脑海中逐渐形成了对有生命物质和无生命物质这两种概念的初步理解。

一些东西有生命，另一些东西无生命。孩子们通过诸多事实已经明白了这一点。然而我却问道："有生命物质和无生命物质究竟有什么不同呢？"他们没办法一下子回答我的问题。因为结论是逐步得出来的。在这个过程中，孩子们再一次将目光集中到了眼前所见到的东西上。孩子们虽然正确地找出了一些特征，但也犯了一些错误。于是，他们当场就进行了一些观察，并纠正了这些错误。

科斯佳说道："有生命的会动，而无生命的不会动。"这时，几乎所有人都同意了他的这个看法。但随后周围又变得一片寂静，孩子们环顾四周，忽然听到了反对的意见。

"木棍会动，它能在河面上漂浮，难不成它是有生命的吗？"

"拖拉机会动，可它是无生命的呀？！"

"蜘蛛网在空中飘，难道蜘蛛网是有生命的？"

"旧屋顶上的苔藓不会动，可它不是有生命的吗？还是说，它是无生命的呢？"

"沙子也会动。我们去过采沙场，在那里见过像溪水一样流动的沙子。"

不，看来问题不在会不会动。那么，有生命的和无生命的区别到底是什么呢？孩子们把周围的事物比来比去。舒拉高兴地喊了起来："有生命的能生长，而无生命的不能生长！"

孩子们仔细思索着这句话，于是他们把目光又转向了周围的事物。孩子们大声地讨论着："小草是有生命的，它能生长；树是有生命的，它能生长；一丛丛野蔷薇是有生命，它们也能生长；石子是无生命的，因为它不能生长；沙子是无生命的，因为它也不能生长。"事实如此，一切有生命的都能生长，而一切无生命的则都不能生长。

米沙望着远处，他在思考着什么。他有没有听到小伙伴们的讲话呢？在孩子们把自己周围一切有生命的和无生命的物质悉数了一遍之后，米沙说道："有生命的离不开太阳。"于是，他指了指森林、草场和田野。这段话再一次让我相信了，脑筋转得慢的人往往会有很强的洞察力、注意力和观察力。

米沙的话让孩子们恍然大悟。"我以前怎么没有想到呢？"孩子们暗暗自问。敏锐的思想好像再次触碰到了周围的事物。孩子们边思考，边念叨着："不管是小草、花朵、树木，还是小麦，都离不开太阳。人见不到太阳，便无法生存下去……或许，人离开太阳还能活？不能，难道能想象得出人在地下深处的某个地方能活下来么？"

我们都知道，如果小草长在枝繁叶茂的树荫下，就会枯萎。父亲是这样说的："雨后，倘若有太阳晒一晒，冬作物就会马上变绿。要是没有太阳，那就糟糕了……"然而，石子无论是在太阳下还是在地窖里，都是一样的。不是，不一样，石子在地窖里会生出一层霉。那么，霉是有生命的还是无生命的呢？

太阳不仅能造福人类，但如果长时间不下雨，它也会晒死作物。这么看来，一切有生命的不仅喜欢太阳，也喜欢水。

孩子们的思想像一条条小溪四处地流淌，然后又汇集成一条溪流。孩子们愈加清楚在有生命物质中发生着一些他们无法理解的现象，而这些现象和太阳、水以及大自然中的一切都有关。

孩子们读着《大自然的书》第一页上的开头几行。他们明白了，整个世界是由两种物质组成的，一种是有生命的，而另一种则是无生命的。孩子们刚一理解有生命物质和无生命物质这两个概念，便提出了诸多问题。他们常在回家的路上留意一些看似司空见惯的东西，观察以前未见过的东西，一旦他们发现的东西越来越多，就会提出越来越多的问题：为什么从橡实里钻出来的幼芽能长成一棵苍劲的橡树？树枝、树叶和粗壮的树干是从哪里来的？为什么叶子在秋天的时候会从树上掉落下来？对在冬天的时候有没有长高呢？所有这些问题不可能一下子都回答上来，而且也没有必要布置这样的任务。好在孩子们提出了这些问题，好在他们在思考的时候注重了知识和思想的本源——周围世界，也好在他们能够找到正确的词去表达自己的思想。思想清晰是思维最重要的特征，它是在直接接触周围世界的过程中形成的。

孩子运用形象、色彩和声音来思考，但这并不意味着他就应当停留在具体思维上。形象思维是向概念思维过渡的必要阶段。我希望孩子们能够逐渐地使用一些概念，诸如现象、原因、结果、事件、制约性、依赖性、差异、相似性、共性、相容性、不相容性、可能性和不可能性等。凭借多年的经验，我相信这些概念对抽象思维的形成有着巨大的作用。要想掌握这些概念，孩子们就必须对鲜活的现实和现象进行考察，理解自己亲眼见到的东西，并逐渐从具体的事物、事实和现象过渡到抽象概括思维。对这一过渡起着促进作用的恰恰是孩子们在考察大自然的过程中遇到的那些问题。我教学生们如何观察大自然中的具体现象，如何寻找因果关系。由于孩子们把思维与具体形象紧密地联系在了一起，故而掌握了利用抽象概念进行思考的技能。当然，这是一个漫长的过程，前前后后要用好几年的时间来实现。

孩子们对阅读《大自然的书》产生了浓厚的兴趣。然而，这种兴趣并不是目的本身。苏维埃教育学反对在教学中过分强调幼儿的直接兴趣，反对把幼儿活动当作教学的最终目标。乌申斯基曾写道："教育孩子不仅要做自己感兴趣的事，还要做自己不感兴趣的事，培养孩子要乐于做好自己分内的事。生活中并非所有的义务都能如人所愿，所以要让孩子做好走进现实生活的准备。"资产阶级学者倾向于教学内容、形式和方法要满足学生的个人要求，因此苏联教育学与这一观点存在着深刻的分歧。当代新式教学论概念的代表人物，美国教育家戈登·梅尔文认为，教师在教学中应当只选择孩子们喜欢的内容。"学生在什么条件下才会答应去学习，这恰恰取决于他决定要去做的那件事。"资产阶级教育家把学校教育建立在"直接兴趣"的基础上，实际上就是否认科学知识体系。苏维埃教育学把孩子的个人兴趣看作完成学校教育和培养任务的手段，即获取一定范围的科学知识和树立辩证唯物主义信念的手段。

我没有把阅读《大自然的书》看作是有趣的消遣和诱人的游戏，而是把它看作一条通往科学知识世界的道路。孩子们不断理解周围的现象，而大自然规律的本质就是在这些现象中被揭开的。老师并不是以每个孩子的个人兴趣是否能够得到满足为出发点，而是基于科学认识世界的辩证法来确定《大自然的书》的内容。这也是为什么苏联教育学理论中的学生的活动目的与实用主义者的著名观点"知识从活动中来"存在着原则性的差异。

苏维埃教育学中所指的活动并不是要取代系统性的科学教育，而是为达到教育目的和实现培养目标的一种手段。当然，凡是有助于孩子掌握知识的活动必然不会与他的个人兴趣相脱离。苏维埃教育学把兴趣看作是学生在理解和考察过程中所发挥出的积极的且富有创造性的精神力量。学生把已掌握的真理逐渐变成了自己的个人信条，伴随着这一过程，他对要学习和要认识的东西产生了更加浓厚的的兴趣。苏联教育学理论体系中的兴趣与思想教育和科学唯物主义教育是密不可分的。

我们一页接着一页地读《大自然的书》，同时学习着如何思考。孩子们读到了书的第二页，这一页的题目是"无生命物质与有生命物质的联系"。

我们来到暖房，观察高年级同学们干活，他们从地下深处的金色沙土里、从一块块碎石的缝隙中取出了黄瓜、西红柿、大麦和燕麦。在这里，小朋友们看到大同学们把沙子和碎石装进了金属箱和木箱里，还把化学溶液倒入了这种混合物中。黄瓜和西红柿的根都是从这种培养基中汲取生长和结果所需的养分。无生命的石子和溶于水中的白色粉末都好像是生命中必不可少的。大麦的绿苗在扁平的容器中甚至不需要沙子和碎石就能生长出来。它的根从白色粉末制成的溶液中摄取营养。在孩子们仔细观察了开花和结果的情况之后，他们便明白，只有当无生命物质存在于有太阳和水的地方时，它才能成为生物的培养基。生命不能离开光、温度和水。

今天是阴天，暖房里开了电灯。早上外面有点凉，而暖房里的暖气使屋里暖和了起来。

老师说道："孩子们，你们仔细观察一下自己现在看到的东西，想一想，如果没有无生命物质，那么有生命物质还能存在吗？你们眼前看到的大箱子有一个，小箱子有好几个。这些箱子里面装着各种各样的化学肥料。你们看，大同学们正在从不同的箱子里取出白色的、黄色的和灰色的粉末，把它们搅拌在一起，再把它们溶解到水中。把粗沙和腐殖土混合在一起，就变成了营养土。大家看见了吗？从营养土里长出了多么鲜亮的西红柿啊！植物从什么里面汲取叶子、茎、果实生长所需的养料呢？是无生命物质。它是有生命物质的培养基。"这些真理唤起了孩子内心深处对大自然奥秘的惊奇之感。

我再一次想起了亚里士多德的那句古老的至理名言：思维从对问题的惊讶开始。孩子们在面对即将被揭开的大自然的奥秘时，发自内心地感到惊讶，这种感受是一股强大的且源源不断的思想动力。

孩子们看到在化学溶液中长出了千差万别的植物，有西红柿、黄瓜，还有大麦。他们纷纷跑来问我："这透明的溶液是怎么变成粗壮的茎，变成吸引蜜蜂在上空飞舞的鲜艳花朵，变成鲜亮的果实？""有生命的物质是从哪里来的？太阳本来也不会给植物一块绿色，它只会发光和发热吗？""为什么从同一种溶液中既能长出绿色的黄瓜，又能长出红色的西红柿呢？""为什么黄瓜是绿色的，而西红柿是红色的呢？它们不是并排生长的吗？""这些五颜六色的粉末里面有什么呀？""为什么放入土壤里的腐殖土能让植物变绿呢？"

要对有生命物质和无生命物质的联系有初步的直观认识，这对孩子进一步的智力发展是多么重要啊！一旦孩子开始思考一些问题，例如，有生命物质是从哪里来的，太阳是怎么把无生命物质"变成"有生命的，他就准备去读那部有关生命的伟大的书，去了解一些复杂过程的奥秘。

我把阅读《大自然的书》看作是一种调动大脑积极性的手段。图像、图画和形象只不过是积极的思维活动的开端。第斯多惠写道："如果教学生做到简单地去感知或被动地去接受，那么只有能激发学生主动性的方法才是好方法，而其他任何方法都是坏方法。"我希望学生们把阅读《大自然的书》当作是积极思考和从理论上认识世界的开端，是科学知识体系的开端，而不是对大自然景象和形象的简单感知。

苏联著名的心理学家科斯秋克写道："只有把最好的内容融入学生的活动中去，学生才能意识到它的存在。"不是为活动而活动，也不是为满足个人兴趣而活动，活动的目的是为了揭开科学知识的内容。这就是苏维埃教育学中关于积极性和科学性的统一的本质所在。

《大自然的书》下一页的题目是"大自然中的一切都在变化"。我们多次重温了这一页书。

秋天，一个晴朗的中午，全班去了果园。苹果树和梨树的树枝被硕果压弯了。

"回忆一下，孩子们，"老师说道，"咱们的果园冬天是什么样子的？树枝光秃秃的，上面覆盖了一层霜，树干上满是雪……而现在，树枝上长满了茂密的叶子，苹果和梨都熟了。"

过了两个月，我们又回到果园。它变成什么样子了呢？枯黄的叶子像一条柔软的地毯盖在大地的身上，枝条的一半都已变得光秃秃的。就在满是窟窿的老苹果树的旁边有一棵小野树。这棵老苹果树是我们的祖辈种的。它有一半的树枝已经干枯了。只有几枝还会变绿，上面还结着硕大、鲜亮的果实。这棵老果树在阳光下再待上一两年后，就该锯了。而在小野树的纤细树干上长着绿色的嫩芽，这是学生从老果树上嫁接过来的幼芽。过几年，绿芽就会变成一棵苹果树，到时候，它也会开出花，结出金黄色的果实。

"孩子们，仔细看一下你们的四周，有没有一种植物一年四季都是同一个样子的呢？"

虽然孩子们的生活经验还很少，但是他们从很小的时候就生活在劳动和大自然的环境中，所以他们知道植物的生长、开花、结果……

孩子们正在讲从地里冒出一棵嫩苗，它变成了一根粗壮的茎，树上长出了幼芽，也长出了叶子……

生物界的瞬息万变让孩子大为惊讶。昨天在桃园里我们看到的还是黑色的幼芽和光秃秃的树枝。而今天一大早又来到这里时，眼前已是一幅崭新的画面：枝条上满是朵朵粉红色小花……为什么一夜之间幼芽就长了出来，小树也开花了？夜里小树睡没睡觉？大树到底睡觉还是不睡觉？剪枝时，树觉得疼不疼？为什么树会变老，然后还会死呢？这些问题我想了很长时间才找出答案。然而，它们又引出了一连串新的问题。

无论是在池塘岸边、在峡谷之间，还是在小灌木丛中、在田野上，我们都阅读过《大自然的书》的这一页。小蝌蚪在浅水洼里游来游去。孩子们知道，它们还会变成青蛙。但这个过程是怎样进行的呢？为什么鱼缸里最小的鱼仔已经长成了鱼的样子，而小蝌蚪却根本不像青蛙的样子？我们观察集体农庄庄员们如何喂养蚕。像罂粟籽那样小的卵里竟爬出了一条贪吃的小虫。它只吃桑叶，这是为什么呢？小虫长成了大虫，它经历了好几次"蜕皮"，好像脱去了一层老皮，这又是为什么呢？它正躲在好似一座金色小屋的蚕茧里，在自己的身边吐丝结网。它在里面经历了什么？我们取了几只蚕茧，把它们放在窗台上，过了一会儿，我们便看到一只只又美又大的蛾子飞了出来。蛾子还在产卵，因此同样的过程又重复地进行起来。蚕是怎么吐出细细的丝线来的？为什么它只在吃完好多的桑树叶之后才能吐丝呢？

与积极认识大自然相关的活动越多，对周围世界的认识也就越深刻、越自觉。孩子们每个月都能在自己的身边发现越来越多的现象，然而他们以前却没有注意过这些。于是，他们看到了完全不同于他们一向熟悉的那些生物形态。在阴暗潮湿的地窖里，马铃薯块茎上钻出了白丝，这些是什么呢，是根还是未来的茎？树干的背阴面上长出了青苔，为什么它总躲着太阳呢？为什么苔藓没有种子？它是怎么繁殖的？所有的植物都开花，但苔藓不开花。这到底是什么植物呢？

《大自然的书》中的几行文字让孩子们更加相信，不只是有生命物质才会变化。我们来到沿岸的悬崖峭壁旁。孩子们仔细地观察了灰色的石头，发现里面有细细的裂缝。从石头上掉下了薄薄的一层，落到了手掌里。所以，就连石头也不会永远都是石头的样子吗？孩子们回想起几个月前他们还曾说过，石头无论在太阳底下还是在地窖里都是一样的。白天，石头被晒得滚烫，而到了夜里它就会凉下来，而且还出现了进水的裂缝。原来，连石头也不是久恒不变的。

我们上了几堂思维课，专门讲"大自然中的一切都在变化"这一页的内容。通过对这几堂课的分析，我相信，孩子知道得越多，发现越多日常生活中未曾注意过的规律，求知的欲望就越强烈，感知周围现象的器官越敏锐，感知器官和思维之间的关系就越微妙。苏联人类学家涅斯图尔赫教授的著作中有这样的一段话："一个人在童年时接触到大量的新信息，也正是从这个年龄段开始，他的求知欲望日益增长。"我认为这段话是阐明孩子智力发展过程的关键。

大量的信息是智力得以充分发展的最重要条件。然而，因为某种原因信息量变少，且未得到补充，这时会发生什么呢？孩子自己看到的东西还不算是大量的信息。人类教育就是大人把自己掌握的关于周围世界的知识传授给孩子，并不断利用影响孩子的大量信息来供给他的思维能量。

我开始留意考察每个孩子从出生到上学期间的家庭环境，结果我发现了一些有意思的规律。如果孩子在学龄前无人照看，或大人未给孩子提供正常成长环境所必需的大量信息，那么孩子的大脑就会常常处在消极的状态：好奇心和求知欲消失，态度也愈加冷漠。思维能量尤为重要，它在很大程度上决定孩子的智力发展状况，而日益增长的求知欲望是否就是那种最重要的思维能量呢？看来，是的。

彼得里克小时候没人照看。母亲和外公一早就要去上班，孩子一个人留在家里。家人把他安顿在草棚下或圈着栅栏的青草地上。邻居阿姨时不时来瞅一眼，看看孩子是否一切都好。彼得里克从 2 岁到 5 岁就是这样"被养育"的。

这是一种"植物"养育法。孩子吃得好，穿得好，唯独就少了最主要的东西——成长环境。

彼得里克从 5 岁开始和小朋友们到街上玩耍，主要是一些同龄的孩子。他来入学的时候，连最简单的母语单词的含义都不明白。他那冷漠的目光在四周的物体上滑过，让我觉得这好像是一个小老头的目光。

那么，孩子活跃的思维实体，即大脑皮层细胞，之所以处于消极的状态，是因为在神经系统形成的重要阶段——大脑的幼年期，孩子没有从周围世界获得大量的信息。因而阅读《大自然的书》应当在儿童教育中发挥出巨大的作用。

我们打开了书的下一页，题目是"生命的种子"。

孩子们在秋天收集梨树、苹果树、桃树和李子树的种子，用它们来建果树苗圃场。他们根据以往的经验知道，种子能长成植物。春、夏两季，在草原上、在森林里、在小树林里一派生机勃勃的景象，这时植物的种子已经成熟，它们正在繁衍后代，延续物种。

我们常去郊游。春风吹走了杨树和蒲公英的白色花絮。孩子们在轻盈的花絮中发现了一小粒一小粒的种子。他们大吃一惊：大自然是多么关心这些植物的种子啊。花絮不会停留在土壤的干燥表层上，只有当泥土上有水分的时候，花絮才会粘住、"定住"在泥土上，于是小种子发出了芽。

孩子们一行接一行地读着《大自然的书》的这一页，他们读得津津有味。他们看到许多植物能把种子"发射"出去，不一会儿有生命的种子飞向了四面八方。他们还看到一些早熟的种子穿过风中摇摆的罂粟花花头上的"小窗子"飞了出来。我们把种子放到放大镜下观察，很多种子身上都有"狡猾的"小钩子、小爪子和抓钩，用来钩住人们的衣服和动物的皮毛。我们还收集了谷物种子的标本。孩子们陷入了沉思：小小的种子怎么会长成这么大的植物呢？种子是有生命的还是无生命的？

冬天，孩子们读到了这一页上有趣的几行文字：有些植物把自己的种子撒在雪地上，它们要在雪里待上几个星期，只有这样它们才能出芽。

孩子们对知识的渴望越强烈，对劳动就越来越有兴趣，考察劳动的意义也就越深刻。一旦动手能够有助于思考，一旦孩子希望在劳动中找到自己关心的问题的答案，揭开谜团，一旦孩子想去证实当前的假设是否是事实，大量来自周围世界的信息就会对认识产生一种特别强烈的刺激作用。当孩子心甘情愿而非被逼无奈地变得勤奋的时候，他就会成为一个真正有思想的人。孩子渴望劳动的主要根源是他渴望去了解知识。如果这个欲望能够不断地持续下去，孩子对劳动的兴趣就会日渐加深。在教育实践活动中，那些被称之为热爱劳动的对象一定是兼具了求知欲、好奇心和自尊心这些品质的孩子。

孩子们读到《大自然的书》中最激动人心的一页"太阳是生命之源"的时候，还专门组织了几次"旅行"，这些旅行在孩子们的脑海中和心中都留下了深深的印记。

炎炎夏日，我们去了野地，去了花园，还去了葡萄园。我们看到了种着小麦和向日葵的田野、一串串的葡萄、黄澄澄的梨和熟透的西红柿。累累硕果让孩子们感受到了太阳的光和热。要不是太阳的功劳，大地也给予不了人类所需要的一切。

　　为了得出这一结论，我们进行了多次观察和对比，并反复建立因果关系。这一结论让孩子们大为吃惊，同时也为思想的发展提供了新的动力。孩子们凝视着周围世界，思索着每样事物的起源。当孩子们确信太阳是唯一的生命之源时，他们感到了无比惊讶。

　　谷物、土豆和向日葵谁都离不开太阳，肉类、牛奶、黄油也是如此，这是因为动物饲料就是靠太阳的光和热得以生长的。

　　孩子吃惊地问道："太阳到底是什么？太阳传递给我们的热是从哪里来的？为什么冬天太阳给予大地的温暖那么少？它会不会熄灭？如果太阳熄灭了，会发生什么事呢？"

　　孩子们在阅读《大自然的书》的过程中产生了新的问题，这意味着思想开始迅速飞向知识的顶峰，几年后，他们会从这里了解到生命奥秘的复杂性。我希望，孩子们能成为渴望了解世界的考察者和发现者；我希望，孩子们看到的真理不再是老师灌输给他们的现成结论，而是一幅描绘周围世界且令人心潮澎湃的绚丽画卷。如果一项新发现能让孩子感到激动兴奋，真理就会成为他的个人信条，并值得一生珍惜。持久的记忆力源于理性情感、求知的喜悦情绪以及面对宏伟的大自然和严密的大自然规律时的惊讶心情。

　　我把理性情感看作是提高和加强个别孩子记忆力的主要手段。瓦莉娅的记性很差，仿佛一切都会从她的脑袋里"消失"似的。当周围世界的景象让她感到惊讶时，要让她的心也为之所动。

　　几天来，我们相继去了田野、树林、河边、花园和养蜂场，我们在这些地方读了《大自然的书》中题为"一切有生命物质都要适应环境"这一页。我提醒孩子们要注意，天热的时候，有些花会把自己的花瓣折起来，到了晚上凉快的时候，花瓣又重新张开。我让孩子看雪花莲纤细的茎像箭一样刺穿了又厚又密的落叶；蜜蜂搭建蜂巢，还给蜂房装满了蜂蜜；葡萄藤的根为了汲取水分伸进土壤里三米；插在淤泥里的柳条长出了根，最后长成了一棵小树……

这些发现让瓦莉娅的内心充满了激动。她冷漠的双眼里也露出了一丝饶有兴致的动人神情。少言寡语的瓦莉娅开口说话了，她问道："蜜蜂怎么知道往哪里飞才能飞回家呢？它是怎么找到自己的蜂巢的？雪花莲的花朵不觉得冷吗？毕竟树下还有积雪呢。"有问题的地方，就有思想；而有思想的地方，就能记住周围的景象和大自然的规律。

下面是我们依次在《大自然的书》中读到的各页题目："植物界和动物世界》《一滴水的旅行》《人利用自然的力量》《春天唤醒了大自然》《最长的夏日》《长在树林里、田野上和草地里的春日花卉》《夏日花卉》《铃兰和紫罗兰》《菊花——秋天的孩子》《池塘里的生命》《初秋的最后几天》《大自然在等待冬天的到来》《冬天的第一个早晨》《小鸟在冬季森林里的生活》《麦穗》《蜜蜂家族的生活》《燕子筑巢》《雷雨将至》《秋季的阴雨天》《冬天里的花卉世界》《树林保存着水分》《鹳飞来了》《小鸟准备南飞》《夏季雨后的太阳》《河上的彩虹》《秋播和春播的作物》《向日葵开花了》《天空中的星星》《土壤的生命》《绿叶——太阳的贮藏室》《蘑菇和苔藓》《橡实怎么长成了橡树》"等。

第斯多惠曾写道："坏老师奉送真理，好老师教导真理。"如今，利用考察法来认识周围的现象，其意义非常巨大。重要的是，要让学生把考察和探索当作思维方法的基础，要让他们通过对事实的积累、分析、对比和比较去认识科学真理。孩子在观察大自然的现象和景象时，会逐渐掌握思维方式和思维进程，并对概念加以丰富。极具探索精神的观察者发现，在每一个概念里都充满了各种因果关系，而每一个因果关系中又饱含着真实的含义。经验证明，如果孩子阅读《大自然的书》，他们的思维都会有一个突出的特点：他们在使用抽象概念时，会在脑海中反复再现这些抽象概念的基础——图像、形象和景象。

我的学生们在儿时就阅读了这本《大自然的书》，他们从孩童长成少年，又从少年长成青年。一想到这儿，我就特别想知道，对周围世界的积极认识是如何影响智力发展、脑力劳动的性质和方式以及各种理性兴趣的。我坚信，在这些学生的精神世界里充满了旺盛的好奇心。他们关注一切事物，而且周围的一切全都能触动到他们的情感和思想。这些学生在少年期和青年早期时的精神世界就有一个特点，那就是他们善于从相互关系的角度观察现象和事物。凡是不清楚和不明白的，他们会想方设法在书中找到解答。书籍已成为他们的知识和精神的源泉。

从物质世界到社会——东西从哪里来

大自然是养育人的天赐之源。然而，认识大自然只是智慧、情感、观点和信念的初步形成。一个人生活在社会中，究其一生就是自己与他人之间结成的关系。

我希望孩子们在小学 4 年的学习生活中逐渐理解一个重要的真理：一个人之所以得以生存，全靠成千上万的人来满足他在物质上和精神上的需求。要是再不去为成千上万的人创造物质和精神财富，就不可能在社会上生存。

一个人的道德面貌、精神素养、生活观和世界观都是在劳动中和在社会关系中形成的。在我们的社会中，一个人对待另外一个人的态度，即一个公民的社会面貌，是通过创造物质财富和精神财富表现出来的。老师有一项重要的教育任务，就是让孩子们用心去理解和体会这一点。

凭借丰富的经验，我确信一个小孩子对社会关系的理解来自他对事物的理解，特别是他认为和发现"什么东西从哪里来"是一条非常重要的真理。

我们在学校食堂吃了午餐，饭后洗了碗筷。

"等等，孩子们，先别离开，咱们再坐半个小时。想一想，咱们今天用过的东西是从哪里来的？食堂给我们提供的一切都是从哪里来的？"

孩子们清点着自己吃过的东西，有面包、肉、土豆、牛奶、黄油、鸡蛋等等。食物是在新炉子上煮的。这个炉子是前不久炉匠用新砖砌的。食堂用煤生炉子，煤是从矿上运来的。我们坐在桌子旁的椅子上。桌子和椅子都是用金属管和塑料制成的。

"点完了吗？"我问。

"点完了。"孩子们回答道。

"仔细看看，有没有落下什么……"

角落里放着一台冰箱。如果没有电，它就无法工作。墙上安着一个顶棚灯，里面装着灯泡。孩子们注意到这些东西了吗？他们注意到了。他们惊奇地发现了一条真理：如果没有电，就会很麻烦，哎，会给在家的生活和在校的学习造成多么大的麻烦啊。

那些在我们生活中必不可少的东西是从哪里来的？我们从这个问题出发，开启了探寻社会生产和复杂的劳动关系世界的"旅行"。我们迈出的每一步都是一次新的发现。孩子们之所以能体会到对劳动人民的极大敬意，是因为他们发现了一条真理：为了我们的餐桌上能摆上一块大面包，几乎所有家长都要劳动。然而，这还不够。制造拖拉机、犁、联合收割机的工人们也要劳动。因为没有机器，就种不出来粮食。矿工也要劳动。因为没有煤，就冶炼不出来生产机器所必需的金属。

在熟悉其他东西的同时，等待着我们的是同样惊人的发现。要想把煤从地下开采出来，再运到我们学校的厨房里，就必须有千百个不同职业背景的人们在祖国的各地城市和乡村从事各自的劳动。为了冶炼金属，为了用炼好的金属制造桌子，为了把沙子和黏土制成砖头，就必须有千百个人来劳动。

此后，我们以同样的方式迈出了走向社会生产，走向劳动关系世界的第一步，熟悉我们的衣服是从哪里来的，纸张产自哪里，谁为我们制作了书籍、电影，谁创作了音乐。

时间就这样一周一周、一月一月地过去了，我们逐渐认识到社会关系是复杂交织的。透过世界用事物来认识人。事物、物质财富和精神财富帮助我们看到、理解和感觉到一个人。我们在面包师斯捷潘·马克西莫维奇的工作地点见到了他，在孩子们的眼中，他是一个通过自己平凡的劳动挣得粮食、衣服和其他很多东西的人，而且还是一个生活的创造者，没有他，成千上万的人就无法生活。我们每周都要约见同为成千上万人生产物质财富的劳动者，同联合收割机手和拖拉机手见面，钳工和车工见面。在三年级结束后的一个春日，我们乘车来到克列缅楚格水电站，看到了发电过程，还与电力工程师们见了面。

　　孩子们会遇到不同的人，他们对待劳动的态度对孩子们的道德面貌的形成有着极大的意义。有一些人为别人创造了诸如面包、肉、牛奶、白糖之类的物质财富。起初这些东西看起来再普通不过，也毫不起眼，但这些人却为自己的劳动而感到自豪，把自己的劳动看作是为社会服务，这一点对孩子的心灵有着巨大的影响。劳动使人高尚，能让人感到无比幸福，这一条真理对孩子们来说已不是什么抽象的东西，而是生活的本质所在。人早在童年时代就确信，他可以施展力量和发挥创造力的场所就是为造福社会而进行的勤恳劳动。

生活习题集里的一千道题

学校的一项重要任务是培养出一个具有好奇心、创造力的和有探索精神的人。我设想童年是思维的学校，而老师则是一个精心打造学生身体及其精神世界的人。

关注儿童大脑的发育和强化，让这面反映世界的镜子始终保持敏锐和敏感，是教育工作者的主要职责之一。就像肌肉的发育和强壮是通过身体锻炼和克服重力实现的，因此劳动和强度对大脑的形成和发育也是必不可少的。

孩子不断与周围的事物和现象建立起多方面的联系（因果联系、时间联系、功能联系），因此在这一过程中，他的大脑得以发育和强化。我认为自己的任务是帮助孩子们理解周围的各种现象之间的联系，帮助他们形成、巩固、发展有求知精神的、敏锐的和善于观察的大脑。

习题能够培养人的想象力和敏锐力。因此，解答习题是唤醒大脑内在能量和活跃精力的训练。这些习题存在于周围的事物和现象之中。我提醒孩子们注意这种现象，平时做到让孩子能够看到隐藏着的和暂时难以理解的那些联系，让他们有意愿去找出这些联系的本质和理解真理。

解答习题的关键在于一个人能否积极地去从事活动和劳动。孩子集中精力，希望在事物和现象之间建立起联系，此时此刻他就是在进行着一定的劳动。在周围世界里蕴藏着千万道习题。这些习题是劳动人民想出来的，它们以有趣的谜语式故事的形式存在于民间创作之中。

这是孩子们遇到的最早一批习题中的一道题，是他们在课余时间解答出来的。

要把狼、山羊和白菜从河的一边运到另外一边去，狼和山羊、山羊和白菜既不能同时运，又不能一起留在岸上。只有狼和白菜可以一起运，或者每一个"乘客"单独过河。渡河的趟数不限。怎样运送狼、山羊和白菜才能平安无事呢？

民间教育学有百来道类似的谜语式习题。孩子们对这类习题有着浓厚的兴趣。于是，所有的男孩子和女孩子都思索了起来，到底怎么运送这些"乘客"，才能让狼吃不到山羊，而山羊也吃不到白菜呢？我们坐在池塘边，孩子们在沙地上画了一条河，找来了一些小石子。也许，并不是所有的孩子都能解答出这道习题，但他们仍在紧张地思索，这才是发展智力的最佳方法。

做这类谜语式习题好比是在下棋时的脑力劳动。无论是做题，还是下棋，都要事先想好有几步。

开学不久后，我给一年级7岁大的孩子们出了这道题。大约过了十来分钟，舒拉、谢廖沙和尤拉这三个孩子解答出来了。这几个孩子不仅思维敏捷，而且记忆力又强大又敏锐。过了15分钟，几乎所有的孩子都解答出了这道题，但瓦莉娅、尼娜、彼得里克和斯拉瓦又是一无所获。我注意到，这几个孩子脑袋里的思路好像断开了。他们明白习题的意思，理解所说的事物和现象，但刚一做出几个初步假设，在他们的脑海中本来色彩鲜明的概念就突然变得模糊了，换句话说，就是孩子把刚刚还记得的东西忘掉了。

我从民间教育学的丰富宝库里挑选了一批又一批的新习题，我希望首先能让那几个脑筋转得慢的学生对谜语式习题的内容和情节产生兴趣。过了几天，我出了这样一道题：一小队士兵来到河边，他们要渡河。桥断了，河又很深。这可怎么办呢？突然，一个军官注意到，有两个小男孩坐在一只独木舟在岸边玩耍。但是独木舟很小，一次只能坐一个士兵或者两个孩子，不能再多了。不过最后，所有的士兵都乘这只小独木舟过了河。用的是什么方法呢？

我再次观察孩子们思考的过程。他们在沙地上图画，希望牢牢记住这几步

"棋"。我又看了看尼娜、斯拉瓦和彼得里克被折磨得愁眉苦脸的样子。瓦莉娅的双眼里闪出了快乐的光芒，原来她解出了这道题。

我开始给几个脑筋转得慢的孩子单独补课。我给他们出了比较简单的习题，这些也都是民间谜语式的题目，为的就是让他们深入理解自然数列和建立起数字之间的相互关系。下面是五道同一类型的谜语式习题。

1.《鹰和橡树》：飞来了几只鹰，它们落在橡树上。如果一棵橡树上落一只鹰，就会多出一只鹰，如果一棵橡树上落两只鹰，就会多出一棵橡树。一共有多少只鹰和多少棵橡树？

2.《在牧场上》：两个男孩子在放羊。如果第一个孩子给第二个孩子一只羊，那么他俩的羊数相等。如果第二孩子给第一个孩子一只羊，那么第一个孩子的羊比第二个孩子的羊多一倍。两个牧童各有多少只羊？

3.《多少只大雁》：雁群在空中飞翔，迎面飞来了一只大雁。

"你们好，一百只大雁，"它说道。

"不，我们不是一百只，"雁群答道，"如果我们一群加上我们这么多只的雁群，再加上那么多的一半，然后再加上那么多的四分之一，还要再加上你这只大雁，只有这样才会是100只大雁。"

一共有多少只大雁在飞？

4.《头和脚》：院子里的母鸡走来走去，兔子跳上跳下，一共有10个头和24只脚。一共有几只兔子，几只母鸡？

5.《多少个球？》：口袋里有10个黄色的球、10个红色的球、5个绿色的球和5个黑色的球。闭上眼睛，尽量拿出最少量的球，但要保证拿到7个一样颜色的球。

这些谜语式的习题是大脑训练必不可少的手段。在解答每一道习题时，必须要记住前前后后2到4步的"棋"。

经过半年这样的训练之后，瓦莉娅和斯拉瓦已经会解答这一类习题了，但彼得里克和尼娜还是一点都不行。他俩记不住在走下一步"棋"之前必须要记住的东西。如何解释这一现象呢？看来，这是由于一些孩子还不能一下子把思想从一个对象切换到另一个对象上，我认为这是记住习题的各个组成要素，思想上抓住几步"棋"的一种能力。

另一个问题就是，为什么大脑皮层细胞没有练就出这种能力。它并非总是由思维实体的先天特性来决定，但也不能忽视这一原因。观察结果表明，如果思路一下子中断，又如果在这一瞬间孩子通过心智直观既无法捕捉到眼前的东西，又无法捕捉到之前短暂出现过的东西，那么他就无法进行思考，也很难在几个事物和现象之间建立起联系。

我对孩子们的思维方式进行了研究，尤其是像瓦莉娅、彼得里克、尼娜这样一些脑筋转得慢的孩子，目的并不是为了得出某种理论，而是为了缓解他们的脑力劳动，教会他们怎样学习。观察结果表明，首先应当教会孩子们通过心智直观捕捉到一系列的事物、现象和事件，理解它们之间的联系。孩子在对事物的本质和内在规律进行深入观察时，应当从一个事物逐渐过渡到一系列事物上，就好像是从远处，站在一定距离之外进行观察。在研究脑筋转得慢的孩子的思维时，我愈加坚信，如不善于理解（例如，习题）是由于不善于从具体事物得出抽象概念，不善于从具体走向抽象，则应当教会孩子用抽象的概念进行思考。瓦莉娅没有在自己的想象中描绘出狼的具体形象，也没有留意山羊伸头去吃白菜的情景，那就没有吧。对孩子来说，所有这些形象都应当是抽象的概念。然而，在通向抽象概念的道路上要经过对具体事物的深刻理解。必须教会孩子们用抽象概念进行思考。要培养孩子们的思维能力，否则孩子就会拼命记忆，死记硬背，这会让他的思维变得更加迟钝。

时间就这样一月一月地过去了，我愈加相信家庭教育对学龄前儿童来说尤为重要。在孩子还没有入学的时候，应当多多和家长们聊聊教育方面的问题。

　　为了关注学龄前儿童的状况，我们成立了家长培训班，请 2~6 岁大儿童的家长来学习。我们制定了课程大纲，包括儿童在身体、心理、智力、道德和审美方面的发展问题，以及家长对学龄前儿童思维教育的关注。这个培训班现在一直还在办。

　　在学龄前阶段，父母是孩子唯一的老师，因此家庭教育在这一阶段就显得尤为重要了。在 2~6 岁这一阶段，儿童的智力发展和精神生活主要取决于父母的基本教育素养，它表现为，家长能够理智地理解，人在生长发育阶段的心理活动是最复杂的。

　　我们力求让家长学到一定的知识和技能。家长培训学校的课程特别关注这样一个问题，就是如何教孩子思考、通过什么途径提高孩子的智力。通过多年工作经验的积累，我们列出了一千个关于周围世界的问题，这些也是孩子们最爱问家长们的问题。我们还向家长们说明，当孩子提出问题的时候，应当如何回答，应当如何增强孩子的求知欲和好奇心。我们与家长们一起制订了一个关于学龄前儿童走进大自然的计划，拟定了哪些事物是要观察的对象。我们还非常注重，让每一个有学龄前儿童的家庭能够营造出浓厚的读书氛围。

　　多年的观察结果表明，智力教育面临的另一大困难是遗传因素。父母酗酒，这是儿童整个身体的一大可怕敌人，而对脆弱的思维实体而言，其危害性则尤其严重。

　　一旦出现了有利于解答诸如大脑训练之类习题的条件时，我就会把那几个思维缓慢、记性不好的孩子安排到靠近自己的位置上，还要想出各式各样的谜语式习题和趣味习题，好不容易才做到在尼娜的思维安全区之间激发出了一些新的思路，它们把周围世界里的概念和形象联系在了一起。

　　记得在一个冬日，我们坐在鱼缸旁。孩子们数着缸里的鱼，一些人数多了，而另一些人数少了。于是我提出了一道趣味习题：

　　哥哥看到鱼缸里有两条大鱼和四条小鱼，妹妹看到有两条大鱼和三条小鱼。

妈妈看到有三条大鱼和五条小鱼。妈妈看到了鱼缸里所有的鱼。鱼缸里到底有几条鱼呢？

对很多孩子来说，这道题并不难，可尼娜却思考了很久。终于，她高兴地一拍手说道："其实，哥哥和妹妹都没有看到全部的鱼，但妈妈全都看到了。鱼缸里有三条大鱼和五条小鱼。有些鱼躲到水草里了，所以看不见。不过妈妈看见了。"

无论是瓦莉娅，还是彼得里克，也都开始能解答一些类似的习题了，甚至是更难一点的习题。为了巩固阶段性成果，我开始逐渐加大习题的难度。

三年级的时候，我们有一次在集体农庄果园收苹果，这天尼娜解出了这样一道谜语式习题：

三兄弟在草地上割草。中午，他们躺在橡树下休息，不一会儿就睡着了。妹妹给他们送来了午饭，有汤、面包和几个苹果。她没有叫醒他们，把装着午饭的包裹放下就回家了。大哥睡醒了，看到有苹果。他把苹果分了3份，但他自己的那份没有全吃完，留了一个给最小的弟弟——他最疼爱的人。他躺下又睡着了。二哥醒了，可他不知道大哥吃了几个苹果。他又把苹果分了3份，但他也没吃完自己的那份，留了一个给小馋猫，就是最小的弟弟。他躺下又睡着了。最小的弟弟终于醒了。他看到包裹里还剩下7个苹果。他心想，怎么才能分成3份呢？他想了很久，可怎么也想不出办法来，一直想到哥哥们醒来，才弄明白了一切。妹妹给三兄弟送来了多少苹果？

在我们做的这些习题中，很多都是孩子们非常熟悉的劳动问题。孩子们在解答这些习题时，一遍又一遍地观察大人在田里耕地和清选种子、植树、施肥、收割庄稼、贮藏食品、盖房和修路。

在生活中建立起的这些联系加强了概念之间的联系。思维和记忆是在不可分割、相互联系的关系中发展起来的。孩子们采用图画或制作有关事物的简易模型来解答绝大多数的习题。三年级下学期学校开始出墙报，于是孩子们经常把谜语式习题、趣味习题和益智游戏发表在上面。做题成了在坚毅顽强、埋头苦干和热爱劳动这些品质方面的一种特殊比赛。在三年级的时候，我们举办了第一次全班的数学比赛。为了让每一个孩子都取得好成绩，我发给孩子们难度不同的习题。数学比赛逐渐引起了其他小学班级的注意，后来成了全校性的比赛。

通过解答《周围世界的习题集》中的习题，激发孩子的思考力，教他们怎样思考。如果孩子们学不会思索，如果思维进程不能对大脑起到强化作用，就更谈不上掌握数学或其他学科方面的知识了。

列夫·托尔斯泰曾建议道："请避免使用一切算术定义和规则，要让他们尽量多去动手做，而纠正他们的原因并不是没有按规则去做，而是所做的事情没有意义。"

这一条建议完全不是否定理论概括，即定义和规则。那些对托尔斯泰的"自由教育"观点抱有成见的读者一听可能就会这么认为。相反，这一条建议是要让学生深入理解定义和规则的本质，且不把规则看作某种迷惑不解的、来历不明的真理，而是把它看作因物质本性所产生的规律。如果老师这样来对待真理，就好像是孩子自己"发现"了定义。孩子从这种发现中体会到的快乐是一种强有力的情感动机，在思维发展中发挥着巨大的作用。不要忘记，托尔斯泰的这条建议只适用于幼儿。

解答《周围世界的习题集》的习题并不是提高算术成绩的唯一手段。虽然做题有助于思维的发展，但毕竟只是起到了辅助性的作用，也只是服务于课堂教学教育过程中的要求。该手段只有与德、智、美和劳四方面的教育方法和手段结合为一个整体时，才可能发挥出效果。形象地说，我把它看作是连接达到小学教育主要目标的一座桥梁。小学教育的主要目标是授予孩子严格规定范围内的扎实的知识和实际的技能。

要求与目标清晰、明确，这在数学教学中起着至关重要的作用。我在每一学年都制定了明确的规定，哪些东西学生应当加深印象且牢牢记住。掌握自然数列的生成原则才能打好数学基础，也决定了日后数学教学的强度。

我尽力做到让所有一年级的学生们都能毫不犹豫地迅速答出任何100以内的加减法问题。为此，我编了一套分析数字组成的练习题。我没有想象过，学生们在未掌握扎实的乘法表相关知识的情况下，还能否在小学阶段以及日后的学习中进行创造性的劳动。

牢记必要的知识，这是培养创造性思维的重要手段之一。记性差的孩子很难进行思考和想象。长期以来，有一个问题一直困扰着我，就是如何加强和提高孩子的记忆力，怎样才能让始终作为思考工具的概念、真理和结论来丰富他的记忆。

"算术盒子"是增强记忆力的一种方法，作为直观的教具，孩子们可以用它来检验自己的算术。检查方式很有趣，就是搭建正方形，用木块组成正方形的各边，在每一块木块儿上写上数字，使得各边木块儿上的数字相加总和是一样的。"算术盒子"里有专门的习题，用来复习乘法表。

电子计算器是提高和增强记忆的绝佳手段，它的作用原理是建立在使用电路的基础上。每个学生都用这个仪器复习乘法表和自然数列的组成。我们三年级就已经开始自己制作电子计算器了。在四年级毕业前已经完成了4台。在制作过程中，我再一次确信思维和动手相结合对学生智力的发展非常重要。记性差的孩子们通过参与制作教具，加强了记忆力（需要结合其他能够推进思维发展的手段，才能获得一定的效果）。

下棋对提高思维水平起着重要的作用。舒拉、加利娅、谢廖沙、尤拉、万尼亚、米沙及其他孩子还在上"快乐学校"的时候就已经学会了下棋。男孩子和女孩子们经常下棋，一下就是很久。下棋培养思维的条理性和专注力，但最重要的是，它有助于增强记忆力。我观察孩子们下棋，发现他们在心里回顾前几步棋，同时还设想后几步棋。我真希望瓦莉娅、尼娜和彼得里克也能坐下来下一盘棋。我在教他们下棋的时候，他们就会思考怎么出棋。我从棋盘上发现了柳芭和帕夫洛的数学思维。两个孩子从三年级开始下棋，而在此之前我竟没有发现他俩敏锐的思维。

　　如果不下棋，就不可能实现对智力和记忆力的全面训练。下棋应作为智力培养的一个方面被纳入小学教育。小学阶段的智力教育占着一席特殊的地位，需要运用专门的工作方式和方法。

我们的环球"旅行"

小学教师应该让孩子们把视野从故乡的田野和森林，扩大到祖国乃至全球的自然和人文风光中。

我的学生们在一年级的时候就已经知道地球是一个巨大的球体，面向太阳的不会总是同一面；同一时刻，在地球的各个地方，有的是夏天，有的是冬天，有的是白天，而有的是黑夜。

从二年级起，我们开始了环球"旅行"。孩子们坐在"绿色教室"里，他们面前摆着一个巨大的地球仪，人造"太阳"照射着它。"地球"在围绕着"太阳"转动，而"月亮"在围绕着"地球"转动。

我对孩子们说："看，孩子们，这里就是我们幅员辽阔的祖国大地，我们生活在离祖国西部边界不远的地方。咱们向东边走，去进行一次长途旅行，去看一看那里的城市和乡村，看一看那边的人们是怎么生活的。"

我接着讲了一路上见到的田野、河流和居民点。我一边讲，一边展示图片和幻灯片。天已经黑了，两个小时的"旅行"不知不觉地过去了，然而我们前进了还不到100公里。孩子们急切地盼着再去"旅行"的那一天。虽然还是城市和乡村、森林、河流、建筑和古迹，但是这次"旅行"看起来并不那么单调了，因为孩子们在祖国的每一个角落都能见到一些新奇的东西。

几天的"旅行"过去了，我们已走近伏尔加河了。我们看到了水电站，遇到了在伏尔加河流域的辽阔草原上放牧的人们。孩子们屏住呼吸，倾听着伟大的斯大林格勒战役的故事。这场战役决定了人类的命运。若不是千万名英雄在这里殊死奋战，击退了残酷而强大的敌人，摧毁了他们的中坚力量，我们今天也不会坐在这间舒适的教室里。

必须从小就把孩子领进一个充满了各种人类遭遇、忧虑和不安的巨大世界里。要让孩子感受到，即使是现在，地球上也还有要发动新的血腥战争的势力存在。要在孩子的心中深深埋下对破坏和平的敌人的仇恨。要让孩子们从祖辈的英勇事迹中吸取信念，相信人并不是命运旋涡中的一粒尘埃，而是一股强大的力量。

孩子们们走得越来越远了，他们已经深入了祖国内地，在他们的面前涌现出了一幅幅崭新的画面：富饶的乌拉尔山脉及其取之不尽的矿藏、神秘莫测的原始森林、气势磅礴的西伯利亚河流⋯⋯

几天来，我们一直跟着大自然财富的探寻者们——地质学家们一起"旅行"。我们来到了盛产乌拉尔宝石的美丽地带。我们登上轮船，在贝加尔湖上航行，欣赏高山密林，在篝火旁露宿⋯⋯

我们继续前行，孩子们看到了远东地区富饶的资源，再向前走，便见到了一片大海。我们登上远洋轮船，出发去萨哈林岛。随后，我们又来到千岛群岛，这里是我们祖国最先开始新一天的地方。

我们的"旅行"进行了大约3个月，我们平均每天走100公里。我们见到了四十多个民族的代表，结识到了很棒的人。有农民、建筑工人、矿工、渔民和地质学家，这些人全都在为我们能过上美好幸福的生活而劳动。一种自豪感在孩子们的心中油然而生：我们的国家是多么富饶辽阔、团结友爱啊！

我们的"旅行"一次接着一次，我们走遍了祖国的大江南北。我们来到了北方，见到了寒冷而美丽的冻土带、浩瀚辽阔的北冰洋。我们还遇到了一些勇敢的极地考察队员、鹿农和伐木工人。在西部，我们了解了古楚尔人的生活，欣赏了山地牧场的美景。在南方，我们在高加索地区的崇山峻岭之间以及中亚地区的辽阔平原之上"旅行"。

我们整整一年都在旅途中。"祖国"一词以一幅幅色彩鲜明的画面充斥在孩子们的脑海里，激发了他们对苏联人民英勇劳动的自豪感。其他小学班的老师们仿照我们的样子做起了畅游祖国之"旅"。我们希望能让孩子们给"祖国"这一概念赋予苏联人民所珍视的意义，它是以极大代价换取来的。

在教育意义方面来讲，最有意思的"旅行"当属我们环游苏联各兄弟共和国。我们沿着第聂伯河开启了本次"旅行"。它流经俄罗斯、乌克兰和白俄罗斯三国。我们沿着这条大河航行，沿途了解了很多城市和乡村，以及兄弟民族英勇的过去和现在。无论是斯摩棱斯克还是洛耶夫，无论是基辅还是卡涅夫，无论是切尔卡瑟还是克列缅楚格，无论是扎波罗热还是卡霍夫卡，每一座城市都提醒着孩子们不要忘记各民族在内战和卫国战争年代中为同奴役者做斗争、为从剥削阶级的压迫中解放出来、为争取自由和独立而用鲜血结下的伟大兄弟情谊。

在沿着第聂伯河"旅行"的时候，孩子们聆听了乌克兰、俄罗斯和白俄罗斯歌颂祖国大江大河雄伟壮丽、歌颂各民族团结友爱的歌曲。讲述整个苏联时期共和国有哪些建树，激发起孩子们对社会主义祖国的深切自豪感。

我们用了几天的时间去到一些友谊纪念地"旅行"。我们的"旅行"从佩列亚斯拉夫－赫梅利尼茨基开始，这是乌克兰人民表达愿同俄罗斯人民永远结盟的地方。

我们仿佛已经在心里走过了数百座城市，它们的命运离不开乌克兰人民和俄罗斯人民共同为争取祖国自由和独立所做的斗争，也离不开他们在粉碎白匪和法西斯侵略者后共同为恢复被破坏的工业所做的奋斗。

几天的环苏联之"旅"给孩子们留下了难忘的印象。在俄罗斯大地上居住着一百多个民族，这为我们呈现出了绝无仅有的、伟大的民族友谊。孩子们了解了伏尔加河流域、北高加索地区、乌拉尔地区、西伯利亚地区、远东地区和极北地带各民族的生活和劳动。

我们在祖国地图上沿着列宁生活过的地方做了几次"旅行"，这些地方有乌里扬诺夫斯克、古比雪夫、喀山、列宁格勒①、莫斯科和舒申斯科耶，每一处

---

① 今称彼得格勒。

反映在地图上的点在孩子们的内心中被勾勒出了一幅幅色彩鲜明的图画。我给孩子们讲述了共产党和苏维埃国家的缔造者弗拉基米尔·伊里奇·列宁的童年、青少年和成年时期的故事。

无论是去白俄罗斯和摩尔达维亚的"旅行"，还是去中亚地区、波罗的海沿岸和外高加索地区各个苏联加盟共和国的"旅行"，都为孩子们呈现出了一幅又一幅描述各民族伟大友谊的崭新画面。当时我们班的学生们已经与俄罗斯和白俄罗斯的学生们有通信往来，所以在我们脑海里想象出的这些旅行就显得更加生动和有趣了。

我们还做了国外"旅行"。我的目标是向孩子们展示世界各地千变万化和五彩缤纷的大自然，给他们讲述世界各国人民安居乐业的故事，让他们对具有不同语言背景的人民的文化、艺术、现在和过去产生兴趣，向他们展现世界上善与恶之间的斗争。比起祖国之"旅"，直观形象在这些"旅行"中的作用还要大，也就是要我们对见不到的远方和大自然有一定的概念。

我们先是前往一些四季如夏的国家。孩子们日渐了解了埃及、印度、斯里兰卡、印度尼西亚的大自然、日常生活、劳动和文化，因为他们每天都听这些国家的故事，看它们的电影。孩子们仿佛行走在挺拔的棕榈树下，感受着热带烈日的酷热灼人和大雨倾注后的凉爽宜人，观察着劳动人民的生活起居。"金字塔之国"埃及之"旅"就非常令人着迷。

接着，我们又赴邻国"旅行"。我们去了斯堪的纳维亚、中欧国家、土耳其、伊朗、阿富汗和日本。我们还以同样的方式完成了非洲、南美洲、加拿大、美国、澳大利亚和南极洲的"旅行"。

世界各地人们劳动的情景给孩子们留下了深刻的印象。随处都有人在劳动、在教育孩子、在憧憬幸福未来，而这无关于他生活在什么地方、肤色如何、讲什么语言。我希望能够把社会主义大家庭里各国同胞们的劳动和生活状况尽可能淋漓尽致地展现在孩子们的面前，激发他们对德国土地上诞生的第一个工农社会主义国家——德意志民主共和国——劳动人民的友好情谊。

　　这些鲜明的例子让孩子们相信，法西斯主义和德国人民并不是一码事。德国工人阶级最优秀的儿女们在希特勒反动统治的阴暗日子里殊死抵抗纳粹主义——苏联人民共同的敌人。

　　孩子们在环球"旅行"中体会到，并非所有人都能幸福生活。世界上仍存在着人压迫人的国家以及到处是贫穷和饥饿的国家。孩子们认识到这一罪恶源于不公平的社会制度。孩子们慢慢相信，世界上的剥削阶级和被剥削阶级之间一直进行着激烈且势不两立的斗争。我希望学生们能从内心深处感受到至今仍饱受剥削阶级奴役的劳苦大众的辛酸，感受到至今仍过着奴隶生活的各族人民的苦楚。

　　在横跨阿拉伯国家的"旅行"途中，我放映了一部电影，它刻画出的一些情景令孩子们大为震惊。在一些国家，例如沙特阿拉伯，与他们同龄的男孩子和女孩子被贩卖为奴隶，他们被戴上枷锁，被逼做苦工。在奴隶市场的旁边是这个国家统治者的巨大宫殿。孩子们感到了揪心的痛楚。他们开始以另一种眼光看待国民劳动自由，对自己能为国家、民族和家庭的幸福而劳动感到无比庆幸。

　　只要世界上还存在着人剥削人的现象，就不可能培养出博爱精神，因为并不存在抽象的人性，存在的是被剥削的阶级兄弟和势不两立的敌人——剥削阶级。

　　至关重要的是，要让每一个孩子都能从小就懂得并打心底里感受到什么是革命思想，什么是共产主义思想。

　　我带学生们稍微回顾了一下祖国不久前所经历的事情，为他们讲述了祖国人民为自由和独立而经历的浴血奋战，我还列举了鲜明的例子来说明如今仍生活在殖民地国家和资本主义国家的劳苦大众是如何捍卫自己的权利。我所做的这些就是为了让孩子们相信，人们为了思想甘愿舍生忘死，在思想斗争中最明显的表现就是阶级对立。

　　让那些为崇高思想而献出自己生命的人能成为学生们的榜样，这一点也非常重要。相反地，那些甘愿受压迫的人必将遭到人们的唾弃。正因如此，让孩子们看到的应当是一个人们生活、劳动和为幸福未来奋斗的世界。

我慢慢引导孩子们从理解共产主义思想到认识共产党。我不仅给孩子们讲述了祖国的历史，还通过鲜明的例子展示工人阶级先进代表的风采，目的是为了消除人剥削人的现象，为了劳动人民能过上幸福的生活，为了让创造财富的人能拥有财富。

在发言过程中，我绘声绘色地给他们讲述了列宁和共产党是如何发动工人阶级与农民推翻专制制度并建立起苏维埃政权的。我列举了一些伟大的列宁同志的战友——共产主义者艰苦奋斗的生动实例，为的是展现出十月社会主义革命是在何等艰苦和顽强的斗争中结束的，这一革命为我国各族人民铺平了一条通向自由和幸福的光明大道，并为资本主义国家里饱受奴役的人民指明了一条独立之路。

在祖国各地的"旅行"途中，我给孩子们讲述了祖国在苏联时期发生了何等翻天覆地的变化，在辽阔的土地上建立起了何等巨大的工厂，是何等奇妙的集体农庄点缀了这片大地，苏联民族的文化和习俗又是如何向前发展的。我在讲述中重点强调了儿童生活的重要性，这就是为什么我们整个民族都在守护着孩子们的幸福童年。

资本主义国家中的艰苦生活同苏维埃国家的繁荣生活形成了鲜明的对比。孩子们在日本"旅行"中了解到，广岛原子弹爆炸致使千万名平民患上了辐射病，他们还听说了小女孩佐佐木贞子的故事。她身患重病，卧床不起。孩子们深刻体会到这个生活在远方的同龄女孩所遭遇的不幸。他们想帮助这个生病的女孩，然而能用什么帮，又能怎么帮呢？日本"旅行"结束后的几周，我给孩子们读了一小段新闻，其中提到了佐佐木贞子给自己设定的一个目标，就是要折一千只纸鹤（日本民间流传着这样的说法，亲手折一千只纸鹤的人会永远幸福）。而我们民族也有类似的说法，爱孩子的母亲给生病的孩子做银色的纸云雀，它们会给孩子带来健康。于是，男孩女孩们都做起了纸鹤，并把它们寄到了遥远的日本。过了几年，我的学生们都已变成了小伙子和大姑娘，可任何有关佐佐木贞子身体状况的消息仍然会使他们心痛不已。远方朋友去世的悲痛消息像是自己的一个巨大损失一样触动了年轻的心灵。

孩子眼前的世界变得更加广阔了，它已不仅仅是海洋、陆地和岛屿、稀奇的动植物、北极的极光和热带的四季如夏，而首先是人，是人们为幸福未来所付出的劳动和努力，是人们对幸福的永恒期待，而这种期待在消灭了人压迫人的国家里已成为了现实。

孩子们不应以旁观者的身份冷眼看这个世界，只知道在什么地方发生了什么事情，能讲一些知道的事情而已，而要作为能为人类命运而忧虑的人走进这个世界。

无论是在走访祖国大好河山的"旅行"中，还是在感受异国风土人情的"旅行"中，都不可忽视一种危险——"填鸭式"地灌输给孩子各种知识和印象。托尔斯泰给幼儿教师提出建议，他写道："请不要过分迷恋于把在科学难题上获得的非凡成果告诉给孩子们（特别是在小学使用的外国书籍中），诸如地球有多重，太阳有多重，太阳由哪些物质构成，树和人是如何由细胞组成的，人们发明了哪些奇特的机器。"这位伟大的作家和教育家解释道："纯粹的结论不仅对学生有害，还会让他听信于字面上的东西。"从托尔斯泰写下这段话起，已经过去几十年了，世界发生了翻天覆地的变化，科学取得了巨大的成就，小孩子们的视野也不同于往日，而即使是在今天，托尔斯泰的这条建议也仍具价值。不要给孩子们灌输过多的知识，这会令他们惶恐不安。

什么是帝国主义

我认为，向孩子们揭示一条决定当今各民族命运的真理——帝国主义和殖民主义是全球二十亿劳动人民共同面对的残酷敌人，这是一项重要的教育任务。

一些人拥有巨大的财富，而另一些人却因饥饿而死，面对这种不公平的社会制度要毫不妥协，且在资本主义和社会主义残酷的阶级斗争和思想斗争条件下，培养这一道德品质则是学校教育的思想核心。

您不可能通过概括的语句和科学的定义为孩子讲清楚什么是帝国主义和殖民主义。老师应当通过一些鲜明的、带有客观感情色彩的事实和形象让他有所觉悟，促使他愤怒，并且让他在面对敌对制度和思想时不做妥协和退让。

我们做了一次走进拉丁美洲的"旅行"。我曾经去过这里的一些国家，我给孩子们讲述了一些关于墨西哥、巴西、巴拉圭、智利、阿根廷和哥伦比亚的故事，孩子们听完之后便对拉丁美洲的神奇大自然、勤劳的人民和独具特色的各民族文化有了一定的认识。然而，就在我解释为什么在半殖民地化的拉丁美洲每分钟有 4 人饿死，每天有 5500 人饿死，全年要有 200 万人因饥饿而死的时候，孩子们感到无比震惊，他们看出了殖民主义的真面目。就殖民主义而言，一切只从富人的利益出发，而人命、血汗以及千百万儿童的眼泪和痛苦都是不值一提的。加工厂、制造厂、铁路、轮船和飞机都可以归一个人所有，这样的事实怎么可能一下子就"装进"孩子们的脑子里呢！然而事实就是事实，当我讲到在距离富翁洛克菲勒别墅一公里的地方是一些破旧不堪的棚屋，这里生活着成千上万失业的人的时候，他们便愤怒起来，痛恨起这不公平的社会制度，发出内心的声音："不该这样！"

在资本主义国家的报刊上每天都会报道一些消息，它们给孩子们留下了深刻的印象。我给他们看了在英国报纸上刊登的一张少年的照片，他在商店里偷了一个面包，后来在法庭上说："我偷东西，就是为了被抓进监狱关一年。因为监狱会给我东西吃，在外面我就会饿死。"就在同一天，商店老板娘玛尔朱莉·卡德科特小姐（伍尔弗汉普顿市）举行了一场招待会，有750位宾客出席，女主人为办这场招待会共花费了1000英镑（合2500卢布），目的只是为了悼念爱猫钦卡的去世，它跟随女主人的这16年来一直过得丰衣足食……这就是人奴役人的真相。

孩子们从南非的《兰德每日邮报》上了解到，约翰内斯堡有一个名叫米阿的黑人得了重病。他被送到市中心的医院，然而白人医院是不向黑人开放的。于是他死了。

斯德哥尔摩税务局雇用了一位会模仿狗叫的年轻女人。她的职责是在全城溜达，并大声发出各种狗叫的声音。有些狗主人向税务部门隐瞒了他们养狗的事实，这些未做过登记的狗一听到汪汪的叫声就会对女人叫起来。看，面临饥饿时的恐惧把一个人逼到了什么份儿上了啊！她什么都肯干，就算是侮辱自己的尊严也干。

巴西警察局夜里在首都里约热内卢对乞丐进行了围追堵截。乞丐们被抓之后，被运送到海边，身上绑上了石头，绑住手脚，然后被扔进海里淹死了……

土耳其的《新闻报》报道，一名年轻的妇女杀死了自己的三个孩子。面对法官的质问"是什么促使你犯下这样可怕的罪行"时，她回答道："我不能眼看着自己的孩子们受苦。家里没有一粒粮食，孩子们都冻青了。所以我决定，不如马上要了他们的命，免得看着他们慢慢饿死。"

亚丁市的《阿拉伯半岛少女报》报道，沙特政府规定了奴隶的新价格，男奴隶每个卖250英镑，女奴隶每个卖350英镑。

因为经营美国石油比开采意大利的燃料更赚钱，所以意大利煤矿主决定不再开采煤矿。矿山停工让五百名工人惨遭失业，并面临饿死的威胁。他们下到矿井里，宣称绝食，并表示若矿主不撤销停止采煤的决定，他们就不离开矿井。矿工们在井下呆了七天，赢得了最终的胜利。可他们为获得劳动的权利也付出了沉重的代价，在绝食的那几天里，有 5 人在井下死亡。

　　只是把这些事实告诉给孩子们是不够的，还要讲明真理。比如，孩子们很难理解的是，为什么资本主义世界的工人有失业的危险。不要用抽象的语句来解释，而要以具体的事实为例说明什么是私有财产，什么是人剥削人。一旦孩子们了解了帝国主义的本质，就会获得一种至关重要的道德品质——阶级鉴别力，会对剥削压迫制度有自己的看法，还会下定决心为巩固各民族之间的友谊和为保卫我国社会主义革命成果而斗争。

让孩子感受到脑力劳动的快乐
和取得优异成绩的喜悦

　　脑力劳动和学习成绩的好坏是学生的精神生活，也是他的内心世界。如果忽视了这一点，就会造成可悲的结果。孩子不仅会学到东西，掌握材料，还会从劳动中有所体会，并对自己的成败得失发表个人看法。

　　对幼儿来说，教师是公平的生动体现。请注视一个成绩不及格的一年级学生的眼睛。这个孩子不仅觉得自己倒霉，而且还怨恨老师，甚至常常对老师充满了敌意。因为孩子有一点没搞懂，老师就打了 2 分。于是孩子会认为老师是一个有偏见的人。

　　在一所学校曾发生过这样的一件事情。一个学生怎么都搞不明白植物是如何吸收养分的，又是如何进行呼吸的，幼芽是怎样长成叶子的，花是怎样结果的，等等。教师经常提问这个孩子，而且每次都会说："难道你连这些简单的问题都搞不明白吗？那你还能搞明白什么？"

　　一次在课上，教师说道："过几天，栗子树就要发芽了，咱们全班一起到栗子树林荫道去看看，如果阿廖沙到时候还是讲不出大家都已经理解了的道理和话，那就真没戏了。"老师非常喜爱自己亲手栽培的栗子树，从小树苗长成了密林，形成了一条林荫小路。老师在课前带着几个学生又到林荫路去了，来这里欣赏树枝上的幼芽。可到了第二天，全班同学来到栗子树林荫路上课时，老师大吃一惊，树上所有的幼芽竟都被掐掉了。孩子们神情沮丧地站在那里。这时，老师发现阿廖沙的眼睛里闪烁出幸灾乐祸的火花。在这一行为的背后隐藏着的是孩子剧烈爆发的精神力量及其喷涌而出的内心痛苦。阿廖沙是在抗议那些不信任他的力量。不过，在教育实践中也常出现另一种情况，孩子接连几次都得了 2 分，之后好像是和自己的命运做了妥协，什么都不在乎了。有时候，孩子对待分数的这种态度会成为其他小伙伴们的笑柄，久而久之，所有的孩子也就司空见惯了。大家习惯了万尼亚和彼佳只得 2 分，认为他们也不可能得到其他的分数。对于一个正处于成长发育阶段的人来说，这可能成为他在精神生活中遇到的最可怕的事了。如果一个人从小就自卑，那他还有什么可指望的呢？

让每一个孩子在掌握知识的过程中都能感受到自尊和自豪感，这是一项至关重要的教育任务。教师不仅要让学生了解世界，还要肯定孩子是周围世界里一个积极的创造者和发现者，并且会因自己取得的成绩而感到自豪。

教学是在集体中进行的，然而孩子在认知的道路上仍需独立前行。脑力劳动是一种极具个性化的过程。它不仅取决于孩子的天分，还取决于他的性格及其他诸多总被忽视的条件。

孩子来学校，就是真心实意地想好好学习。孩子甚至不敢想怎么有人会把他看成是懒蛋，或是倒霉蛋。好好学习是人类美好的愿望。在我看来，它是照亮儿童全部的生活意义和儿童快乐世界的明亮火种。火花微弱且没有任何防备。孩子将它交给您，这是出于对老师的无比信任，而要是您没有注意到孩子的这一愿望，那么您还没有因为对学生的今天和明天负责而感到激动兴奋。如果在接触孩子的心灵时不走心，苛刻的话语会激起孩子的怨恨或冷漠，继而愿望的火种便会从此熄灭。孩子能够在学习中取得优异的成绩，能够骄傲地意识和体会到自己在沿着崎岖的认知道路前行和攀爬，这才是渴望知识的微弱火种所需的提神之气。

即使是大人，也会为徒劳无果的劳动感到厌烦、迷惘和无聊，更何况我们接触的是一群孩子呢。如果孩子无法从劳动中获得成绩，渴望知识的火种就会熄灭，继而在孩子的内心里结起了冰。在火种未重新燃起之前，无论用何种方法都难以将冰块融化（然而再点燃它是多么困难啊！）。孩子对自己的能力失去了信心，形象地说，孩子把身上所有的纽扣都系上了，把自己封闭起来。他开始有戒心，脾气暴躁，一旦老师做出建议和批评，他就会做出无理的回应。或者更糟的是，孩子丧失自尊心，觉得自己干什么都不行。当您注意到一个无所用心、满不在乎的孩子正准备忍受老师整个小时的训斥时，当您注意到他任凭小伙伴们说他是差生，会留级，他仍表现出无所谓的样子时，内心便会感到无比愤怒。还有什么比扼杀一个人的自尊心更无德的吗！

童年和少年时的学生是如何看待自己的，他在劳动世界中把自己看成什么样的人，这些问题在很大程度上决定了他的道德面貌。乌申斯基写道："孩子天生不会偷懒，他喜欢独立做事，想什么都由自己来干。"要教会孩子如何劳动，教会他如何思考和观察，要让他理解什么是脑力劳动、怎么才算努力劳动。只有这样，才能够给他打分。一个从来没有在学习中体会到劳动快乐的孩子，一个从来没有体验过克服困难后获得自豪感的孩子，他一定是不幸的。不幸的人是我们社会的大灾祸，而不幸的孩子，则是更大的灾难。

有的人早在童年就已经成为慵懒的人，厌恶劳动，甚至看不起尽心竭力劳动的思想，我并非可怜同情他，而是为他担忧。但孩子为什么会变懒呢？

亲爱的同行们，亲爱的老师们，这是因为孩子不知道劳动的幸福所在。请您让他感受到这种幸福，教会他如何珍惜这种幸福，这样他才会注重自己的自尊，才会热爱劳动。

要让孩子们感受到劳动的快乐和取得优异成绩时的喜悦，要激发他们的自豪感和自尊心，这是第一个教育信条。在我们学校里不应当有不幸的孩子的存在，不应当有孩子在遭受着什么也干不了的思想的折磨。在学习上取得优异成绩，这是孩子克服困难和产生学习欲望的唯一内在动力源泉。如果孩子失去了学习欲望，我们所做的计划、探索和理论全都会化为灰烬，变成形同虚设，如死气沉沉的木乃伊。儿童只有在学习上取得优异的成绩时，才会产生学习的欲望。

有这样一种荒诞的言论：要想让孩子取得好成绩，就必须要他保持成绩不退步。其实，这并不是什么无稽之谈，而是脑力劳动过程中的一种辩证统一关系。在掌握知识的过程中，孩子会因取得了优异成绩而备受鼓舞，只有此时，他才会对学习产生兴趣。倘若孩子在学习中未受到鼓舞，那么学习就会成为他的一种负担。我倒是想把埋头苦学称作是鼓舞，这会让孩子更加相信自己会取得优异的成绩。

乍一看，给学生打分是一件很简单的事情。通过给学生打分，可以看出一个老师是否有能力找到正确对待每一个孩子的方法，是否有能力保护好孩子内心中渴望知识的火种。

在四年的小学教学工作中，无论是书面作业，还是口头答题，我从未给学生打过一个不及格的分数。孩子们学习读、写和解题。有的孩子在脑力劳动方面取得了不错的成绩，而有的孩子暂时还没有取得这样的成绩。有的孩子已经学会了老师要教给他的东西，而有的孩子还不会，不过这并不意味着这群孩子不愿意学。只有孩子在脑力劳动方面取得了不错的成绩时，我才会给他打分。如果他还没有取得想要达到的成绩，我就什么分也不给他打。孩子应当去想一想，集中精力把自己的功课再重新做一遍。

一年级的时候，我在开学四个月之后才打了第一批的分数。首要目的是要让孩子们懂得什么叫刻苦、勤奋的劳动。孩子作业做得不好，这并不是他不愿意做，而是他还没有好坏之分的概念。所以，为何要给他打分呢？我常会让孩子把同一项作业做上几遍，让他气亲身体会去证实，他可以做得比刚开始的时候更好。学生好似发现了自己的创造力；他为自己的进步感到高兴，就会努力做得更好。孩子把自己做得好一些的作业与做得差一些的作业进行比较，他就会倍感鼓舞，这样的做法具有极大的教育意义。

在查看班上学生的作业时，我发现孩子们的想法各不相同，对自己劳动成果的评价也是因人而异。孩子们在书写"oca（黄蜂）"这个词时，莉达、谢廖沙、卡佳、萨尼娅、帕夫洛写得很漂亮，也很工整。尤拉写的字母就越出了横线，写得歪歪斜斜的。科利亚和托利亚并不是在写字，而是在乱画，他们把这几个字母写成了画本里前几篇关于大自然的作文里那些字母的样子。彼得里克则在本子上画了一些小钩子。我没有急着进行后边的练习，而是让孩子们把这个词再写上几遍。孩子们每写一遍，无论谁写得好，谁写得不好，都好像是迈上了新一级的台阶。

孩子们见事情进展得比刚开始的时候要好，便会感到高兴和幸福。自豪感和自尊心也正是在这种喜悦之中产生的。如果孩子曾多次体会到这样的感受，他就不会去找捷径，也不会去抄别人的作业。只有当孩子们学会了重做作业，并会因此体会到快乐和自尊感的时候，我才会给他们打分。当然，只是给成绩好的学生打分。有些孩子在开学四个月后就得到了分数，也有一些是开学六个月后才得到分数。彼得里克和米沙第一次得到分数还是在第二学年开学之初。我给他们俩补习了功课，还做到让他们今天做得比昨天哪怕只是好一些，为的就是不让他们失去自信心。

教学并不是教师机械地把知识传授给孩子，而主要是人与人之间的关系。孩子对待知识和学习的态度在很大程度上取决于他对老师的态度。当学生觉得老师不公平时，他就会感到震惊。小孩子们常认为不及格的分数就是一种不公平的对待，并令他深感痛苦，因为基本上没有出现过孩子不愿学习的情况。他愿意学，可是不会学，无法集中注意力，也无法逼迫自己去学。

无论是今天，还是明天，甚至是整个学年，都让孩子感到自己受到了不公平的对待，那么他的神经系统起初会兴奋，然后出现一种抑制作用——抑郁、消极和冷漠。兴奋和抑制之间的急剧转变会导致孩子生病。乍看起来，这些奇怪的毛病就是学校神经官能症。离奇的是，这种病常见于学校——一个神圣的地方，在这里人性应当成为师生关系中最重要的特征。

学校神经官能症是不公平的产物，然而父母或老师对孩子的不公平态度却不尽相同。首先是冷淡。在培养孩子的道德和意志力的时候，没有比老师不关心学生成绩更危险的了。其次是斥责、威胁和发怒。一些不懂教育学理论的人甚至会表现为落井下石：既然你不知道，那就把记分册拿来，我给你写上2分，好让你爸妈看看，他们养了个什么样的孩子。

我花了多年时间来研究学校神经官能症。孩子会因为老师的不公正对待而产生病态的脾气。有的表现为躁动，有的因为受委屈和迫害表现为愤怒，也有的表现为怨恨，有的假装无忧无虑，有的抑郁，有的表现为对惩罚、老师和学校的恐惧，有的表现为古怪和滑稽，还有的表现为冷酷无情，有时伴有病态表现（这种情况极为罕见，但也不能疏忽）。

预防学校神经官能症取决于家长和老师自身的教育修养。教育修养最主要的表现应当是理解每一个孩子的精神世界，能给予每个孩子必要的关心，并付出一定的精力，让孩子感受到有人一直记得他，且能够分担他的悲伤、委屈和痛苦。

对孩子而言，老师表现出的最大的不公平是给了自己不及格的成绩，还设法要通过这样的成绩让家长惩罚自己。一旦孩子发现老师一定要把得2分的事情告诉给家长，他就会大怒，与老师和学校对立起来。脑力劳动也会成为孩子讨厌做的事情。野蛮的态度还会转嫁到其他人身上，首先是家长。

很难想象还有什么比不公平对待所导致的情绪冷漠更能扭曲孩子的心灵。他一旦感受到他人的冷漠态度，就会失去对善与恶的感知，无法弄清楚周围人是好是坏，继而内心对人产生怀疑和不信任，而这正是怨恨的主要根源。

当前，在教育界经常可以听到关于奖励的讨论。诱人的理论就像是一只短命的蛾子似的瞬间出现，又瞬间消失。不过，在教育工作中，最主要的奖励和最有力的（但并非总见效）惩罚就是评分。这是一把最锋利的工具，要使用它，需要具备高水平的技巧和修养。

要获得使用这把工具的权利，首先要爱孩子。不是嘴上说自己有多爱他，而是要在对他的关怀中表达自己的爱。托尔斯泰曾写道："如果教师只爱事业，那他会成为一个好教师。如果教师只像父母那样爱学生，那他会比那些通晓书本，但既不爱事业，又不爱学生的教师好。如果教师既爱事业又爱学生，那他将是一个完美的教师。"

发自内心的同情是不可能仅凭教学就获得的品质。教育者的同情心是建立在智力、道德、审美和情感诸方面修养有机结合的基础上，这种结合不仅取决于教育者的学识，还取决于他在集体道德关系中的社会阅历。教师应当认识并感受到自己对每一个孩子的命运都负有责任，学生在校获得的智慧、健康和幸福则取决于教育者的精神素养及其思想财富。

这是二年级的一堂语法课。在学习过语法规则和分析完习题之后，再让孩子们独立做作业的目的就是为了加深他们对知识的理解，同时对所学的知识做检查。作业是要评分的。在检查过作业本之后，我发现米沙和彼得里克的作业完成得不好。如果我打 2 分的成绩，那么一心想好好学习的孩子就会把 2 分的成绩当成一种批评"你们的同学都有了进步，你们却还在原地踏步"。我批改了错误，把字写得漂漂亮亮的作业作为范例，却没有给米沙和彼得里克打分。发作业本的时候，我对孩子们说："米沙和彼得里克还没有争取到分数。孩子们，你们要加油啦。要独立完成其他的练习。努力争取到分数。"

孩子们对作业完成得不合格就得不到分数已经见怪不怪了。在他们的意识中慢慢地形成了一种看法：完成的作业并不是以老师的最终"判决"为最终一步。如果孩子看到通往成功的道路还没有被堵死，即使是过去无法完成的事情，他也有可能在将来、现在又或者明天做到。

米沙和彼得里克并没有感到绝望，而得到不及格成绩的孩子通常会因为比自己的同学落后一步而感到无望。他俩在课上提出了要求："请给我们出题。"于是，我给他们指定了习题。在上学期间，他们挤出时间完成了作业（我们规定在校期间每个学生每天有半个小时归自己支配，以便让他完成自己认为必须首先完成的事）。两个孩子竭尽全力想取得成绩，证明他们并不比别人差。我检查了他们的作业，在这种情况下，几乎像往常一样，应给予积极的评价。

如果在作业中要求进行创造性的脑力活动、进行深入的思考和探索研究的话下，那么小心谨慎地使用分数来作为激发劳动愿望的促进因素，就显得尤为重要了。一个孩子的思维进程迅速、敏捷，而另一个孩子的思维进程缓慢，这并不是说一个孩子比另一个孩子聪明，或者说比另一个孩子下功夫多一些。小学的算术课，解题就是教育工作第一条金科玉律（让孩子在脑力劳动中体验取得成绩的喜悦，唤起他的自尊心和自豪感）的一块试金石。同时，必须要做到一点：不要让孩子最早遇到的那些困难成为他的绊脚石。

在孩子们还没有学会独立思考、弄清习题的要求和找出解题的途径之前，也就是说，在孩子们还没有在脑力劳动中感受到取得成绩的喜悦之前，我是不会给数学作业打分的，尤其是不能用千篇一律的标准来对待学生。在一个月内，一个孩子可能会得到三次算术分数，而另一个孩子可能一次分数也没有，然而这并不是说后者什么也没有干，一点进步也没有。他在学习如何理解习题，而独立解决的第一道相对困难的算术题就是他成长的重要一步。

多年以来，我一直在密切关注那些数学成绩不好的学生，结果证实，中、小学成绩落后的学生从来都不自己做作业。他们就好像是跟在浪头后面游泳，把脚放到其他同学们已经站过了的地方——从黑板上或向同桌抄现成的，而实际上，这类孩子们根本不知道什么叫独立完成作业。通过寻找某种改进教学技巧的方法来根除这一恶习是不可能的。数学课上的脑力劳动是思维的试金石。恶习的根源在于孩子没有学会思考，且周围世界连同一切事物、现象、依赖关系和相互联系都没有成为他的思想源泉。

经验证明，如果在儿童早期阶段到大自然去的"旅行"就成为脑力劳动的真正的训练场所，那么班里就不会有数学不及格的孩子。事物应当能教孩子去思考，这是让所有正常儿童成为聪明的、富有想象力的、有求知欲的和好学的人的重要条件。

我给老师们提出建议：如果学生有什么东西弄不明白，如果他的思想犹如笼中之鸟一样在无助地挣扎，请您仔细审查一下自己的工作，请想一想您这个学生的思维是否已经变成了一个同永恒的、生机盎然的思想源头（大自然中充满事物和现象的世界）相隔绝的干涸的小湖？请您把这个小湖同汇集了大自然、事物和周围世界的大洋连接到一起，您就会看到，鲜活的思想如泉水一般喷涌而出。

　　然而，认为周围世界本身就能教会学生思考的想法是错误的。没有理论思维，事物与儿童的眼睛之间仍会被一道看不透的墙分隔开。只有当孩子把注意力从周围具体的事物身上转移开，去进行抽象思维的时候，大自然才能成为脑力劳动的训练场所。

　　现实中的鲜明形象是必不可少的，因为它能够让孩子学会把相互作用看作是周围世界的重要特征。恩格斯在强调黑格尔思想"相互作用是事物的真正的终极原因（cdusafinalis）"的正确性的时候曾写道："我们不能追溯到比相互作用的认识更远的地方了，因为在它的背后没有什么要认识的了。"认识相互作用是对抽象思维的直接准备，是发展数学思维的重要条件。习题答得对不对，取决于孩子是否学会了观察事物与现象之间的相互作用。

　　在解题过程中，想要独立的脑力劳动有所成效，还需要孩子在记忆中经常且牢固地保留有概括性的概念，如果没有这种概括性的概念，思维就会变得不可捉摸（如乘法表、自然数列的组成）。

　　长期以来，彼得里克都无法理解算术题的含义（条件），而我也不急于解释。重要的是，要让他通过紧张的脑力活动去理解事物和现象之间相互依存的本质。但是，如果孩子没有为理论思维做好准备，不知道如何进行比较和分析，那么活跃的思想是不会迸发出来的。

　　我领孩子们到大自然中去，教他们观察、对比各种事物、性质和现象，教他们发现相互作用。我让彼得里克注意周围的一些现象，它们能够让孩子在意识中形成对大小和数量的认识，这些可是事物最重要的性质。我让他理解数字的依赖关系，相信数字并不是某个人臆想出来的，而是真实存在的。重要的不是要他马上学会怎么算数、怎么运用数字，而是要他必须理解依赖关系的本质。

　　我们坐在瓜园的窝棚里观察联合收割机收割小麦。汽车不时载满麦粒飞驰而过。填满联合收割机的谷箱需要几分钟呢？孩子们兴致勃勃地看着手表，原来需要 17 分钟。为了不让联合收割机停工，人们是怎样算好工时的？距离谷箱填满只剩下 5 分钟、4 分钟、3 分钟了，孩子们焦躁不安起来。看来，联合收割机要停下来了。只剩下 2 分钟了。这时，一辆汽车从森林里驶出，开到收购站需要整整 1 个小时的时间。也就是说，人们已经算好了距离和时间之间的关系。运粮的车数安排得正好满足联合收割机不停工。要是汽车开到收购站的时间不是 1 个小时而是 2 个小时的话，那么运粮的车数要安排得比现在多还是少呢？

"当然要比现在的多，"彼得里克说道，他的眼睛里闪烁出喜悦的光芒。"要知道，现在路上跑着 3 辆车，1 辆在装车，还有 1 辆在收购站卸车。如果路程更长了，那么路上的车数也要增多。"

孩子在紧张地进行着脑力活动，我看得出他已经在思考如果路程增长一倍，需要多少辆车。但现在这还不是主要问题，而是他明白了习题并不是无所事事的人臆造出来的。它存在于周围世界之中，因为这里有运动，有生活，还有人类劳动。

彼得里克已升入三年级，但暂时在习题方面还没有进展。他还没有独立、不依赖同学或老师的帮助解过一道题，这让我倍感不安。不过，我还是相信他能学会思考。在训练抽象思维时，我不只是让他通过思维对算术习题基础的一些现象进行分析，原因是不会计算的思考者也掌握不了知识。

至关重要的是，要让彼得里克逐渐把思维必需的基本东西巩固在记忆里。他经常坐在"算术盒子"旁边做练习，然后自己检查答案。我密切留意，不让他去思考 12 减 8、19 加 13 和 41 减 19 等于几（如果三年级的学生还要思考这些，也就无法理解习题了）。

生活告诉我，学生有时会对代数一筹莫展，只是因为他还没理解自然数列的组成，对数列的理解没有达到一定的程度，即不至于再去思考基本的东西就能竭尽全力进行抽象思维。正如孩子不把构成词的音节念上千万次，阅读就不可能成为半自动化的过程一样，如果记不住几十个、几百个人们日常生活中不加思索就能永远记得答案的例题，抽象数学思维对他来说依然是一本百思而不得其解的天书。

　　我做到让脑筋转得慢的孩子，首先是彼得里克，能尽可能掌握许多数学思维最简单的工具——加、减、乘、除的例题。我们走进大自然，我让他关注人们在劳动过程中常要解决的问题。这一天终于来到了，我坚信彼得里克完全可以独立解题。孩子的双眸闪烁着光芒，他开始解释习题的含义，虽然前后并不连贯，但我看得出他很高兴，眼前的那一层云雾终于拨开了。我也松了一口气，终于等到了这一天。孩子等不及放学就要跑回家，与妈妈分享这份喜悦。妈妈不在家，他高兴地对祖父说："我独立解出了习题"。彼得里克为自己的进步感到骄傲。

　　纯洁高尚的自豪是人类自尊心的源泉。没有为自己的劳动而产生自豪感，就成为不了真正的人。这曾是我们教师集体思考的问题。我们从另一个角度观察学习困难的孩子。任何时候都不能急于得出最后绝对性的结论：这个孩子已无药可救，这就是他的命。一年、两年、三年，可能在他身上看不到什么作用，但时机到了，就会有结果了。思想像一朵花慢慢地累积生命的汁液。我们将汁液给予花的根，让它享受阳光，花便开放。我们要教孩子如何思索，给他指明思想的源泉——周围世界，赋予他人类最大的快乐——知识。

　　我们这些小学老师不止一个晚上聚到一起，专为研究一个尖锐、困难的教育问题：如何把学生从物体的具体计算、从现象之间明显和直观的依赖关系引向原理、公式这样的抽象概括。诺维茨卡娅、韦尔霍维尼娜和扎连科几位教师讲述了一些有趣的事实，说明不是所有孩子都能顺利且毫无困难地完成这一过渡。有的学生虽然掌握了不错的计算技巧，也能迅速地进行运算，但却很难理解习题的意义（条件）。能进行鲜明、具体和直观的形象思考的一些孩子离开了构成习题的具体数字，就会有一定的困难。

　　诺维茨卡娅谈到过一个女孩，她读完题，就想马上解出答案。她开始计算，但不明白算的是什么，也不知道为了什么而算。我们每一个人都碰到过这样的孩子。我们商量通过什么途径能把他们从具体思维引向抽象思维。我们得出结论：必须在习题上花一些时间和功夫，议论习题的条件，不使用数字，不进行算术运算。我们开始组织算术公开课，看看孩子们怎样进行习题推理，如何在不进行运算的情况下解题。通过相互听课，我们探寻了个别孩子智力发展的途径。为了不让分数成为束缚孩子思想的枷锁，我总是把机会给那个看起来最没戏、脑袋转得慢的、最差的学生，让他想一想还没有思考出来的东西。孩子们从未对学习失去过兴趣。通过激发孩子们的自豪感、荣誉感和自尊心，我让孩子们产生了独立思考的渴望。不过，让孩子思考并非易事。在仔细观察一到四年级学生的脑力劳动之后，您就会发现孩子在绝大多数情况下（基本上总是）答不上来您问的问题（或是完不成任务），但这只是因为他还没来得及思考，也没来得及集中精神（有时，问题问得太突然，好像把孩子都搞晕了）。我们这帮小学老师还专门聚到一起，讨论如何给孩子思考的机会。我们得出的结论是：无论孩子知道不知道，任何时候都不要急于下结论。经常还会发生这样的情况：老师对孩子说："你不知道就坐下！"孩子一坐下，脑子就"清醒"过来了。原来，他什么都知道。于是，他很生老师的气。为什么会这样呢？我们无法马上找出这个问题的答案，所以要观察、观察、再观察，还要研究大量的事实。当他可以集中意志和思想之后，就会讨厌偷偷提示、带小纸条和作弊。

我与孩子一直以来相互信任、相互关怀。学生从不害怕坦率地告诉我，他已经苦苦思索许久，但还是没有解出习题。孩子们把一切疑虑、欢乐和痛苦诉说给老师。我从来不向孩子们投忧，原因是不及格的分数对他们来说是重大的悲哀。如果老师几乎每天都告诉孩子"你得了2分"，他的精神得有多痛苦呀。微不足道的痛苦，就能让孩子感到不幸。一旦他习惯了承受自身的痛苦，就会对周围的一切变得漠不关心，内心也会变得冷酷无情，那时悲剧就会愈演愈烈。铁石心肠是残酷的沃土。如果班上有不幸的孩子，而同学们没有想尽办法去减轻他的痛苦，那么这个班级永远都不会建立起良好的、互帮互助的集体。但也不能用分数娇纵学生，可惜这在学校却时有发生。只要他说出这个词，立马给他5分。经常还会发生用同一个问题提问好几个学生，每个学生还都拿到了分数。结果，孩子们的学习态度也随之变得轻率起来。

孩子始终应当意识到分数是在智力方面做出努力的结果。学生应当坚信脑力活动是一种需要付出极大努力、精神集中且能够让自己放弃很多乐趣的劳动。正是在这样的劳动氛围中，才能形成坚忍不拔的毅力。如果学生学会了如何批判地对待已取得的成绩，对自己的付出仍感到不满，并力求做得更好，那么他永远也不会变得无所适从。

孩子们从自己的体验中认识如何在脑力工作中取得成功，继而便学会如何自我监督。孩子养成努力劳动和争取优异成绩的习惯，就不会容忍漫不经心的学习态度、懒惰和疏忽。

当劳动的欢乐和学习的成绩已成为激发孩子学习的主要动力时，班里就不会有偷懒的学生了。真正的教育大师很少去同个别偷懒的学生进行斗争，而是同导致智能休眠的因素——懒惰进行斗争。

只给脑力劳动的积极成果评分的制度已逐步在低、中、高各年级教师的工作中得以应用。读者可能会产生疑问：在学季末或学年末，如果学生某门学科没有成绩，怎么办？问题是，孩子认为没有成绩是比得2分还要糟糕。在他的意识里形成了这样的思想：如果我还没有成绩，说明我还没有好好下功夫。因此，我们几乎没有发生过学生到学年末还没有成绩的情况。在四年时间里，我有六次在学季末没给孩子成绩。家长们清楚，如果孩子的记分册里没有成绩，说明并非一切顺利。他们也知道，没有成绩不是孩子的错，而是他的不幸。不幸发生时，就应当给予帮助。所以，我们一起给学生提供帮助。我说服家长们，要他们决不能要求孩子取得最高分，不能把不及格视为懒惰、粗心和不认真的标志。有些老师在使用分数这一缜密的教育工具时，还是过于草率了。

在很多学校看来，3分是该受指责的。"我们的学习成绩只是及格是不行的！"这种口号在各个少先队的集会上响遍全场，在儿童报刊上也能读到。老师鼓励这样对待及格成绩，实际上这是在打自己的脸，导致孩子不求甚解、浮于表面。

二年级开学几个星期后，给孩子们登记记分册，把课上成绩记入册子。孩子向家长隐瞒分数的事情一次也没有发生过。如果分数能够反映出取得进步的喜悦，就一定会是这样的结果。老师不要求在记分册里签名。签名是旧学校的遗留问题，也是这类学校里师生之间互不信任和相互猜忌的氛围残渣。如果班上缺乏相互间的信任，如果孩子设法想骗老师，如果分数成为大人对孩子的鞭策，那么正确的教育基础就会被毁坏。

学校存在的一个最大的弊端就是孩子不诚实，欺骗老师和父母。这是不公平打 2 分成绩所引发的。为了向父母隐瞒自己在学校取得的坏成绩，向老师隐瞒自己的懈怠，孩子有什么诡计施展不出来呢。您对学生的不信任感越强，孩子越能在骗人这件事上花样百出，懒惰和懈怠的土壤就会愈加肥沃。懒惰是不信任的产物。

我教的孩子首先应是一个鲜活的人，其次才是学生。我给孩子打的分数不仅是对他知识的衡量，更主要的是我对他所抱有的态度。我向全体教师提出了这样的建议：请您珍视孩子的好奇心、求知欲和渴望知识的火种。滋养这一火种的唯一源泉就是在劳动中取得成绩时的喜悦和劳动者的自豪感。要通过适当的分数奖励孩子每一次所取得的进步和克服的困难，但不能滥用分数。请别忘记，您的教学技巧是在孩子本身及其对待知识和对待您的态度这片土壤上建立起来的。这是一种学习的欲望、一种激奋的精神和一种克服困难的决心。请无微不至地耕耘这一土壤，因为没有它也就谈不上什么学校。

童话室

　　童话、游戏和幻想是儿童思维、情操和理想的精神源泉。多年经验证实，儿童内心受童话形象的影响产生了美感、道德情操和理性情感，它们能够活跃思维，激发大脑进行积极的活动，并让人的思维安全区之间建立起了联系。儿童语言及其最细微的色彩是通过童话形象被灌输进孩子们的大脑中的。语言逐渐成了孩子精神生活的一个领域，是表达思想和情感的手段，即思维是真实存在的。儿童学习用语言进行思维活动是因为情感通过童话形象被激发出来了。童话生动鲜明并掌控儿童的意识和情感，如果没有它，就无法想到儿童思维和语言是人类思维和语言的特定阶段。

　　孩子们的思想在童话的世界里遨游，这让他们感受到了无比的快乐。孩子能够把同一个童话故事重复讲上五次，甚至十次，然而每一次都能从故事中发现一些新的东西。童话形象是由鲜明生动、具体的事物向抽象事物转变的第一步。假使童话在学生们的精神生活中没有形成一个完整的阶段，那么他们也就无法掌握抽象思维能力。孩子非常清楚，人世间没有女巫芭芭雅嘎，没有青蛙公主，也没有长生不老的瘦老头科谢伊，但是他把这些形象化作善与恶的化身。当他再次讲起同一个童话故事时，总是能表达出他自己对好与坏的态度。

　　童话与美密不可分，它有助于培养美感。如果缺乏美感，就无法想象有高尚的精神，有因他人的不幸、悲痛和痛苦而产生的真诚的同情心。正是童话故事让孩子不仅能够用智慧去认识世界，还能够用心去认识世界，不仅能够认识周围世界里发生的事情和现象，还能做出反应，表达出自己对善与恶的态度。童话故事是最早引出关于正义与非正义观念的。思想教育的初始阶段也是借助童话故事进行的。只有当思想体现于色彩鲜明的形象中时，孩子们才能够理解它。

童话故事是爱国主义教育的源泉，它是美好且不可替代的。爱国主义思想深深蕴藏在童话故事的内容中。童话故事里的各种童话形象是人民创作出来的，而且是可以千百年流传下去的。童话故事里的内容还可以把劳动人民强大的创造精神及其对生活、理想和抱负上的看法传递到孩子的内心和大脑中。

童话故事之所以能够教育一个人热爱祖国，就是因为它是人民创作出来的。当我们欣赏基辅圣索菲亚教堂的绝妙壁画时，我们感受到它们是人民生活的一部分，是人民伟大的创作天赋，因此在我们的心灵中激发出了对人民的创造精神、思想和技艺的自豪感。民间童话故事对孩子的心灵也有着同样的影响。童话故事看似是以纯粹的"日常"生活为题材，如祖父和祖母种了一颗萝卜……爷爷决定欺骗一下狼，于是用稻草做了一头小牛……然而故事的每一个词语就好像是不朽壁画上极为精致的线条，在每一句话和每一个童话形象中都体现出了富有民族精神的创造力。童话故事也是民族文化的精神财富，只有孩子了解了它，才会用心去了解本族人民。

在"快乐学校"开办三个月后，我们布置了一间"童话室"。在高年级学生的帮助下，我们创造出了一个环境，它让孩子们感到仿佛是置身于童话人物的世界中。我们付出了很多劳动，就是为了让孩子们能从周围的一切回想起小时候妈妈讲过的童话故事、黄昏以及壁炉里快乐的火焰。

这是凶恶的女巫芭芭雅嘎生的地方，这是一间搭在鸡腿上的神奇小木屋，周围是高大的树木和一些树桩。在小木屋的旁边是一些童话人物形象，有狡猾的狐狸、大灰狼和聪明的猫头鹰。在另一个角落是老爷爷和老奶奶的小屋。天鹅在天空中飞翔，在它的翅膀上坐着一个小男孩，这就是乌克兰民间童话故事中的主人公伊瓦西克·捷列西克。在第三个角落布置了一片蓝色的海洋，海岸上是善良的老爷爷和凶恶的老太婆住的地方，这里破旧不堪，门口放着一口旧木盆，老爷爷和老太婆坐在墙根台子上，一条小金鱼在大海里遨游。在第四个角落里有冬天的森林和雪堆，还有一个小姑娘，她在雪堆里穿行，脚陷进了雪里，她就是那个在严冬被继母逼出去采野果的小女孩……一只小山羊从小木屋的窗口向外张望。这是一只大手套，里面住着一只老鼠，几个不速之客正冲着它走来。在一个木板制成的大树桩上面坐着几个玩偶，有小不点儿姑娘、灰兔子、狐狸妹妹、大狗熊、狼、山羊、稻草牛和"小红帽"姑娘。这些都是我们自己一点一点做成的。孩子们帮我一起裁剪、画画和粘贴。

我在为孩子们设计听故事的环境时，非常注重它的美学特征。每一幅画、每一个直观形象都能让孩子们对艺术语言敏感起来，且更加深刻地揭示童话故事的思想。甚至连童话室的照明设备也起着巨大的作用。当讲到青蛙公主的童话故事时，丛林里亮起了一些小灯泡，暗淡的绿光笼罩了屋子，这样很好地展现了故事发生的环境。

我并不是经常领孩子们来童话室，通常是一周一次，有时是两周一次。任何时候都不能因审美达到饱和就满足起来。一旦审美需求达到了饱和的程度，就会开始出现虚假、庸俗的不满和乏味，并开始寻找"消磨"时光的方法……

我们常在秋冬时节的夜晚来童话室。此时讲起童话故事来，会让孩子们听得别有一番感受，不同于在阳光明媚的日子来这里听故事的感觉。外面的天色渐渐暗了下来，我们没有点灯，在昏暗中静静地坐着。忽然，神奇小木屋的窗户上泛出了光亮，天空中繁星闪烁，月亮也从森林身后钻了出来。童话室里现出了微弱的光亮，屋子各个角落里的光变得更暗了。这时，我给孩子们讲起了一段民间的童话故事。故事讲的是女巫芭芭雅嘎的骨腿。看起来，孩子们早就知道我要讲的内容，然而他们的眼睛里仍闪烁出激动的光芒。孩子们为主人公的遭遇感到难过，他们憎恨恶毒的人，而极为同情善良的人。凶恶的女巫、天真的女孩阿莲卡和善良的天鹅在孩子们的想象中都获得了生命，变成了有智慧、有感情的生物。

童话对儿童来说并非只是虚构的故事，它还是一个完整的世界，孩子在这里生活、战斗并以自己的善良意志与邪恶对抗。童话故事语言是儿童精神力量的真实写照，这与活动在游戏中的作用、旋律在音乐中的作用如出一辙。孩子不仅想听故事，还想自己讲故事，就好比他不仅想听歌，还想唱歌，不仅想看别人做游戏，还想自己也参与其中一样。

每过几天，孩子们就会问起："我们什么时候去童话室？"孩子们激动地盼着欢乐时刻的到来，于是我们又在黄昏时刻聚到了一起，还是我先来讲一段童话故事，然后孩子们自己讲。此时此刻，最害羞的几个孩子变得大胆和坚强起来，在其他时候说话不流利、不连贯的孩子们也把故事讲得流畅、生动、动听起来。虽然尼娜、彼得里克、柳达、斯拉瓦和瓦莉娅这几个孩子有语言和思维发育障碍，但他们也都讲了故事。

每当我们来到童话室时，孩子们总是很想玩一会儿。无论是男孩子，还是女孩子，大家都能找到自己心爱的玩偶或者玩具。此时，游戏变成了创造性的活动。孩子们变成了童话故事里的角色，而他们手中的玩偶帮助他们更好地传递出自己的思想和感情。一个孩子抓起了玩具稻草牛（著名乌克兰童话故事中的主人公），另一个孩子则拿起了玩偶老太婆，而第三个孩子拿起了玩偶老爷爷。此刻，孩子们已经走进了童话世界。他们不仅能够说出角色的原话，还能把自己的幻想带进童话故事中。有些女孩子只是想玩一会儿娃娃。一个小女孩的娃娃坐在小沙发上，小女孩用动听的声音对它说着温柔、体贴的话。而另一个小女孩的娃娃生病了，小女孩正在给它治病。

男生、女生们玩玩偶已经好几年了，我并没有因此而感到担心。这并不是有些老师时常想的那种"孩子气"，而是一个童话，是一个生物的化身，它就贯穿于编故事和听故事的创作过程之中。如法国作家圣－埃克苏佩里所言，玩偶是一种有灵性的形象，而且是孩子们想去亲近的那种形象。每一个孩子都想拥有某种珍爱且亲切的东西。我仔细观察过在孩子及其心爱的玩偶之间是怎样的一种精神关系。让我感到欣慰的是，男孩子也能在很长一段时间里和玩偶融洽地相处。

科斯佳有一个不起眼的玩偶，它是一个拿着钓鱼竿的老渔夫。玩偶的腿断过好多次。最后，科斯佳给它安上了一个小木头块，还削了一根带丫杈的小拐杖。于是，老渔夫可以拄着它去河边了，他喜欢和自己的老朋友聊天，告诉朋友哪里有鲫鱼，哪里有鳊鱼。

拉丽萨喜爱的玩偶是祖母和小孙女。她给玩偶祖母做了一副眼镜，在她的脚底下铺了一块厚实的毯子，还给她披了披肩。

瓦莉娅也有两个玩偶，它们是一只小猫和一只小老鼠。她每个星期都会在小猫的脖子上系一个新的蝴蝶结，而不知为什么却给小老鼠带了一条绿色的小毯子……

孩子们在童话室里浮想联翩。只要见到一个新事物，他们就会在脑海中把它和其他的事物联系起来，产生一个又一个虚幻的想象，孩子们幻想着，思绪在飘荡，眼睛闪烁着光芒，话语流畅。一想到这里，我就想让孩子们在童话室的每一个角落里都能看到各种各样的事物，并且在它们之间能够建立起某种真实的或者虚构的联系。

我希望孩子们会幻想、会创造，还会不断编出新的童话故事来。有一只白鹭，它在单腿站着，旁边待着一只受惊的小猫……这是孩子们通过想象创作出的几段有趣的童话故事，故事的主人公是白鹭和小猫。有一只带桨的小船，在它的旁边趴着一只青蛙……这景象本身就会让人编起故事来。有一个洞穴，里面住着一只喜欢四处张望的小狗熊、一只蚊子和一只苍蝇。和小狗熊比起来，蚊子和苍蝇的个头大得不得了（这样的描写在童话故事里是讲得通的），小猪和放着一块肥皂的洗脸盆，所有这一切景象不仅能让孩子们笑逐颜开，还能激发出他们的想象力。

如果我能够让一个有思维发育障碍的孩子编出一段童话故事来，并且能够做到让他在脑海中把周围世界里的几个事物联系到一起，那么我就可以满怀信心地说，这个孩子已经学会思考了。我曾讲过自己费了好大劲儿去激发瓦莉娅的思维和巩固她的记忆力，向她揭示周围世界里事物和现象之间始料未及的联系，并让她为之感到惊讶，这是激发思维的一种方法。而另一个重要的办法就是童话故事。而让我倍感焦虑的是，瓦莉娅一直都编不出故事。直到上了三年级，她才终于编出了一个关于青蛙、小船和小鱼的故事。

故事的内容是这样的：

青蛙在河边看到了一只小船。渔夫老爷爷把船停靠在那里，一个人进村买粮食去了。青蛙很想划一划船。它爬出水洼，跳进了船里，接着划起了桨。这时候，小鱼游过来说道："你这是要干什么？你只能在水洼里游泳，不过小船可喜欢深水。"青蛙没有听小鱼的劝告，把船划向了水洼。当划近了的时候，船说道："青蛙啊青蛙，你这是要把我拉去哪里呀？"青蛙回答道："我拉你去我的水洼，让我们青蛙家族看看我是怎么划船的。"小船笑了笑，想道："等老爷爷回来，他会教你如何划船。"青蛙好不容易把小船划进了水洼，可船却陷进了淤泥里，无法继续向前划动了。青蛙累得呼哧呼哧喘气，可船仍然一动不动。因为青蛙冲着整口水洼喊："你们看，我划船划得多棒啊！"于是，整个青蛙家族都从水洼里爬了出来，还看到了一切。青蛙感到很不好意思，一下子跳进了水洼里，污泥四处飞溅。青蛙家族大笑起来。渔夫老爷爷回来了，他把小船从淤泥里拖了出来。青蛙家族被吓坏了，于是所有青蛙都躲进了绿水藻里。到了晚上，它们壮着胆子爬了出来，哈哈大笑起来。从此，它们每夜都哈哈地笑。这蛙声从晚上到早晨在沼泽里回荡。这是它们在笑话爱吹牛的青蛙。

在各种富有诗意的创造性活动中，孩子们觉得童话故事创作是最有意思的一种形式。同时，它也是智力发展的重要手段。如果您想要让孩子创作和塑造出一些艺术形象，就请将自己创作火焰中的哪怕一颗小火花播撒进孩子的脑袋中。如果您不善于创作，或者您认为迁就孩子的兴趣爱好是一种没有意义的消遣，那么您必将什么事情都做不成。

季娜很喜欢童话室里的一个娃娃，它是一个冶金工人，它的脸被铁水照得发亮。季娜还记得那次在铸造车间和冶金工人们的见面，到现在已经过去三年了，所以她编出了一段关于火红铁水的童话故事，故事有意思极了。

　　一个巨人站在大火炉旁边，他要化铁。铁水沸腾起来了，发出呼噜呼噜的声响。巨人走近火炉，打开炉门，火红的铁水溢了出来。铁水一边流，一边说："大家伙，请不要放过这次机会，快取走火红的铁水，用它去做一切您需要的东西。"聪明的工匠走到火红的铁水跟前，把铁水舀了出来，注进模具中，就这样做成了人们所需要的金属物品。

　　在孩子们的意识里，苏维埃祖国的保卫者才是当代英雄的形象。反法西斯战争和苏联人民的英勇战绩在苏联人民的记忆和精神生活中留下了不可磨灭的印记。孩子们认为捍卫祖国的英雄就是童话里的勇士，所以他们编出了很多讲述勇士的童话故事。这些故事色彩鲜明，激动人心。苏联人民英勇善战和高风亮节的品质就好像是一根红线，它贯穿于孩子们创作的所有关于民族勇士的童话故事之中。

　　这是丹科创作的一段童话故事：

　　母亲送儿子去参军。她说："儿子，带上一把故乡的泥土。记住，你是祖国的保卫者！"儿子捧起一把故乡的土，放进了红色的丝绸袋子里，从此一直把它戴在身上。敌人向祖国发动了战争。儿子在边境上遇到了敌军的士兵，他开枪向他们扫射，敌人掉进了河里。儿子没有后退一步。然而敌人的子弹打伤了他的头部，血流进了眼睛，他的手变得软弱无力。敌人正在逼近，他们想要活捉他。此时，儿子想起了那把故乡的土。他摸了一下红袋子，便一下子充满了强大的力量。年轻的勇士再次开枪，敌人们跌入河中淹死了，而就在此时，救援部队赶到了，有高速双翼战斗机，还有威力强大的坦克。

　　我记录下了孩子们在黄昏时分创作的童话故事。它们之所以对我来说非常珍贵，是因为它们正是我在孩子们身上点燃的思想之火。要不是参与过创造性的活动，编写过童话故事，很多孩子的语言表达仍会不连贯、无条理，且思维也会混乱不堪。我确信，孩子们感受的美感及其掌握的词汇量之间有着直接的联系。美感能够为语言增添感情色彩。童话故事越有趣，说明孩子们所处的环境就越突出，他们的想象力就越活跃，创作出的形象也就越出人意料。学生们在黄昏时分编出了几十个童话故事，我们把它们收入手抄的集子里，取名为《黄昏下的童话》。

在《黄昏下的童话》中有很多讲述飞禽走兽和花草树木的有趣故事。关于花卉的故事让我和孩子们感受到了极大的欢乐。我常给孩子们讲人的情感生活，讲关于花的歌曲和传说寄托着怎样的情感。每当我想出童话故事的开头，孩子们则接着想象并塑造出一些色彩鲜明的形象。

我们每隔2~3个月就会更换"童话室"各个角落的布置，用木板刻出新的人物形象、树木、灌木丛，并搭建小阁楼、奇幻的宫殿、渔夫的草房和窝棚。孩子们学会了如何用纸浆板做童话故事里的人物形象，这极大地丰富了孩子们的童话世界。于是，我们给很多童话故事配上了"插图"，有乌克兰民间童话故事《伊瓦西克·捷列西克》、茹科夫斯基的《沉睡的公主》、阿克萨科夫的《小红花》、达利的《尖牙齿的老鼠和阔气的麻雀》、加尔申的《青蛙旅行家》、安徒生的《雪皇后》、格林兄弟的《不来梅镇的音乐家》、佩罗的《睡美人》、俄罗斯民间童话故事《美丽的长辫子玛丽亚和万纽什卡》、瑞典民间童话《自己家里的钉子》以及日本民间童话故事《夏伯阳》和《驼背的麻雀》。这些童话故事走进了孩子们的精神世界，心爱的人物形象在孩子们的脑海中留下了永远的记忆，并让孩子们感到幸福不已。孩子们把听到的一切逐字逐句地记了下来，尽管从来没有人要求他们这样做。当孩子们因语言独特的美而感到激动兴奋时，自然而然地就会把它记下来。如此一来，记忆不仅不会让记忆力有负担，反而还会让它变得更敏锐。

第一次讲新故事是儿童生活中的一件大事。我永远记得我们怀着何等激动兴奋的心情为安徒生童话《雪皇后》布置环境。那是第二学年的事了。初冬，夜幕已经降临，孩子们来到童话室做布置。尖顶的房子、坐落在高大岩石之间的神奇宫殿、跑得飞快的鹿和雪堆，这是故事发生的环境，这一切都是孩子们亲手做的。不过，不是所有的孩子都听过这个童话故事。忽然，房子里的灯亮了，雪花从天空中飘落，夜幕笼罩着四周。孩子们屏声息气，安静地听老师讲故事。

故事结束了，不过孩子们想再听一遍。我觉得，如果孩子们能对语言着了迷，这将是非常难能可贵的。所以孩子们要求讲多少遍，我就讲多少遍。孩子们想一遍又一遍地听《雪皇后》的故事，并不是因为他们一定要记住里边的话，而是因为这些话听起来像是一段美妙的音乐。

老师常常会想，怎样才能让孩子们对本族语言有深入的了解，让本族语言进入孩子们的精神生活之中，把它变成锋利且精准的刻刀、色彩丰富的调色板和认识真理的精密工具。语言是思想的具体表现。只有当孩子理解了本族语言的含义，并且感受到它的鲜明的情感色彩和动人的音乐韵律时，才能够了解本族语言。要是孩子体会不到语言的美，那么他就理解不了语言的深层含义。如果孩子缺乏想象力，也没有亲自参与过创造性的活动——童话创作，也就无法领略到语言的美。

童话故事是积极的审美创作，它包括儿童精神生活的各个领域，如智力、情感、想象力和意志。创作始于讲述，其最高阶段是表演。我们在童话室设立了一个木偶戏剧团和一个话剧小组。孩子们首次在这里表演了乌克兰民间童话故事《手套》。许多勇敢的野兽住在这只手套里。随后，孩子们还兴趣盎然地编排了童话《青蛙公主》和日本童话故事《驼背的麻雀》。到了第四学年，他们一起编写了童话《蜻蜓音乐家》，并扮演了其中的角色。

我第一次在童话室给孩子们读《鲁滨孙漂流记》《缪高津历险记》《格列佛游记》《沙皇萨尔坦的故事》和短篇小说《小音乐家杨科》。孩子们永远忘不了那些极具魅力的冬季夜晚，窗外风雪交加，他们和发生沉船的鲁滨孙一起登上了无人荒岛，并且和他一道与大自然展开了激烈的斗争。我们在童话室读完了安徒生、托尔斯泰、乌申斯基、格林兄弟、丘科夫斯基和马尔沙克这几位作家的童话作品。多年经验证实，如果一个人小时候读过讲述善与恶、真理与谎言、诚实与虚伪的作品，那么其中的道德观念就会成为这个人的财富。童话与童年有着不解之缘。

我们的阅读独具特点，我可以把这里提到过的童话和故事都背出来。我带着书不是为了给孩子们展示插图。就好像讲故事一样，阅读也是培养智力和树立善良情感和人性的有力证据。可以毫不夸张地讲，童年时进行的阅读主要是培育心灵，它是人类高尚品质对儿童灵魂深处的一种触动。揭示高尚思想的语言总是能够一点一滴地将人性倾注到孩子们的心里，最终形成善良的品质。

我们的"神奇岛"——童话续编

孩子们总是着迷于一些异乎寻常的东西,如旅行和探险的浪漫、与大自然力量之间的斗争。

当我第一次给孩子们讲《鲁滨孙漂流记》的时候,他们就想扮演成旅行家,倾听海浪的哗哗声和瀑布的轰鸣声。孩子们决定搭建一个自己的神秘角落"神奇岛",这里可以成为他们玩耍的天地。

我们把这个"岛"建在了乌荆和洋槐的树丛之间。我们造了鲁滨孙的住处,为了防止野兽进来,设了护栏,还搭了小说主人公用的那种火炉。我们做了一个小窗子,从这儿可以望见无边无际的"大海",还挖了一个小畦,种上了几十颗小麦和大麦的种子。科利亚还从家里牵来了一头小山羊,因为鲁滨孙的农场里也养了一头羊。我们搬来了旧木桶、绳子和砖头,用铁箍做了一把刀,还做了渔网用来捕鱼。我们还像原始猎人一样用两块干木头摩擦生火,因为很可能鲁滨孙当时也没有其他生火的办法了。

我们在造房子时挖了地,于是这里形成了一块洼地。下雨的时候,这里就会积满雨水,变成一个池塘。孩子们在水里打水仗,想象着自己来到了一望无际的海洋。

既然有海洋,就一定要有船。孩子们找来了一块柳木,便开始用它来造船。这并非一件容易的事,但还是做成了。孩子们给小船装了一个帆。瞧,小船已经可以出航了。

我们在小土丘的身后(孩子们想象它是一座大山)建了一个"小人国"。我们用木板和芦苇造了座城市,这是"小人国"的首都,我们用泥捏了大马、奶牛和绵羊，还捏了"壮士歌"的勇士伊利亚·穆罗梅茨和他的敌人——强盗索洛韦伊。这些泥塑都摆在灌木丛中。这是古罗斯的茂密森林。夏季寂静的夜晚，我们就会来到这儿，每个人都想在这里讲述一段勇士的故事。

我们深入到了无法通行的灌木丛中，在崖坡上找到了一个小洞，恶狠狠的长生不老的瘦老头科谢伊就住在这里，他生活在神秘的深处，而美丽的公主不知在什么地方正遭受着折磨。

天气暖和的时候，如果不能去远行，我们就会来"神奇岛"过周末。我们在鲁滨孙住处附近搭了一个窝棚。这是我们喜欢的地方，幻想的翅膀把我们从这里带进了童话的世界。

童话的主人公浮现在眼前，夜幕降临大地时，我们仿佛听到强盗索洛韦伊吹口哨的声音，长生不老的瘦老头科谢伊发出的嘎吱嘎吱声，以及穿着皮靴的猫在小心翼翼踱步的声音。

孩子们幻想的火焰在这个角落被烧得尤为旺盛。尤拉、加利娅、季娜和维佳在这里创作出了精彩的童话故事。环境本身就能够激发人的想象力。孩子们的思绪如流水一般畅流不息，他们发现了能够表达自己情感的词语。

谢廖沙编了一段关于金色彩虹的故事：

一天晚上，巨人铁匠们来到太阳跟前说："太阳，太阳，我们的铁锤已经敲打坏了。很快我们就要没有工具来打造银线了。铁砧也用旧了。请放我们到地面上去吧，我们去取一些铁回来。"太阳放走了他们。巨人铁匠们开始走向人间，然而乌云挡住了去路。铁匠们透过乌云要看大地，好高好高，可怎么下去啊？铁匠们折回去找太阳，说："太阳，太阳，我们怎么才能下到地面上去？请你造一座桥吧。"太阳放射出万丈光芒，穿过乌云，在空中闪现出了一座太阳桥。而人们从地面上看见了一道金色的彩虹。铁匠们下到了地面上，从人们那里拿到了铁，又再次通过太阳桥回到了太阳这里。太阳刚见到铁匠们的白胡子，就把金色的光芒收走了，彩虹也跟着消失了。从那以后，一旦天空中出现乌云，太阳就会派巨人铁匠们去地面取铁。冬天见不到金色彩虹，因为白天太短了，巨人铁匠们用铁锤打铁的时间也很短。

我很欣慰，每个孩子都在这里编出了一段童话故事。宁静的夏日夜晚让人永远难以忘怀，日落之后，天空变成了灰色。每年到了盛夏的时候，都有几天这样的夜晚。仿佛是天空放射出了微弱的光芒，黄昏也比往常要长一些，而天空中的星星却久久没有闪烁……孩子们安静极了，他们被大自然的美景迷住了。此时此刻，幻想的火焰燃烧得特别明亮。

我们听到了尼娜编的一段童话故事。太阳回自己的神奇花园休息去了。它躺下休息了，不过忘了闭上眼睛。于是巨人铁匠以为还是白天。他们还在打造银线。银线化作粉末散落了下来。银色的粉末在天空中飘来飘去，闪闪发亮。

当我听着这段奇妙的童话故事时，心一直在扑通扑通地跳动。大自然的迷人美景和童话故事的神奇形象打开了孩子们思维的源泉，这怎能不让人愉快呢。在最为漫长的六月之夜，灰色的苍穹像被蒙上了一层神秘的面纱，而我却不清楚为什么孩子们的想象在这段时间里尤为活跃。

在三年级结束之后，孩子们想在"神奇岛"上建立一个"游击队指挥部"。"指挥部"按常规被设置在了窑洞里，高年级学生帮助我们挖好了洞，还把这里布置好了。这是一个有趣的游戏，孩子们接连玩了好几个月。他们常想夜里出去玩，拦都拦不住。孩子们去做侦察，学会了如何使用指南针，还用木头做了"冲锋枪"和"机枪"。他们去执行作战任务之前，还会下达命令。

在最后一学年，孩子们迷上了俄国童话作家巴若夫的作品《孔雀石箱》。每当我读到奇幻的乌拉尔宝石、岩洞惊人的美景、存放着善良的"铜山女山主"的无数财宝和孔雀石的碎石堆时，孩子们的眼中就会闪烁出欣喜的火花。孩子们很想在那段日子里创造出一些美好的、神秘且浪漫的东西。有人想出了一个主意，提议打造一个地下翡翠王国。我们开始收集玻璃片，有绿色的、深蓝色的、天蓝色的，还有橙黄色的、红色的和紫色的。我们把收集来的玻璃片镶在了窑洞的墙壁上。洞中点亮了一盏小小的灯，四周墙壁上映出了如彩虹般波光粼粼的湖面，此时，孩子们见到这番美景时的欣喜和惊讶已无以言表。于是，一段又一段新的童话故事在这里诞生了。也是在这里，我再一次发现，审美情感对智力的培养、发展和强化有着巨大的作用。我目睹了瓦莉娅、彼得里克和尼娜的思维发生了急剧的飞跃。这几个孩子都创作出了一段自己的童话故事，他们丰富的想象力令我大吃一惊。柳达也创作出了一段童话故事。我相信，小姑娘不爱说话不是因为智力发育缓慢，而是因为她爱幻想、好沉思。

歌曲为孩子揭开世界的美

像在"快乐学校"一样，我们在低年级时常常聆听大自然的乐曲。它是语言感情色彩的最重要的源泉，也是理解和感受旋律之美的源泉。孩子们在聆听大自然的乐曲时，也为合唱做好了情感铺垫。我试图让孩子们能在大自然中辨认出一种与我们要学习的歌曲有相同之处的乐曲来。

离学校不远有一个非常美丽的地方。这里的夜空映照在波平如镜的池塘水面上，从草场传来鸟儿的啼啭，草虫用清脆的歌声迎接暮色苍茫中的那丝丝凉意。

我们在学习乌克兰作曲家斯捷波沃伊的歌曲《我的晚霞》之前，多次在这里聆听了大自然的乐曲。这首歌曲完美地传达出对美丽晚霞的感受。孩子们在它的旋律中捕捉到夏日寂静夜晚里那迷人的乐曲。正是在这个地方，我们学会了这首歌。孩子们很想唱歌。几个星期过后，孩子们在音乐、歌曲和民族乐器演奏室里演唱了这首歌。歌声唤起了孩子们对美丽晚霞的回忆，他们的脸上闪耀着喜悦的光芒。

我们在森林里聆听阳光明媚的晌午时分的乐曲。在高大的树木上，叶子在轻轻地沙沙作响，啄木鸟在笃笃地啄着树干，不知从什么地方传来野斑鸠的啼鸣，布谷鸟"布谷，布谷"的叫声依稀可闻。孩子们在受到这种乐曲的感染后，领略到了阿连斯基的歌曲《布谷鸟》的优美。

孩子们非常喜欢合唱莫扎特的《摇篮曲》、捷克民歌《喜鹊》、柴可夫斯基的《儿歌》、什别耶尔的《长着角的山羊在行进》、瓦西里耶夫·布格莱的《秋之歌》、波兰歌曲《百鸟争鸣》、雷森科的《小狐狸之歌》、约尔丹斯基的《凤头麦鸡之歌》、韦里科夫斯基的《沃洛佳·乌里扬诺夫的肖像》、罗日杰斯特文斯基的少先队歌曲《少先队鼓手》和《列宁之歌》，以及菲利片科的《歌唱祖国》。通常，我们的合唱是没有伴奏的。令我感到十分欣慰的是，大家都喜欢唱歌。孩子们心爱的歌曲有壮纳耶夫斯基的《飞吧，鸽子，飞吧》，莫扎特的《摇篮曲》，桑德勒的《歌唱妈妈》，乌克兰民歌《大河奔流》《嗨，山上收割忙》和《波多良姑娘》，俄罗斯民歌《少女林中走》《啊，宽阔的大街》和《花园》，白俄罗斯民歌《哎呀，飞过了两只鸽子》，捷克民歌《牧童》，杰什金的《升起篝火，蓝蓝的夜》，什托加连科的《纵队在行进》，克拉谢夫的《歌唱列宁》，基什科的《我们爱我们的祖国》和博古斯拉夫斯基的《边防军之歌》。

孩子们有了聚集在一起唱歌的要求。歌曲走进了他们的精神生活，赋予思想鲜明的感情色彩，激发他们对祖国以及周围世界美景的热爱之情。

乌克兰民歌《嗨，山上收割忙》给孩子们留下了深刻的印象。它鲜明地再现了我们民族遥远的过去及其反对侵略者的英勇斗争。歌曲的旋律好像把孩子们带入了为祖国独立而斗争的艰苦环境中，他们所见到的景象与几个世纪前我们祖先见到的一样。看，人们在田间收割麦子，男男女女都惊惶不安地不时向天边望去，在那里敌人随时都可能出现。到那时，就要放下镰刀，拿起军刀，保卫家园和躺在麦垛荫凉处的孩子们。

只有歌曲及其迷人的旋律才能够把这些景象传递到人的意识和心灵中去。只有歌曲才能揭开民族心灵的美。民族歌曲的旋律和歌词有一种强大的力量，它能够把民族理想和愿望展现在孩子的面前。

情感细腻丰富是人具有的一种品质。它表现为周围环境能够让人更加敏锐地感受到各种心境。情感细腻丰富的天性不会让人忘记他人的悲伤、痛苦和不幸。良心要求他去帮助他人。音乐和歌曲能够培养人这方面的品质。

情感丰富是受过道德和审美教育的人所特具的品性，它表现在一个人的心灵容易领会到善意的话语、教导、忠告和赠言。如果您想让语言能够教人如何生活，想让您的学生们渴求善灵，就请您把幼小的心灵培育得感情细腻和情感丰富。在众多影响幼小的心灵的手段中，音乐有着重要的地位。音乐与情绪化是一个尚待深入研究和探讨的问题。

歌曲让人们树立起对世界富有诗意的看法。我记得，有一次在唱完一首让人们深有感触的歌曲之后，我们来到了草原。我们看到一望无际的麦田，看到地平线上古老的山冈变成青色，小路像一条狭窄的绸带缠绕在金黄色的田间，云雀在蔚蓝的天空中歌唱。孩子们停下了脚步，仿佛这是他们第一次见到故乡的这处地方。

"这就像是那首歌唱收割麦子的人的歌。"感受力极强的瓦莉娅说道。

我感到，就在这一瞬间，在每一个孩子的心灵里回荡起了心爱歌曲的歌词。歌曲好像让人们张开了双眼，去凝望故乡的美景。此时此刻，故乡的美变得更加亲切、更加珍贵了。

民族歌曲为孩子们指出，母语是一个民族宝贵的精神财富。孩子们通过歌曲领略到了语言在发音上的细微差别。

起初，即使我们器乐作品的唱片很少，而我仍然认为必须要听一听唱片，这和阅读托尔斯泰、契诃夫、高尔基、柯罗连科、盖达尔和丘科夫斯基的作品、显克微支和杰克·伦敦的短篇小说、普希金和舍甫琴科的诗，以及安徒生和格林兄弟的童话一样是有必要的。

我无法设想没有音乐的教育——如果不听音乐，人从小就不会有自己心爱的韵律。在我们的"快乐学校"开办之初，全体教师收集来了一些音乐作品的录音带和唱片。我们把这看作是极为丰厚的一份财富，然而这份财富却无法让孩子们对人类的精神财富有一个完整的概念，这让我们感到无比遗憾。不过，到我的这届学生快要一年级毕业时，我们已经拥有了27部音乐作品的唱片和录音带，其中歌曲7首，器乐作品20部。我们每周两次专门到音乐教室去听音乐。有些旋律和歌曲对孩子们来说并不陌生，因为他们在"快乐学校"时，这些东西就已经走进了他们的精神生活。孩子们听了很多次柴可夫斯基的《云雀之歌》和《迎春花》，莫扎特的《摇篮曲》，舒曼的《勇敢的骑士》，格里格的

《在高山之王的山洞里》，雷森科的儿童歌剧《山羊和灌木》中的《小狐狸之歌》《山羊之歌》和《小狼之歌》，乌克兰歌曲《我诧异地望着天空》《咆哮吧，宽阔的第聂伯河》和《夕阳西下，群山黯然》。

同孩子们在一起的 4 年时间里，我们的音乐资料差不多增多了一倍，这并不算多。不过，我关注的不是数量，而首先是让人类音乐宝库（主要是乌克兰和俄罗斯民族的音乐）的全部精髓注入孩子们的精神生活中，并让他们在聆听同一个作品时能得到美的享受，让音乐在思维和感情生活中留下印记。

即使孩子在一个月中只听到一段新曲子也没有关系，只要它能够成为他一生中精神享受的源泉。我担心过多的音乐和接连不断的新作品会让孩子们把听音乐当作一种消遣，进而不会在他们的内心中留下任何痕迹。

除了上面提到的作品外，我的学生们在小学四年中还听了以下作品：格林卡的歌剧《鲁斯兰与柳德米拉》中的《黑魔王进行曲》，古诺的歌剧《浮士德》中的进行曲，格里格的《挪威舞曲》和《霍尔宝组曲》，柴可夫斯基的芭蕾舞剧《胡桃夹子》中的《小草绿茵茵》《牧童之舞》和《糖球仙子舞曲》，芭蕾舞剧《天鹅湖》中的《小木兵进行曲》《古老的法国歌曲》《玩偶的病》《意大利歌曲》《儿歌》《喀马林歌曲》和《小天鹅舞》，里姆斯基·科萨科夫的歌剧《沙皇萨尔坦的故事》中的《三件怪事》选曲片段和《大黄蜂的飞行》，舒曼的《快乐的农夫》，格里格的《爱尔菲舞曲》，舒伯特的《苏格兰舞曲》，杜纳耶夫斯基的《椋鸟飞来了》，斯捷岑科的歌剧《小狐狸、小猫和小公鸡》片段，雷森科的歌剧《冬天和春天》片段，贝多芬的《土拨鼠》、瑞士歌曲《布谷鸟》，波兰歌曲《百鸟争鸣》，乌克兰民歌《邻居》《嗨，山上割麦忙》《高高一座山》和《吹吧，风，吹遍乌克兰》，匈牙利民歌《夜莺》，俄罗斯民歌《原野上一棵白桦亭亭玉立》，卡巴列夫斯基的《欢乐的铃声》，奥斯特洛夫斯基的《少先队员》，穆拉杰利的《少先队的篝火》《同志们，勇敢地齐步向前进》（洛巴切夫改编的老革命歌曲），《受着苦役的折磨》（列宁喜爱的歌曲）。

在听音乐之前，我讲了反映在音乐形象中的真实的或虚构的景象。这种讲解有巨大意义，它可以为孩子接受作品酝酿情绪。如在听《糖球仙子舞曲》之前，我讲了戈夫曼古老的童话，作曲家以其题材为基础创作了芭蕾舞剧。我尽力用鲜明和情感丰富的语言在孩子们的想象中塑造出一个善良、轻盈和优雅的仙女形象。

"你们会听到小水晶铃铛的叮当声，"我对孩子们说道，"这段音乐描绘出了美丽仙女周围的环境。我想象得出奇妙宫殿的那些轻巧和挺立的圆柱以及周围灯火辉煌的景象。"

孩子们先听了音乐，然后讲了他们想象中的仙女宫殿。他们想象着池塘、喷泉、一片绿树成荫的树林和神秘的山洞。虚构的形象唤起孩子们再听一遍这段音乐的愿望。

在给孩子们讲解音乐作品时，要非常有分寸并具备较高的教育素养，特别是在讲解一些孩子们不熟悉的作品时。任何时候都不要忘记，音乐语言是情感语言，就算是一支民歌，它的歌词既简单又朴实，但只因配上了旋律，让人感受起来像是一部艺术品。为了解释什么是音乐作品里艺术形象的本质，老师应当了解作曲家在塑造形象时所用手法的特点。而这种解释应当是孩子从教师口中听到的一段故事。它独特、完整且具有艺术性。这篇故事本身就应该能让人产生情感，有所感触，并在学生的脑海中描绘出一幅幅色彩鲜明的景象。

我深信，音乐是强大的思想源泉。孩子在音乐旋律的感染下想象出一些色彩鲜明的形象，它们能够活跃思维，就好像把思维中的无数小溪汇集成了一条河道。

孩子们很想把自己想象的和感受到的用语言描绘出来。对于智力发育迟缓的孩子们来说，音乐的确是强大的思想源泉。我想让孩子在听完音乐作品之后能够无拘无束地说一说自己的印象。

我们在音乐教室吹木笛，练习喜欢的曲子。二年级的时候，我们班的9个学生和其他班的4个学生参加了木笛兴趣小组。孩子们自己制作了乐器。谢廖沙、尤拉、季娜和莉达真是制作木笛的小能手。他们去小树林选合适的材料，在树荫下检查砍下来的树枝是否合格。为了让乐器的音色达到纯正和悦耳的效果，他们还反复进行调音。到了三年级，我们已经有了 2 只手风琴和 3 把小提琴。尤拉、谢廖沙、费佳、莉达、科利亚、季娜、拉丽萨、萨尼娅和舒拉都学会了拉手风琴和小提琴。在小学快毕业时，19 个孩子的家里已经添置了乐器，有手风琴和小提琴。但孩子们也没有忘记木笛。虽然有些孩子表现出了音乐天赋，不过我的主要目的并不是培养个别的天才，而是让所有的学生都爱上音乐，让音乐成为他们每个人的精神需求。

永远无法到了青春期时再去弥补童年的遗憾，尤其是成人以后就更不可能了。这条规律关系到儿童精神生活的各个领域，特别是审美教育。人在小时候对美的敏感和感受力比个人成长的最后几个阶段要强得多。小学老师的一项主要任务是培养孩子对美的需求，这种需求在很大程度上决定了孩子精神生活的整体结构及其在集体中的关系。对美的需求有助于树立道德美，让人对一切庸俗和丑陋的东西采取毫不妥协和毫不容忍的态度。

乌克兰著名思想家格里戈里·斯科沃罗达曾写过这样一句古老的至理名言："当一个人手里拿着小提琴时，他就不能去做坏事。"丑恶和真正的美是不能并存的。形象地讲，教育者的一项重要任务就是要给每一个孩子一把小提琴，让他们都能感受到音乐是如何产生的。如今，录制和传播音乐的技术手段是那么丰富多样，因此这项教育任务也就有了特殊的意义。要防止年轻一代只做美的享用者，这不仅是审美教育问题，也是道德教育问题。

书在儿童精神生活中的作用

书在儿童精神生活中起着巨大的作用，但前提是孩子已具备良好的阅读能力时才行。"良好的阅读能力"是指什么？首先是掌握基本的阅读能力，即阅读技巧。

我想让阅读成为孩子的一种精神需求。在一年级和二年级的时候，学生每1~2周去图书室借一本书，并进行大声朗读。如果没有做到这一点，就不可能培养出扎实且稳定的流畅阅读能力和理解能力。每个学生在二年级的时候都有一个笔记本——"词汇库"。孩子把自己认为有意思的或不明白的词汇记在这个本子上（以后我给孩子们解释词汇的意思和感情色彩）。到了三、四年级，除了记个别词汇外，孩子还把喜欢的短语和句子也写到"词汇库"里。

阅读是丰富精神世界的源泉，但不可只局限于会阅读。这种阅读能力只是起步而已。虽然孩子可以流畅并准确地进行阅读，但是书却没有成为引导他走向智力、道德和审美发展巅峰的道路。

会阅读是指对词句的含义、美感及其细微差别很敏感。只有当学生所读的词句在他的脑海中跃然纸上、栩栩如生，并呈现出周围世界变幻无穷的色彩和旋律时，才算得上是在"阅读"。

阅读是一扇窗，孩子们透过它观察和认识世界以及自己。孩子在进行阅读的时候，甚至是在第一次打开书阅读之前就需要让他对词汇进行细致的研究，且这一研究应当包罗儿童活动及其精神生活的各个方面，如劳动、游戏、和大自然的亲近、音乐和创作。只有做到这一点，这扇阅读之窗才能为孩子敞开。

如果缺乏创造美的劳动、童话、幻想、游戏以及音乐，也就无法设想阅读能成为孩子精神生活中的一部分。发展言语和思维的基础是到鲜活的思想之源去"旅行"，是通过感受语言的美去领会词句的感情色彩和美学色彩，这是蕴藏在书中的艺术财富。

在第一次阅读之前，孩子应当听一听老师和父母是如何朗读的，感受一下艺术形象的美。不要让到大自然去"旅行"和阅读书籍脱节。如果孩子在阅读书籍之后体会不到其中词句的美，他也就看不出周围世界的美好。

通往孩子心灵和思想的道路有两个方面，乍一看好像是两个相反的方面。一方面是从书籍、读过的词句到口头表达，而另一方面是从鲜活的并已进入孩子精神世界的语言到书籍、阅读和书写。

培养孩子在读写方面的情感和审美能力是其学会读写的最重要条件。不过学会读写并不是为了取得成绩，而是因为读和写是精神生活中必不可少的。如果不会读和写，就会失去许多欢乐。早在"快乐学校"时，我的学生们就已经通过绘画和生动的题目来表达自己对周围美景是怎样的感受和想法。这就是在读写方面培养出的情感和审美能力。

在我们的教育体系中，到大自然去"旅行"并不是目的，而是通过语言发展孩子智力的一种手段。只有在语言中、在智力教育中、在孩子学会思考和观察事物和现象间的相互作用以及学会对大自然、直观形象和概念进行概括和提炼时，孩子们才会对大自然的美、对色彩和声音的变幻以及对生活中无穷尽的变化怀有满腔热忱。

我做到了让一年级的孩子们把阅读当作是一种精神需求，而不是把它只当作培养快速感受词义和掌握发音技巧的练习。只有符合学生智力、情感和审美发展水平的东西，以及能够帮助他得到进一步发展的东西，才能进入他的精神世界。正确选择阅读书籍是教育工作者的一项特别重要的任务。不过，遗憾的是很多适合儿童理解的艺术珍品并没有收入到阅读教材中。所以，在开学3个月之后，我们就开始读一些有趣的童话和故事，而它们却并没有被收入阅读教材。

　　我把《乌克兰和俄罗斯童话》一书分发给孩子们。在他们阅读乌克兰民间童话《草扎的小公牛》之前，我介绍了故事的内容，一边给孩子们讲故事，一边展示图画加以说明。孩子们打开了书，一个学生读完了整篇童话，接着第二个学生又读了一遍，然后第三个学生再读一遍。不管朗读多少遍，就算是同一个故事，只要是孩子们觉得有趣的故事，他们就不会感到厌烦。因为对每一个孩子来说，朗读并不是一项重复的练习，而是个人对鲜明形象的深刻体验，同时每个人都要把个人感受带入到语言中去。孩子们在听他人朗读时是如此专心，他们一个接一个地好像是在唱同一首歌、同一段歌词、同一首曲子。语言在这样的朗读中听起来像音乐和旋律一样动听。

　　在进行富有感情色彩的、生动的个人朗读之前，让孩子要多次去亲近思想的源头，去感受语言的美，这是特别重要的。当学生读到"小牛走进了黑暗的森林，在那里遇到了一只大灰狼"这一句时，在他的脑海中浮现出难忘的"黑暗森林"的景象：暮色笼罩着森林，夜里传来神秘的簌簌声，在暴风雨来临前树叶发出不安的喧闹声。当孩子一听到"黑暗的森林"时，这一切色彩鲜明的景象和变幻无穷的大自然乐音就会进入他的精神世界。如果老师不了解走向鲜活语言和活跃思维的源头的途径，那么不管他怎样解释读、发音和掌握语调的方法，也教不会孩子富有感情地朗读。

　　从开始学校工作的第一天起，我关心的就是不让一本坏书落到孩子们的手中，要让他们生活在已经成为本民族和全人类文化瑰宝的有趣作品里。这是一项非常重要的任务，因为一个人一生中最多能阅读不到 2000 本书。在童年和青春期初期，必须仔细为孩子们选择读物。哪怕孩子读的不多，但要让每一本书在他的内心和头脑中留下深刻的印象，让他反复阅读几次，从中发现越来越多的精神财富。对孩子来说，从表情朗读中获得满足和享受是非常重要的。语言的力量和美感要通过声音才能得以体现出来，所以重要的是通过听觉，即有感情的朗读去感知语言的感情色彩。

　　在一年级的时候，我们就已经建立了一座儿童藏书库。它由四个部分组成。第一部分是故事书。我认为，这些书对孩子的德育、智育和美育是最有价值的（每种书我们都买上 15 本，这样在上阅读课的时候，每张课桌上都能给到一本）。这一部分书可供小学四个学年使用，里面所选的故事都是通过鲜明的艺术形象反映出一些能被孩子理解的人类思想。这些故事书有托尔斯泰的《鲨鱼》《跳跃》《高加索的囚徒》，叶尔绍夫的《驼背小马》，科秋宾斯基的《小枞树》，茹科夫斯基的《沉睡的公三》《独眼巨人的山洞历险记》，马明·西比里亚克的《多嘴的愚猎人》《在冰天雪地里过冬》《财主和叶廖姆卡》《养子》《会脖子》，安徒生的《小不点儿》《丑小鸭》《皇帝的新装》，雨果的《珂赛特》和《加夫罗什》（选自《悲惨世界》），格林兄弟的《韩塞尔与葛雷特》《懒惰的汉斯》《三个幸运儿》，普希金的《沙皇萨尔坦的故事》《死公主的故事》《驿站长》《安查尔树》《囚徒》《保姆》《小鸟》《冬天的夜晚》，亚努什·科尔恰克的《如果我返老还童》，柯罗连科的《地窖里的孩子》，涅克拉索夫的《农民的孩子们》《雅各布叔叔》《马扎伊爷爷和兔子》，屠格涅夫的《小鹌鹑》，格里戈罗维奇的《橡胶孩子》，加尔申的《信号》，库普林的《椋鸟》，斯坦纽科维奇的《马克西姆卡》《保姆》《逃亡》，契诃夫的《醋栗》《白脑门的狗》《万卡》《逃亡者》《男孩们》《变色龙》，显克维支的《小音乐家杨科》，杰克·伦敦的《基什的故事》，马克·吐温的《汤姆·索亚历险记》，高尔基的《贝贝》《从帕尔马来的孩子们》《叶甫谢卡的奇遇》《伊利亚的童年》《早晨》，盖达尔的《丘克和盖克》《遥远的国家》《铁木儿和他的队伍》，邦奇·布鲁耶维奇的《列宁和孩子们》，捷斯连科的《小学生》，帕纳斯·米尔内的《严寒》，弗兰科的《格里采夫的学校生活》《铅笔》，柯诺诺夫的《列宁的故事》，科斯莫杰米扬斯卡娅的《卓娅和舒拉的故事》《少先队英雄的故事》，别济克的《奥列格·科舍沃伊的童年》，卡塔耶夫的《团队之子》，戈洛夫科的《皮利普科》《红手帕》。

　　阅读这些作品不仅能够让孩子们认识世界，做一些有助于培养扎实的技能和技巧的练习，还能够成为学校进行情感道德教育的途径。每一本书都在孩子们的心灵中留下了深刻的印象。马明·西比里亚克的奇妙故事《在冰天雪地里过冬》给孩子们留下了很深的印象。这部作品讲述了一个孤独的老人，他被所有人遗忘了，在荒野的大森林里的一间小屋里度过了余生。我注意到孩子们在读完这类作品之后，对周围世界各种现象的感受变得更敏感了。无论是在课堂上，还是在课余时间，我们都会读故事。我们藏书库的这个部分藏书可以堪比用于集体欣赏的音乐作品收藏库。

我们藏书库的第二部分是俄罗斯和乌克兰现代作家写的故事。这些作品描写了我们现在的生活、苏联人们的劳动状况、争取和平的斗争、伟大卫国战争时期的英雄事迹和一些小英雄的故事。学生们最有兴趣阅读的是米哈尔科夫和马尔沙克的诗，盖达尔、卡西尔、诺索夫、普里列扎耶娃、特鲁布莱尼、雅诺夫斯基、兹巴纳茨基、林科夫、伊瓦年科、沃龙科娃、日特科夫和亚历山德罗娃的故事。

第三部分是童话故事、诗歌和寓言故事。这些书仅用作课外读物。每个孩子都选了一部自己感兴趣的作品来读（只不过是因为看到了这部作品里的漂亮图画，听到了老师或小伙伴讲里面的故事，才产生了兴趣）。

教室里藏书库的第四部分是古希腊的神话。这部分书是费了很大工夫才找到的。里面的希腊神话使用了孩子们可以接受的叙述形式。古代神话对儿童的智力和审美教育有着重要的作用。它们不仅能为孩子们揭开人类文化壮丽的篇章，还能激发想象力，发展智力，培养他们对古代文明的兴趣。

从一年级下半学期起，我们便开始进行集体阅读。即便一本书有好几册，我也全部发到孩子们的手上，让他们在家里读。这是集体阅读课的课前预习。

去童话室是为了读那些内容早已熟知的故事吗？孩子们怎么会有这样的想法，这样做是为了什么，读一点新东西不是更好吗？是的，新的和不熟悉的东西也要读，我们也读新书。不过，只有当孩子想把打动自己内心的东西读给小伙伴们听时，只有他想把自己的情感和体会用语言表达出来时，这样的作品才能进入他的精神世界。

藏书库第一部分里的每一本书，我们都读了不下 10 遍，但对它们的钟爱并没有因为反复阅读而稍减。孩子们在 2~3 周前读过的书也不会忘，他们很想再读上一遍，所以专门为此来到学校。3~4 个月过去了，孩子们还想再读一遍喜爱的书，于是它就又成了集体阅读的读物。

不过，只有当孩子学会在阅读之前就感悟出语言细微的差别时，文学作品的美和力量才能打动他的心灵，激发他的理性思维。如果一个人到思想的源头去"旅行"，却领略不到语言的魅力，那么他永远也不会想把知道的作品听上两遍、三遍，甚至十遍。

我们在有些课上专门安排阅读喜爱的故事。孩子们在做课前阅读预习时，心情激动不已。每个孩子都读了自己最喜欢和最令自己心潮澎湃的部分。

朗诵诗歌在我们班占有一席特殊的地位。我给孩子们背诵了一些世界人类文化宝库中最杰出诗歌的典范作品，有普希金、莱蒙托夫、茹科夫斯基、涅克拉索夫、费特、舍甫琴科、莱斯雅·乌克兰英卡、冯·席勒、密茨凯维奇、海涅、别兰热及其他诗人的诗歌。孩子们也有了要把自己喜爱的诗歌背诵下来的愿望。4 年来，学生们背诵了很多诗歌。不过，在没有感受到诗句的绝妙音韵之前，他们从没有背诵这诗歌。

优秀的诗歌总是能把语言、形象和音乐旋律的美结合到一起。我很想让孩子们从很小的时候就能感受到各种审美要素之间的统一，所以我常给孩子们背诵俄罗斯和乌克兰诗人的诗歌。我们朗诵了很多次普希金的诗《英明的奥列格之歌》和舍甫琴科的长诗《女工》。几乎所有的孩子都能把这些作品背诵下来（没有专门下功夫去背）。孩子们还背诵了不少描绘大自然美景的短篇抒情诗。

孩子们会连续阅读喜爱的作品。我们在"幻想园地"连续好几周都读了《汤姆·索亚历险记》。孩子们周围的环境加强了他们对这本书的印象。我们还继续阅读了高尔基的《童年》、卡达耶夫的《雾海孤帆》以及巴若夫的《孔雀石箱》。我们慢慢开始举办起有表情朗读晚会和晨会。每个想参加的人都会选择自己喜爱的故事或诗歌，并做朗读准备。许多其他班的孩子们也会来参加我们的朗读晚会和晨会，于是这种朗读活动就渐渐地成了全校性的活动。

我们一年举办两次母语节，一次在上学期期末举办，另一次在下学期期末举办。语言节上的一些仪式已成为了传统。孩子们常常邀请村里的长辈来参加，让他们来评判谁的故事或诗歌朗诵得最好。这是一种独特的创造性比赛，获胜者会获得图书作为奖励。奖品是由年长的集体农庄农民颁发给孩子们，这些人也很热爱和珍惜自己的母语，他们也会讲一些童话故事，背诵一些诗歌。所以，常常会发生学生和年老庄员朗诵同一个作品的情况。

在四年级的时候，春季的母语节连续举办了2天，因为很多很多人都想来朗读故事、寓言和朗诵诗歌。

通过与父母和祖父母这些长辈们之间的不断交流，我发现孩子们在生活中形成了另一个有意思的传统。我们优秀的朗读者们开始在家里给父母朗诵，大人们也常常来学校听孩子们朗诵。于是就组成了几个母语爱好者小组和母语书籍朗读小组（各小组都由大人们组成的，而且是特别受尊敬的人）。孩子们就像是这些小组的组织者，进而增进了他们对书籍和阅读的浓厚兴趣。

全校性的图书节也成了一大传统。在开学的前一天，也就是8月31日，孩子们和家长们都来到了学校。在这一天，大家互相送书：孩子和孩子之间互送图书，家长给孩子送书。集体农庄的管理委员会在这一天也会给母语爱好者小组的优秀组织者们送上图书，这也成了一种惯例。

我很想让每一个孩子都能慢慢地建起自己的藏书库，让阅读成为他们最重要的精神需求。孩子们还在上一、二年级的时候，我就已经做到让每一个学生家庭都拥有一个藏书库。有些家庭的藏书已经超过了500本，而有些家庭的书籍数量虽然少一些，不过每家的藏书量都在每月往上递增。如果家庭藏书量在一个月里连一本也没有增加的话，我就会认为这是一个危险的现象。

自我教育和个人的精神生活是从读书开始的。一直在小心翼翼地牵着学生的手、领着他前进的老师终于发现可以放开他的手对他说："自己走吧，去学习如何生活。"在教育过程中总会有这样的时刻到来。而要决定走出这一步，就必须具备很高的教育智慧。为培养一个人做到精神独立，就必须把他领进书的世界。

　　书应该成为每一个学生的良师益友和明智的教导者。我认识到，让每一个学生在小学毕业时就向往与书独处、有思考和沉思的渴望，是一项重要的教育任务。与书独处并不意味着孤独，而是从思想、情感、信念和观点上开始进行自我教育。只有当书作为一种精神需求进入孩子的生活，才有可能实现与书独处。

　　通过与男孩子、女孩子们进行一对一的交谈，我弄清楚了哪个孩子对哪些书感兴趣，他们在书里发现了哪些问题的答案。我要了解这一切就是为了给孩子们提出合理的建议，帮助他们找到自己想看的书。

　　只有当学校受对祖国的崇拜、对人类的崇拜、对书籍的崇拜和对母语的崇拜这四种崇拜心理左右时，它才能成为真正的文化中心。在我还没有教这个班的学生之前，我就听到过很多青少年教育工作面临的难题。有人对我说："幼儿教育最容易，可一旦小孩子成长为青少年，他就会有所改变，变得让你认不出他来。善良、体贴和害羞的一面也会消失不见。取而代之的是粗鲁、生硬和冷漠。"后来，我意识到这些话是极其错误的。

　　如果孩子没有良好的美德，如果教育者认为美德是孩子天生就有的品质，到了青少年时期，这种美德就会"消失"。

　　如果孩子从小就没有培养出对书籍的喜爱，如果阅读没有成为他一生的精神需求，到了青春期的时候，孩子的内心就会变得空虚，好像不知从哪里来的坏东西就会出现在他的身上。

母　语

对乌克兰人来说，乌克兰语是母语，有 360 多万人在讲这种语言。不过，民族的历史命运也让乌克兰人对俄罗斯兄弟民族的语言感到十分亲切和重视。这两种同源语言通过许多条线交织在一起。这让同时掌握乌克兰语和俄语的人既感到便利，也面临重重困难。

千百来个词在两种语言中具有相同的发音，却有不同的含义。在众多情况下，同一个词在乌克兰语中具有一种感情色彩，而在俄语中却有另一种感情色彩。一个词在一种语言中读起来充满了动人的感情色彩，而在另外一种语言中有时却有讽刺的意味。两种语言中感情色彩和审美色彩的细微差别以及语气的改变是我们乌克兰学校教师们获得精神财富的源泉，而且我们也有责任把这一财富传承给年轻一代。

语言是一个民族的精神财富。有一句民间谚语是这样说的，"我知道多少种语言，我就做了多少次人"。如果一个人没有掌握母语，体会不到它的美，那么他也无法获得蕴藏在其他民族语言宝库中的财富。一个人对母语的微妙之处认识得越深，他对母语要表达的感情色彩感受得就越准确，他就越能够熟练地掌握其他民族的语言，他的内心就能更主动地去体会文字的美。

我很想从孩子们迈入学校生活的第一步起就把这富有生机的源泉——珍贵的母语财富展示在他们面前。学生们到思想和语言的源头去"旅行"的时候，也能领略到乌克兰语和俄语在情感、美学和语义上的细微差别。我做到让孩子们不仅能感受到语言的美，还能小心留意文字的使用，并注意语言是否纯净。

一个人的语言修养是其精神修养的一面镜子。母语的美和伟大，它的力量和表现力不仅对孩子有重要的影响，还让他的情感、精神、思想和感受变得高尚起来。孩子在小学阶段遇到周围环境里的新现象时，内心总会充满了好奇，所以这种手段只对这个阶段的孩子有很大的作用。

我们到大自然中去，到森林、果园、田野、草地、河边去，语言成了我手中的一件武器，我通过语言让孩子们看到了五彩缤纷的周围世界。如果孩子们能够感受到和体会到所见所闻的美好，就能领悟出语言的细微差别，而美则通过语言走进孩子们的内心。

到大自然去"旅行"是创作活动的第一推动力。孩子们渴望表达自己的感情与感受，渴望谈论美好的事物。孩子们经常会写一些描写大自然的小短文，它们是语言和思维发展的最重要方式。每个孩子都编了一篇小短文，然后回到教室把它写下来。我在这里拿几篇孩子们在一年级时口头创作的小短文作为例子，后来这些小短文还被编入了大画册《我们的祖国语言》或孩子们的个人画册中。

云雀之歌（拉丽萨）

在蔚蓝的天空中有一小团灰色的东西在颤动。这是一只云雀。我在倾听它那美妙的歌声，怎么听都听不够。就好像是在细细的银弦上演奏。它把一端连着金色小麦的琴弦拉到了太阳跟前。麦穗也在听它唱歌。

太阳落山了（谢廖沙）

太阳落山了，田野的色彩也暗淡了下来。朦胧从峡谷蔓延到了田野和草地，像河流一样向着四面散开。杨树顶上闪烁着金色的小火花，这是太阳在发出最后的问候。小火花闪烁了一会儿，接着就熄灭了。太阳，再见！

蜜蜂喝水（加利娅）

我看见蜜蜂在喝水。一滴滴的水珠顺着细细的芦苇滑到了光滑的小柳树墩子上。小树墩被打湿了。蜜蜂喜欢柳树的香气。它们飞到小树墩上喝水。它们抖动着金色的翅膀。小蜜蜂，你们休息一会儿吧，你们不是还有很远的路要飞吗！

荞麦开花（瓦莉娅）

荞麦开花了。田野好像披上了一条白色的毯子。不过这条毯子是活的，还散发着香甜的味道。每一朵小花上都落着一只小蜜蜂。毯子发出呼呼的响声，原来这是蜜蜂们在嗡嗡地叫。一只毛茸茸的大熊蜂落到了小花上。麦秆颤抖了起来，然后弯了下身。熊蜂没有站稳，一下子滑了下来，气呼呼地嗡嗡叫了起来。

联合收割机（尤拉）

我的叔叔是一名联合收割机手。他经常开着一台大机器。他面前是一片小麦田。锋利的刀子割断了麦秆，接着把它们送进了脱粒机。脱粒机给小麦脱粒。谷子一小粒接着一小粒地流进了谷箱里。来了一辆汽车，把谷子运到了谷场。到时候会做出很多的白面包来。

我们的脱粒机（万尼亚）

我们学校里有一台小小的脱粒机，就是这样的一台小机器……学生们在校园里完成了小麦收割，把它们打成了五捆。小脱粒机嗡嗡作响，它给小麦脱了粒。我们把脱了粒的小麦倒进一个大口袋里，以后用来播种。

苹果树开花（帕夫洛）

啊，苹果树开花的时候，果园可真美呀。

白色的小花在阳光的照耀下张开了花瓣。微风轻轻地摇动着小花，于是它们发出了银铃一般的叮叮当当声。整个果园都叮叮当当地响了起来，它在向太阳微笑。当风停下来，便听到了蜜蜂嗡嗡的叫声。它们在枝头飞来飞去，寻觅着最响的那只银铃。果园唱起了歌，好像在拨动着一千根琴弦似的。一只小蜜蜂落到了风铃花上，它伸了伸腿，抖了抖翅膀。花朵的上空好似一片云彩扬起了金色的花粉。

参观达莎阿姨的农场（科利亚）

我们去了达莎阿姨的农场。她正在给30头奶牛挤奶。好大好大的奶桶啊。牛奶被运到奶油加工厂去了。人们会在那里把牛奶制成奶油。

傍晚鹤唳（季娜）

太阳落山了。仙鹤在蔚蓝的天空中飞翔。它鸣叫道："绿草地，你们好，我们从温暖的大海那边飞来。"树上的树枝飘动了起来。绿草簌簌作响。池塘发出清脆的声音："仙鹤，你们好，请你们讲一讲，你们在温暖的大海那边都看到了些什么。"

温柔的朦胧爷爷（萨尼娅）

天空中的繁星闪烁了起来。温柔的朦胧爷爷从峡谷中走了出来。他一副老态龙钟的样子，留着蓬松的头发，挂着拐杖。他进了村子，走进了一座小屋。他用温暖而柔软的手掌搂住了孩子们。孩子们想睡了。他们做了美美的梦。（这还是萨尼娅在"快乐学校"上学时编出的朦胧爷爷的童话故事。不过现在，这个故事又在孩子的记忆中重现了。）

库兹马叔叔（费佳）

我们去了库兹马叔叔那儿。他是一位建筑工人。他用砖给房子砌墙。现在他在盖一座商店。库兹马叔叔已经建了50所房子。许多人都住在他建的这些房子里。他说："我盖的房子能住上两百年。很多人会回想起，库兹马叔叔是个多么好的建筑工人啊。"

雪花莲（卡佳）

太阳叫醒了森林，融化了松树顶上的雪花。它变成温暖的水滴落到了雪地上。水滴穿透了雪堆和干枯的叶子。就在水滴落下的地方露出了一根绿色的小花梗。那上面上开出了一朵蓝色风铃。它望着雪地，惊讶地问道："我是不是醒得太早了？""不，不早，该醒了，该醒了。"鸟儿们唱了起来。于是，春天来了。

太阳和乌云（托利亚）

这是一片金黄色的庄稼地。太阳照耀在每一簇麦穗上。田野，田野，你真美啊！不过，你看，乌云向你飘来了。它遮住了太阳。麦穗上的金色小火花也熄灭了。田野变得昏暗了起来，好像有人给大地盖上了灰色的被子。快出来吧，太阳，你快从乌云后面出来吧。太阳，麦穗们都在等你呢，我们也在等你呢！

星星从天空中落下来了（柳芭）

八月的时候，常有星星从天空中落下。在光线昏暗的森林里有一块很大的空地。有一颗星星从天空中落下来了，落到了这片空地上，接着开出了一朵紫色的小花。

我们的教室很温暖（萨莎）

我们的教室温暖极了。有水在暖气里流动。地下室有一台锅炉。里面的煤烧得正旺。煤是矿工从地下开采出来的。通过铁路把煤运送到我们这里。人们先把煤卸到地上，再装上汽车，然后运到学校。正是因为矿工和铁路工人们的劳动付出，才让我们感到了温暖。

椋鸟过冬的地方（米沙）

去年冬天，椋鸟没有飞去暖和的地方。它们是从哪里了解到这里不会有严寒的呢？我看到傍晚聚来了一大群鸟儿，它们从一棵树飞到另一棵树上。它们正在寻找暖和一点的地方。它们惊慌地吱吱叫。暴风雪来临的时候，椋鸟飞进了我们搭建的棚子里，落到哪里的都有，甚至有的还落到了牛背上。在寒冷的晴天，它们会到雪里去洗澡。一只椋鸟像一颗小石子一样掉进了柔软的雪堆里，被雪埋了起来。后来，它又从雪堆里爬了出来，快乐地啾啾叫个不停。

新年枞树（丹科）

我和妈妈把一棵新年枞树摆到了桌子上。我们用各种小玩意儿来装饰它。树下面放了一个圣诞老人。夜幕降临。院子里月光皎洁。我想看一看圣诞老人在做什么。他拿起了拐杖，他从新年枞树下走开，在桌子上走来走去。他一边溜达，一边呷呷地叫了几声。白色的小雪花在树枝上窃窃私语。灰兔子躲在小树杈上。它突然从新年枞树上跳了下来，跳进了圣诞老人的口袋里，便成了新年的礼物。

尤希姆爷爷（柳达）

我的爷爷尤希姆是一位森林工人。他在集体农庄已经工作了 25 年。村后面有一片橡树林。这些是他的橡树，都是他栽种的。爷爷说，他的橡树能活三百年。所以，我也要种一棵自己的小橡树。

凶恶的蜘蛛（科斯佳）

在小贮藏室的一处阴暗角落里挂着一条蜘蛛网。我在观察蜘蛛会干什么。它躲在墙壁上，动了动腿。它好像在摇晃自己的网子。一只苍蝇飞过来，嗡嗡地叫个不停。蜘蛛转过身来，认真地听着。苍蝇碰到了网子，一下子被缠住了。苍蝇的嗡嗡声听起来又尖又不安。蜘蛛飞快地向苍蝇爬去。凶恶的蜘蛛，不，你不能杀害苍蝇。我撕破了蜘蛛网，放走了苍蝇。飞吧，不要再落进凶恶蜘蛛的网子里了。

西红柿（斯拉瓦）

红色的西红柿悬挂在绿葱葱的灌木丛上。早上，西红柿上布满了露珠。金色的阳光在每一滴露珠上闪烁。白色的蝴蝶落在了红色的西红柿上。蜜蜂嗡嗡地叫个不停。它以为这是一朵大红花，在西红柿上方盘旋了一会儿便飞走了。

孩子们编写出的短文是一项巨大的劳动成果。应当领着孩子们到生机盎然的思想和语言源泉去，让周围事物和现象的概念通过语言深入到他们的意识、灵魂和心灵中。语言的感情色彩、美学色彩及其细微差别都是儿童创作的源泉。语言以鲜明的形象存在于孩子的脑海中，所以孩子们在课堂上写短文的时候，常常用图画作为补充性文字。

要是期待孩子能在周围美景的感染下一下子写出一篇短文来，那也真是天真了。孩子并不是凭什么灵感进行创作的。应当教他们如何创作。只有孩子从老师那里听到关于大自然的描绘后，才能写出短文来。我给孩子们读了一篇短文，这是在一个静悄悄的傍晚时分在池塘旁编写的。我想让孩子们清楚并感受到直观形象是可以通过语言表达出来的。起初，孩子们只是重复我编的短文，然后慢慢地开始独立描写让自己感到激动兴奋的大自然景象，这就是儿童个人创作过程的开端。在这一工作中，能够领会语言的感情色彩和审美色彩的细微差别是至关重要的。只有当孩子把每个词都看作好像是预先留在要砌置地方的现成砖块时，他才能学会编写短文。孩子会选择那块在当时情况下唯一合适的砖块来用，而不可能去用最先随意想到的词，因为在情感和审美上的敏锐感受也不允许他们这样做。

编写短文成了学生们喜爱的活动。他们总想把自己看到的和感受到的都讲出来。对孩子们来说，语言是表达自己对周围美好事物所持态度的一种手段。孩子们在二、三、四年级时常常会写关于老一辈集体农庄农民和工人、苏联人民的劳动、苹果树长出的幼芽和凋谢的洋甘菊、秋暑时节的银色蜘蛛网以及在集体农庄果园里采摘苹果的一些短文。在这 4 年中，每个学生都写了 40~50 篇短文。下面是孩子们在二、三、四年级时写的几篇短文。

玻璃窗上的冰窗花是从哪里来的（塔尼娅，四年级）

我问妈妈："玻璃窗上的冰窗花是从哪里来的？"妈妈说："是圣诞老人的小孙子画的。他每天夜里都跟着爷爷去各家各户，把他们的玻璃窗都画满花纹……"我很想看看他是怎么做到的。我躺到床上，却没有合上眼睛。大家都睡着了。窗外的树吱吱作响。一个小男孩走近了窗边。他一边用银色的铅笔在玻璃窗上画来画去，一边小声地哼着歌。我看到他画了一朵美丽的花。宽宽的叶子和小小的花瓣。早上，太阳闪烁出光芒。这花朵是多么栩栩如生啊。我不知道，这是我做的一个梦，还是我真的看到了。

冬天里的花世界（加利娅，三年级）

秋天的时候，暖房旁的菊花都盛开了，它们不怕寒雾。然而，从北方刮来了一股寒流，连桶里的水都冻成了冰。要防止菊花受冻。我们把它们移到了花盆里，然后放进暖房。我们还给它们剪了枝。菊花又开始发绿了，还开了花。早上，我醒来以后，发现院里到处是雪。一边下着雪，一边出着太阳。我马上跑进暖房。菊花都已经开了，有白色的、蓝色的、天蓝色的。玻璃窗外仍在下雪。菊花在向明媚的太阳微笑。

我们是怎么从日里回来的（帕夫洛，二年级）

夏天，我和妈妈一起去农田拉干草。妈妈用绳子把它们捆好。马车慢慢地走。我们坐在高高的干草上。太阳下山了，天空中繁星闪烁。我躺在干草上，望着天空。此时此刻，我们的马车已经不再是马车了，而是一艘大船。我们在海上航行。星星仿佛挂在我们举手就能摘到的头顶上。远处是绿色的海岸。鹌鹑在那边唱着歌，蛐蛐在演奏着小提琴。我们的船停了下来，星星在徐徐地飘动。船靠岸了。妈妈站起身来，而我还想再躺一会儿。

阴沉的秋天（舒拉，三年级）

白天变短了，而夜却变得更长了。每天早上河面上都飘着薄雾。太阳去哪里了？为什么它还没有把雾气赶走？从天空中落下了绵绵秋雨。树木耷拉着树枝。树叶飘落了下来。一大颗一大颗的水珠挂在树枝上。从云雾中传来了一只海鸥的啼叫声。也许，它是在向人们诉苦自己没能飞去南方。树林里安静极了。啄木鸟啄了几声，便停了下来。金黄色的橡实落到了叶子上。整个世界都笼罩在一片白雾之中了。

秋天是从什么时候开始的（谢廖沙，四年级）

清晨，燕子惶恐地在村子上空飞来飞去。没过多久，它们便汇合成了一大群，落到电话线上，唧唧地在悄悄说着什么。他们在商量什么时候飞往温暖的地方。第二天，燕子已经不见了。它们飞到哪里去了？它们是怎么知道秋天要来了呢？可是，天还暖和呢，太阳也暖洋洋的。我喜欢秋日霞光灿烂的傍晚。晚霞赤红的火焰燃烧了很久很久。杨树的叶子也好像变红了。这是晚霞映衬出来的。昏昏欲睡的池水像是一道晚霞。一到傍晚，池塘就会变得热闹起来。飞往南方的鸟儿在途中会在这里留宿。到了早上，池塘被笼罩在一片雾中。露珠挂在草上。它也不知怎么是灰蒙蒙的，已不像是夏天的模样。秋天到了。

生活中什么是最重要的（瓦莉娅，四年级）

生活中什么是最重要的？矿工说：煤是最重要的。如果没有煤，机器就会停下来，那么也就不会有金属，人们就会挨冻……另一个人说：金属是最重要的。没有金属就没有机器，也不会有煤、粮食和衣服。还有人说：粮食是最重要的。如果没有粮食，矿工、冶金工人、飞行员、边防军人就不能工作。他们之中到底谁说得对呢？生活中什么是最主要的呢？劳动才是最重要的。倘若没有劳动，既不会有煤和金属，也不会有粮食。

"烈焰马"（萨尼娅，四年级）

这个故事是妈妈讲的。当时在村子里成立第一批集体农庄时，农庄农民便买来了一匹马。它的名字叫"烈焰"。谁也驯服不了它，就连最勇敢和最有经验的人都不敢接近它。它用蹄子刨土，用牙咬人，打响鼻儿。小伙子尤尔科到底还是骑上了这匹不温顺的马。马儿腾空而起，嘶叫起来，跳上大路，把尤尔科甩到地上。它跑了几里，在村边停住了脚。两个小孩子在路中间玩耍。他们跑到马的跟前，抱住了马的两条前腿。妈妈心里怕得要死。她以为这下马要把孩子踩死或弄残废了。然而，马静静地站着，挪动了一下腿，又站住了。它斜眼看了看孩子们，好像担心伤到了他们似的。而孩子们却一直在那里玩耍。不一会儿，"烈焰马"小心翼翼地从孩子们的身边走开了，穿过村庄，跑走了。人们抓住了它，把它关进了马厩。

刺猬（费佳，四年级）

我家门口台阶下住着几只刺猬。一到晚上，它们全家就会从小洞口出来，去了池塘那边。走在前面的是老刺猬，跟在它身后的是五只小刺猬，走在最后面的是母刺猬。它们到那里去干什么呢？我一看才发现，它们是在喝水和洗脸。接着，老刺猬和母刺猬用小爪子刨土，从土里挖出了一些小根茎吃。就在这时，小刺猬正在玩耍，它们又跑又跳。它们找了一处僻静的角落，这个是一个谁都不去的地方。

一天，不知从哪里跑来了一只狗。它跑到老刺猬的跟前。老刺猬团起身子，一动不动。这时，所有的刺猬也都把身子团了起来。狗咬着老刺猬来到了池塘边。它把刺猬放进水里。刺猬向着岸边游去。狗望着它，又开始捉弄起刺猬来。于是，我把狗赶走了。

第二年春天，台阶下就只剩下一只老刺猬了。其他的刺猬都去了哪里？也许它们是搬到别的地方去了，而老刺猬却不愿意搬走。于是，我在台阶旁边放了一小碟牛奶。老刺猬把牛奶都喝光了。它也不再害怕我了。我把它引到了屋子里。我打开了灯。刺猬一直盯着灯光看。我在地板上放了一张旧报纸，它便开始玩起了这张报纸。到了睡觉的时候，刺猬又回到了门口台阶下自己的洞里。

阿尔乔姆·米哈伊洛维奇——布琼尼骑兵（丹科，四年级）

阿尔乔姆·米哈伊洛维奇来参加我们的少先队集会。他在蔬菜生产队工作。我们以为，他只不过是一位老爷爷。然而，他还是一个布琼尼骑兵，是一位国内战争的英雄。他讲述了自己去做侦察和去袭击白卫军的经历。

一次，他受了伤，被邓尼金的部队俘虏了。他们把他押去枪毙，却没有打死他，只是又受了一次重伤。夜里，他爬着来到一户农家，哀求农民让他进屋。农民把他藏在阁楼里，还给他治好了伤。他又去和白卫军作战了。这就是阿尔乔姆·米哈伊洛维奇老爷爷，我也想成为这样的人。

胜利日（沃洛佳，三年级）

胜利日到了。战争就是在这一天结束的。我们苏联军队战胜了法西斯。不会再发生炮弹和炸弹爆炸。现在，人们在每年的这一天都会庆祝胜利，纪念牺牲的烈士。弗拉基米尔·伊里奇·列宁创建了共产党，他对所有的人说："无论是乌克兰人、俄罗斯人和白俄罗斯人，还是格鲁吉亚人和摩尔达维亚人，你们要友好相处，这样就没有人能战胜得了你们。"

我们把编好的短文汇集成册。一个阴沉的秋日，孩子们在"幻想园地"，大家围坐在烧得正旺的火炉旁。我给他们讲遥远的热带岛屿的故事。孩子们不知怎地回想起了炎炎夏日、河流和在瓜园休假的景象。孩子们用这些回想起来的东西编写了一篇短文，后来他们把这篇短文写进了《我们的祖国语言》纪念册。

我们在瓜园的生活是怎样的

在这片炽热的土地上长着很多大西瓜，有蓝色的、绿色的和灰蓝色的。早上，西瓜上布满了露珠，冰凉冰凉的，草地上和我们的窝棚上也满是露水。

有一次，丹科一大早就起床了，他把一个大西瓜搬进了窝棚。他把西瓜切好。一有人起床，他就会递上一块冰凉的西瓜。丹科说："谁最后一个起床，就给他吃好吃的瓜心儿。"大家都起来了，只有萨什科一人还在睡。我们坐下来等着，看他什么时候才睡醒？我们等得不耐烦了，把"瓜心儿"也吃掉了。有人又搬来了一个西瓜。这个瓜的"瓜心儿"给了萨什科吃。

正巧是一个安静、有雾的早晨。雾从小山谷飘来，笼罩了整个瓜园。太阳从乌云身后探出了身，阳光映照着西瓜，这些好像不是西瓜了，而是一些蓝色的、绿色的、灰色的玻璃球在白茫茫的河上飘动。

白天的时候，瓜园上空刮起了热风，云雀在蔚蓝的天空中歌唱。为什么它们不在瓜园安家呢？为什么云雀只在小麦田、大麦田和谷子地里筑巢和孵小云雀呢？不过，云雀的窝大多都是搭在荞麦地里。我们发现在瓜园旁边的峡谷附近有一个蚂蚁窝。老爷爷看到蚂蚁正在急忙地赶去什么地方。他说："在不远的地方有一个大的蚂蚁窝，蚂蚁就会告诉你们这个窝在哪里。"老爷爷在蚂蚁移动路线的旁边放上了几小块西瓜。甜甜的西瓜上很快就围满了蚂蚁。我们看到蚂蚁衔着一小粒瓜瓤，正沿着一个方向把它们运到某个地方去。我们跟在蚂蚁后面，来到了蚂蚁的窝。灌木丛下一个灰色的小土堆周围热闹极了。蚂蚁把一小粒一小粒的瓜瓤搬进了洞里，然后又回到瓜园去。老爷爷告诉我们，蚂蚁对森林和人们有很大的益处。每窝蚂蚁都能让好几公顷的森林免遭虫灾。于是，我们保护起蚂蚁来。后来，老爷爷还教了我们如何搭建新的蚂蚁窝。

当我们正准备回家时，老爷爷送给我们每人一个大西瓜。西瓜在教室的窗台上放了很久很久。它们常常让我们回想起阵阵的热风、辽阔的草原、云雀、老爷爷以及在窝棚不远处听到的蛐蛐清晰响亮的叫声。这只蛐蛐现在在哪里呢？

　　语言的美在诗歌中体现得淋漓尽致。孩子们在赞美诗歌或歌曲的时候，好似听到了语言的旋律。在优秀的诗歌中，充满了母语里最细腻的感情色彩。所以，他们喜欢背诵诗歌。孩子一重复着牢记于心的词句时，就会获得真正的快乐。

　　我很想让孩子们去感受和体会诗歌语言的旋律。孩子们依偎在大自然的怀抱里，陶醉于周围的美景，此时，我便会给他们念几首诗。一次，我们来到野外，看到了池塘的美景，柳树的影子在波光如镜的池塘表面飘动。于是，我给孩子们念了舍甫琴科的几行诗：

微风徐徐，

草原、田野期盼；

峡谷间、池塘上，

绿柳成荫……

　　孩子们反复念了几遍这首诗。他们感受到通过词句组合塑造出了生动的形象，继而产生了语言的音韵，它不仅为语言赋予了新的感情色彩，还揭开了周围世界里的新的美景。在世界杰出诗歌的典范作品感染下，孩子们创造有音韵词句的愿望被激发了出来。孩子们欣赏着春天的美景，很想把话说得有韵味些。孩子们的内心充满了诗的灵感。于是，无论是男孩子还是女孩子，都作起诗来。

　　瞧，拉丽萨注视着远处的田野，两眼闪烁着光芒，她在低声地吟诵，可以听得出词句的韵调："波浪在金黄色的麦海里翻滚。"

　　"蓝色山冈在炽热的雾气中颤抖。"谢廖沙接着她的思路说道。

　　大家又高兴又激动，都想找到语言的韵调。此时此刻，孩子的内心充满了创作诗歌的灵感，语言也变得生动和丰富多彩起来，它可以闪烁出彩虹般五光十色的光芒，还可以散发出田野和草地的香气，这样的语言进入了孩子的精神生活。孩子们在语言中寻觅并找到了表达自己情感、思想和感受的方式。要激发出孩子内心中的灵感，就是要另辟一个生气勃勃的思想源泉。它的力量大小在于语言传达的不仅仅是用人类语言显示的事物和现象，而且还有纯属个人的体验和感受。

教孩子进行诗歌创作并不是要把他们培养成少年诗人，而是为了让每一颗少年的心变得高尚。我利用各种机会去激发孩子心中的诗歌创作灵感，让语言在每一个孩子的心中都具有各自的诗韵。

那是一个寂静的冬日早晨，树上落了一层白霜。树枝蒙上了薄薄的、针尖似的冰霜，就好像是用银钻锻造而成的。我们来到学校果园，尽量不去触碰那些树枝，免得破坏了这难得的美景。大家停下脚步。我朗诵了普希金和海涅描写冬日美景的诗歌。孩子们在诗歌和美景的感染下找到了可以描绘挂满冰霜的树木的语言，他们还作起诗来。孩子们一起创作这首诗，一段接着一段编。我们好几次来到这遍地冰霜的果园。过去创作的一些色彩鲜明、虚构的童话形象在这首诗中得以复活：

来了一个神奇的铁匠，
他带来了一只金色的大熔炉，
他把银钻熔在炉子里，
然后倒在花园的树木上。
他整夜都在忙着锻造，
金锤叮叮当当敲打个不停……
我们的花园披上了一件银裳。
银针互相碰来碰去，
弄得满园子叮当响。
神奇的铁匠又去哪里了？
他张开金色的翅膀，

向着太阳飞去了。

他又去取银钻了，

把它放进口袋里，

再飞回来找我们。

他又熔了一块银钻，

果园也再次唱起歌来……

但是太阳还在等待铁匠……

铁匠，你飞去哪里了？

你为什么把我的银钻拿到果园去熔炼，还在那里待了那么久？

莫非你忘了，铁匠，

你该去打造花环了？

一道紫红色的光线

射进我们这寂静的银白色果园。

太阳惊异不已，

连连赞叹这般美景……

　　每个孩子在小时候都是一位诗人。当然，盼着孩子灵机一动就能获得作诗的灵感，那可真是天真啊。我不为天资聪颖所动，也并不认为每个孩子生来就是诗人。内心中被激发出的诗歌情感是人对美好事物所产生的情感。如果培养不出这种情感，学生便不会为大自然和语言的美所触动。他会觉得往水里扔石子和向一只啼鸣的夜莺扔石子是一回事儿。要让孩子能够体会到获得诗歌创作灵感的快乐，要在他的心灵中开拓出能够赋予诗歌创作蓬勃生机的源泉，这与教他读书和解题一样重要。这种源泉的势头在有些孩子身上表现得较为猛烈，而在另一些孩子身上则显得较弱一些。所以，我发现诗歌创作灵感在某些孩子身上并不是在短时间内就能被激发出来的，它并不是一闪而过的火花，而是一种惯常的精神需求。

诗歌创作要求具备高水平的语言文字修养，而这种修养又反映了人文修养的本质。每个人都能进行诗歌创作，它并不是天赋异禀的人的特权。诗歌创作能让一个人变得高尚。至关重要的是，要让这种最为细腻的创作活动成为触动每个孩子心灵深处的事。

在三年级的时候，拉丽萨、萨尼娅、谢廖沙、卡佳、瓦莉娅、科利亚、塔尼娅和莉达就已经开始悄悄地把自己私底下编写的诗句念给我听了。我知道还有一些孩子也在写诗，但却不好意思说起自己的这一爱好，不过这样也没有什么不好。

我没觉得孩子们作诗有什么特别之处，这是正常的激昂情绪，是寻常的创作火花，也是充实的童年生活所不可或缺的。正是因为孩子们的精神生活是如此丰富多彩，如此富有生气，我才感到如此欣慰。

诗歌灵感让科利亚变得高尚起来，这件事让我无比高兴。我和他的友谊日益增进。我爱在学校果园里的一个角落独处。天气晴朗的时候，我会来这里休息，拉一拉小提琴。偶然一次，科利亚"发现"了我的这个角落。大概是他也想找一块僻静的地方。他一见到我就害羞起来，本想离开，可是我要他留了下来。我拉着小提琴，想通过声音表达对夏季傍晚美景的敬佩之情。科利亚细心聆听着乐曲。后来，我拉得如此入迷，竟然都没有注意到这孩子已经坐在了我的身旁。我把小提琴递给科利亚，他试着再演奏一遍我拉的这段曲子，但是怎么也拉不好。他不拉了。我们安静地坐着，看着太阳下山，享受着傍晚的宁静。可能是对周围美景的感受使得我俩亲近了起来，科利亚出于信赖把自己写的大自然的诗拿给我看。诗是这样的：

蓝色的花朵，绿色的叶子，蜜蜂在花朵上飞舞。

夜里，夜莺飞进花园，在丁香丛中歌唱。

清晨，花园里电闪雷鸣，雨水洗净了花朵。

灰暗的乌云飘浮在花园上空，丁香依然蔚蓝如晴空。

那天晚上，我和科利亚在果园里坐了很久。他也开始经常来这里了，而且每次都要念上一首小诗。这是他作的另一首诗，它牢牢地印刻在我的记忆里。而且，在他念给我听之后一年，我居然还能把它写下来：

火红的太阳下了山，紫红的天空洒尽了辉煌，明天将迎来大风天。

一群乌鸦惶恐地飞向天空，向着西边漆黑的树林飞去。

高高的杨树上，叶子在沙沙作响。

此刻万籁俱寂，只听见远处大车行驶在大路上的轧轧声。

紫红的天空暗了下来，热气蒙上了一层暗淡的灰烬。

明亮的星星在天空中闪烁，夜幕降临了。

我听说，科利亚从不把自己作的诗写下来，他只记在脑子里。这些诗一直保留在他的记忆里和心里。我的学生中很少有人会面朝一张白纸坐在那里思考诗句。作诗不是为了把它写下来而已。孩子们不能没有诗，就像离不开画画一样。

舒拉也是在我们的心彼此靠近的时候，才把自己的秘密告诉了我。冬日里的一天，我们到森林里去滑雪。火红的太阳快要落山了。松树的树干在晚霞的照耀下就好像是用铁打造出来的似的。我们站在林中空地上，欣赏着大自然的美景。就在此时，舒拉吟诵了一首诗描写啄木鸟的诗：

松树的树皮下有一千根琴弦，啄木鸟坐在松树顶上。

它用喙啄树上的琴弦，勉强听到琴弦发出的声音。

越靠近太阳，弦越细；最靠近地面的那根琴弦已不再是弦。

从地面传来低沉的钟鸣声，是铜钟，它挂在红色的树皮下。

啄木鸟跳起来，发现了琴弦，用喙啄它，琴弦发出了声响。

森林唱起了歌，而啄木鸟已去寻找另一根琴弦了。

瓦莉娅小时候创作了几十首诗。这个女孩敏感、悟性强。我曾见她陶醉在夏日夜晚的美景中，站在岸边，望着垂向水面的柳树，望着镜子般的池塘。几天过后，她给我朗诵了一首描写夏日夜晚的诗：

蓝色的天空、绿色的柳树、白色的小屋，一切都倒映在水中。

我站在蔚蓝如镜的水面前，看见一个无穷无尽的世界。

那里有火红的太阳，有雪白的云朵，还有闪烁的繁星。

一只鸟飞过远处的天空，向太阳说再见。

这是奇妙的世界里的乐章：

听，有人拨动了那根粗大的琴弦，

蓝天在歌唱，柳树在歌唱，小屋也在歌唱。

我唯有在傍晚的池畔才听得到这样的乐曲，

太阳燃起烈火，在遥远的大海那边。

此时，白鸽匆匆赶去宿夜，蝙蝠在树洞里搓着双爪。

风儿疲惫了一天，躺在夜幕降临的峡谷里憩息。

每年秋天快要来临的时候，孩子们总想去和夏日告别。我们来到自己种的橡树旁写诗，描写已离去的夏天，描写大雁，描写温暖的初秋时节。到了四年级时，当孩子们与夏日告别时，他们集体创作了一首小诗，抒发了对祖国的热爱之情。这首诗饱含着十分细腻和丰富的情感底蕴——对祖国大自然的深情热爱，与夏日告别时的忧伤，迎接春天和百花齐放时的欣喜。

更值得注意和赞许的是孩子通过想象塑造出了色彩鲜明的形象。我很想让那些已经把诗歌的创作灵感作为精神需求的孩子们能够读到杰出诗歌的典范作品。我们建了一个诗歌小书库。对于那些还没有把诗歌创作视作精神需求的学生来说，这座小书库在培养这部分学生的诗歌语言感受力上有显著的作用。我要再重申一次，不要把孩子的诗歌创作力看作是天才的标志。诗歌创作像绘画一样是一种有规律的现象。毕竟，如果所有的孩子都画画，那么每个学生也就都有画画的实践经历了。不过，只有在教师向孩子们展示了周围美景和语言的美妙之处后，诗歌创作才能成为孩子精神生活中习以为常的事情。好比没有音乐不可能养成对音乐的热爱，没有作品也就不可能养成对诗歌创作的热爱。

一个喜爱普希金、海涅、舍甫琴科和列夏·乌克拉因卡作品的人，一个愿意把周围美好事物描绘得优美的人，一个把咬文嚼字的需求视作观察美好事物的需求的人，一个把人性美的概念看作尊重他人尊严和确立人与人之间最公正关系（共产主义关系）的人，这样的人是不可能成为粗暴无礼、恬不知耻之人的。

我们的"美丽园地"

春天，在一年级即将结束之际，我们建起了一个孩子们盼望已久的"美丽园地"。在我们的脑海口浮现出了一个宁静的地方，在这里大自然的自然之美与人类双手创造的美相辅相戎。我们展望未来，打算给这个角落每年都添置一些新鲜的植物品种。我们会在这里休息和劳动，迎接春天和送走夏天。

孩子们在校园和灌木丛之间找到了一块小空地，它与杂草丛生的崖坡相连。每当下雨时，这里总会积聚下很多水分。我们清除了空地上的杂草，把它变成了一块绿色的草坪。

"我们的园地将会变成一个绿色王国，"我对孩子们说道，"崖坡上会竖起一道爬满酒花草的绿色屏障，夜莺和黄鹂会在灌木丛中栖息。"

这些幻想给了孩子们启发。我们付出了很多劳动才把空地变成绿色的草坪。我们从田里移来了好几块草皮，把它们铺好，然后经常浇水。孩子们急切地盼着下雨，好让雨也给小绿草浇浇水。我们在树林里找到了几株酒花草的幼苗，把它们移载到了崖坡上。我们真走运，这里夏天时很湿润，所有的植物长得都很好。我们在林子里还挖了几十株铃兰花的根茎，把它们都种在了草坪上的一处角落里。我们还种了三丛野蔷薇，给它们嫁接上玫瑰花，这里简直应当是一座花的王国。在草坪的四周还种上了榛子。

孩子们很想在我们的教室里种上一些野花。于是，我们找来了一些洋甘菊和其他一些植物。我们从暖房里移植来了几丛菊花，就让它们一直开到深秋时节吧！瓦莉娅种了向日葵。孩子们在草坪的尽头播撒了一小把荞麦的种子。尼娜和萨莎的父亲送给我们两棵矮种苹果树的幼苗。维佳告诉我，他的祖母在养郁金香。于是，我们也移植了几丛带着根茎的郁金香。夏日里的一天，孩子们在林子里看到了一棵巨大的椴树，它上面还开着花。从树枝之间传来千万只蜜蜂的嗡嗡叫声，似乎整个树林都像竖琴似的发出了响亮的声响。孩子们静静地站着，被大自然的美景吸引住了。他们想在"美丽园地"一旁种几棵椴树。到了秋天，我们去森林挖来了一些幼苗，还开辟出了一条林荫路。

"等到椴树都长大了，"孩子们幻想着，"它们茂密的树冠就会连接到一起，形成一条绿树浓荫的走廊。"

每个班也都开始建起了自己的"美丽园地"，大家都想建得与众不同一些。1955 年秋，学校集体开始创建全校的"美丽园地"。我们在学校大楼的旁边建了一个玫瑰园。我们在这里栽种了几十株野蔷薇的幼苗，还嫁接上了各种各样的玫瑰。一年年过去，花园变得越来越漂亮。在春天和夏天时，这里就是一片花的海洋。大家都来这里欣赏大自然和劳动，来这里创造美。

玫瑰园现在是整个学校集体的宠儿。在公益劳动中获得最出色成绩的班级会被授权做花园的主人。常常是低年级班和中年级班的学生获得这个权利。他们可以每天剪几十枝玫瑰花，把它们送到各班去，送给老师们、母亲们和村里优秀的劳动者。在第一届收获节那天，孩子们采摘了一大束玫瑰花，献给了社会主义劳动竞赛的优胜者。

为创造美而进行劳动，不仅能够让幼小的心灵变得高尚起来，还能够预防冷漠情绪。在创造大地之美的过程中，孩子们自己也就变得更好，更纯洁和更美了。

在生活理想的源头

我曾试图设想我的每一个学生长大成人后会是怎样的一个人。孩子，你会成为怎样的公民，怎样的一个人？你会带给社会什么？什么才是你的快乐？你将赞赏什么、憎恨什么？你把什么看作是自己的幸福？你会给这片土地留下怎样的痕迹？这些思绪让我感到焦虑不安。

作为一名教师、一位教育工作者，我曾想把人类几百年来树立和养成的可贵道德品德，如对祖国和自由的热爱、对人压迫人和人奴役人现象的不妥协精神、为人民的幸福和自由这些崇高理想贡献自己的力量和生命的意愿，灌输给那些幼小的心灵。非常重要的一点是，不要让祖国的豪言壮语和崇高理想在学生们脑海中变成响亮而空洞的辞藻，要让它们恢复生机，不再黯然失色和平淡无奇。不要让孩子们空论崇高的理想，要让这些理想存在于幼小心灵的激情之中，存在于激情的情感和行动中，存在于爱和恨、忠诚和顽强的精神之中。尤其不能让孩子们把还未理解的词语挂在嘴上，否则那些被人们视为神圣的东西会因此变成一纸空谈。

关心备至的园丁总是会为刚刚露出地面的小树加紧培植树根，因为树根的强弱决定着树在今后几十年间的生命力。同样，教师也应该注意培养学生对祖国的无限热爱，对劳动人民和共产主义伟大理想的忠诚。要从孩子开始看、开始认识和开始评价周围世界的时候就开始培养这些品质。

重要的是，要让孩子们珍惜长辈们为祖国的自由和独立、为劳动人民的幸福而在艰苦卓绝的斗争中所创造、获得和争取到的一切。对孩子而言，祖国这一概念始于一块面包和一片麦田，始于林边的一块空地和小池塘上一片蔚蓝的天空，始于母亲在孩子床前讲述的歌谣和故事。如果孩子在童年的黄金时期能够对语言、形象及他人的内心世界体会得特别敏感，就要把长辈们引以为豪的一切都灌输进孩子的内心，把争得自由劳动的幸福所付出的代价讲给他听。

我竭力防止孩子们以满不在乎的态度去享受生活中所获得的福利。孩子对周围世界和对自己的认识不应该是片面的。在认识世界和自己的过程中，孩子们应当逐渐认识到自己对长辈们所创造的物质和精神财富肩负着怎样的责任。

我们把曾经去到田野、树林、河岸、邻村的游览和远足称作是走访故乡的往昔"旅行"。我想让孩子们看到是什么东西把人民精神生活中的过去和现在联系了起来。我对孩子们说："你们看到的是一片肥沃的麦田，麦子正在成熟。在这片土地靠近林边的地方，白卫军在内战时期枪毙了一个红色游击队员。在伟大卫国战争爆发后的第一年夏天，我们的几名战士和一个连的法西斯匪徒进行了一场激烈的战斗。我们的一些英雄在这里牺牲了。孩子们，你们看这片广阔的田野。这些小土丘都是无名英雄们的坟墓，这片大地会一直留存英雄们的功勋伟绩。成千上万个土丘就是成千上万个无名英雄的坟墓，这片大地会一直珍藏着英雄们付出的宝贵鲜血，人民永远缅怀他们。如果不是他们为祖国献出了自己的生命，你们怎可能享受祖国大地的美景，法西斯早把你们变成了奴隶。"

要让孩子从小就对故乡的命运有一番思考，让他有为故乡的未来感受到和体会到惴惴不安，让他们把那些发生在遥远过去的事情看作是现在所发生事情的源头。

在我们看来，童年是充满无忧无虑的欢乐、游戏和童话故事的年纪，是生活理想的源头。正是在这个时期奠定下了孩子们公民精神的基础。我们的学生将成为怎样的公民，这取决于孩子从小生长的周围环境是怎样的，是什么让他感到惊讶和激动，又是什么迫使他愤怒和伤心流泪（不是因为个人感到委屈，而是因为同情他人遭遇而感到伤心）。展现在孩子们眼前的周围世界是矛盾的，也是纷繁复杂的。他们看到这里有美，也有丑；有幸福，也有苦难。孩子把周围发生的一切，把人们过去和现在经历的一切都做了善恶之分。为让孩子从小就养成正确的人性观和正义感，应当教会他如何正确辨别善与恶。我说这些话的意思是，孩子们从周围世界里了解到的一切事物、现象以及人们过去和现在的行为应当在他们幼小的心灵中激发出深刻的道德情感。能否正确地认识善与恶，意味着孩子是否把他所认识的事物放在心上。善良能够唤起孩子感受快乐时的激情和赞叹，激发他对遵守美德的渴望，而邪恶则会让孩子愤怒、固执己见，并产生为真理和正义而斗争的精神力量。孩子的内心不应成为一座贮存真理的冷库。我竭力防止孩子们养成冷漠和缺乏热情的恶习。如果从小内心就是冷漠的，那么将来也会成为一个鼠目寸光的庸人。因此，要让每个人从小就在内心中燃起公民热情的火花，燃起绝不妥协和绝不纵容邪恶的精神火花。

不难在孩子的意识中确立一个真理——人压迫人是最大的罪恶。当孩子们被老师问到什么是罪恶的时候，他们有时能够正确地回答这一问题。不过，如果孩子未曾从人奴役人的鲜明景象中感受到震惊，未曾仇恨过造成这一恶果的人，他就不会成长为一个真正的公民，一个有崇高理想的人。

人性的冷漠是危险的，也是丑恶的，而孩子的冷漠则是可怕的。我很想让我的每一个学生从小就能深切地体会到一种为他人命运而担忧的高尚情感，尽管这些人可能身在远方，生活在地球另一端，又或许生活在一百年前。这种情感是消除冷漠心理的有效手段，是根治内心冰冷、苟且偷安的良药。

帝国主义、殖民主义残余和战争的罪魁祸首是我们今天的最大罪恶。这些概念都不是抽象的，而是一种现实存在的势力。它与我们时代的最高正义——共产主义是对立的。教育学生仇恨帝国主义是教育者的一项崇高任务。必须根据孩子的年龄逐步进行，以完成好这项任务。

我给自己的学生们读书，还给他们讲了一些生活中真实发生过的历史故事。这些书和故事呼吁所有人为人类尊严而斗争，鲜明地阐发了对人压迫人的现象绝不容忍的思想。孩子们听了很多次波兰作家显克维支的作品《小音乐家杨科》，第一次朗读就让孩子们非常激动。人们把杀害无力自卫的男孩子的地主们叫作恶魔和吸血鬼。孩子们愤怒地握紧小拳头，眼睛里燃起了怒火。小音乐家杨科永远地进入了学生们的精神生活。后来，我们又把这个故事读了好多遍，有的孩子一字不差地记住了这个故事。

为什么孩子们想一遍又一遍地听小音乐家杨科的故事呢？在我看来，这是因为愤怒的情绪促使精神力量激增。一旦孩子感到自己是邪恶的顽强对手，他就会变得更加坚强，想要充分感受一下自己全部的道德力量，想要再一次证明自己为真理而战的决心。产生这种情感的内心对周围世界中的善与恶极为敏感。

乌克兰杰出作家阿尔希普·捷斯连科创作的一些故事讲述了贫苦农民家庭里的子女是如何度过凄苦童年和少年时代的，它们给孩子们留下了极为深刻的印象。我读了一段故事，它讲述的是一个才华横溢的农村姑娘因生活窘迫和受到有钱人和沙皇官吏们的凌辱而自尽的悲惨遭遇，听完这个故事，孩子们的眼睛里充满了愤怒。

我们在三、四年级的时候读了两遍比切·斯托的小说《汤姆叔叔的小屋》。孩子们对黑人奴隶的遭遇深感同情。他们很难想象一个人怎能像动物一样被买卖。孩子们通过想象去世界各地"旅行"，他们了解到今时今日在世界的某些地方仍保留着奴隶制度。孩子们一想到自己无力帮助在奴隶市场上被买卖的南非小朋友的时候，他们的内心总是无法平静。当今时代善恶之间斗争的生动景象逐渐呈现在孩子们的脑海中。资本主义国家及其附属国的数百万民众并不是在为自己劳动，而是在为地主和资本家们卖命，这里的孩子们不知道什么是童年，为祖国自由和独立而斗争的优秀儿女们被枪决、绞死或送去服苦役。

希腊人民英雄尼科斯·贝劳扬尼斯的悲惨命运让孩子们一生难忘。在法西斯分子占领希腊期间，贝劳扬尼斯与侵略者们展开了斗争。当祖国从希特勒分子手中解放出来以后，资产阶级法庭控诉这位爱国英雄叛国，判处他死刑。尼科斯·贝劳扬尼斯手里拿着红色康乃馨走向了刑场。就在同一天，同样被判处死刑的妻子生下了一个男孩儿。孩子们对生活在狱中的这个小男孩儿的遭遇感到震惊，他们问道："怎样帮助小尼科斯·贝劳扬尼斯呢？"崇高感能够唤起积极的行动。孩子们给他的母亲写了一封信，并通过国际红十字会寄走了。他们还准备了一件礼物，是一朵绣在白绸子上的红色康乃馨。后来，每逢小男孩儿生日那天，学生们都会给英雄妻子寄信，还会把绣在白绸子上的花（有玫瑰花、罂粟花，还有丁香花）当作礼物寄给小男孩儿。这一举动从表面看似乎无足轻重，但在孩子们的心中却留下了深刻的烙印，因为它是对罪恶行为的谴责，是与不公正行为的对战。

在引导孩子们进入社会生活时，我真切地认识到，即使是在人类历史最黑暗的时期，当恶势力压迫着千千万万民众的时候，总会有人奋起反抗不公正的对待。这些人的名字、生活及其功绩对年轻一代来说是明亮的指路明灯。我努力让自己的学生们能够对那些为祖国自由和独立、为摆脱剥削、为树立尊严而斗争和献出生命的全人类优秀儿女产生敬佩之情，对他们的坚定不移、勇敢顽强、英勇无畏和忠于信念的品质表示敬仰。

我想让人类过去创造的和争取到的道德价值能够在社会主义社会中得以发扬光大，能够在今天成为每个孩子的精神财富，能够打动他的内心，还能够激励他为真理在全世界取得胜利而积极行动起来。

安东尼·格兰西曾说过，真理永远是革命性的。我尽力不用任何响亮的字眼去从各个方面揭示道德真理的美。只有通过激动人心的生动典范揭示出人类道德价值的革命性意义时，人类道德价值观之美才能成为孩子们的精神财富。有一句拉丁谚语说过"言传身教"。活得光明磊落和为人类的幸福建功立业的人才能成为照亮孩子生活的光辉榜样。不过，只有当这些典范生动地反映出思想的人道性、进步性和革命性的时候，它们才能够教导人们该如何生活。伟大的德国诗人歌德曾写道："凡是背离思想的人，最终剩下的只有感觉。"

我让孩子们从小就了解一些人物的光辉形象，他们的名字已经成为几代人的指路明灯。当然，不要把全部东西都讲给孩子听，不要把大量的形象和景象灌输给孩子，也不能一味地使他的内心动荡不安。让孩子暂时了解一点点，但是这一点点东西要能够让孩子看得到道德价值的美。让孩子们想一想是什么让自己激动和震惊。再形象地说，让思想和情感在每个孩子的内心中凝结成融合物。

我在4年里给自己的学生们讲了很多战士们为人类崇高理想而奋斗的英雄事迹，有斯巴达克、康帕内拉、伊万·苏萨宁、斯捷潘·哈尔图林、索菲娅·佩罗夫斯卡娅、尼古拉·基巴利契奇、塔拉斯·舍甫琴科、托马斯·闵采尔、赫里斯托·博捷夫和亚努什·科尔恰克的故事。我还讲了伟大领袖列宁的生平及其战斗故事，共产党员伊万·巴布什金、谢尔盖·拉佐、卡莫、雅可夫·斯维尔德洛夫、费利克斯·捷尔任斯基、尤利乌斯·伏契克和恩斯特·台尔曼的英雄故事，伟大卫国战争英雄尼古拉·加斯捷洛和亚历山大·马特洛索夫的故事，探寻科学真理的英勇战士布鲁诺的故事和伟大的人道主义学家米克卢霍·马克莱的故事。榜样的思想体现在生动的人类激情、行为和功绩中，榜样对孩子们的精神世界会产生巨大的影响。不用对孩子们解释如何理解某种行为的实质。当思想和形象融为一体时，孩子便能够很好地理解所谓的思想是什么。

我曾给自己的学生们讲过一些英雄们的故事。他们最重要的特点是愿意为他人的幸福而献出自己的全部力量和生命，这一特点体现了美德的本质。正是这一特点引起了孩子们的赞叹，并让他们也去思考他人的命运。一些人在为人民服务的过程中找到了自己的幸福，他们也会成为孩子们的道德榜样。

如果无法做到让孩子读一本高尚品德的书能够起劲儿地读到半夜，如果无法让他因欣喜而内心激动的话，便很难想象会有完满的教育。当一个人能够认清自己，能够把自己与想象出来的一些美德——忠于信念、英勇顽强、不畏艰险的形象做对比，道德理想就会在他的内心中逐渐形成。

为了让孩子们接近道德理想的源头，教育者必须仔细挑选故事，最主要的是要有能够形成思想意义的事实和事件。个人命运与人类命运的统一在年轻一代的榜样的生活中能够得以体现，这一点也非常重要。

在给孩子们讲述列宁的生平及其战斗故事的时候，我还详细地讲述了一些能够反映他为劳动人民命运而倍感不安的真实故事。伟大领袖所做的一切都是为了人民的幸福。当孩子们听到列宁在国内战争和经济崩溃的艰苦岁月里仍旧关心孤儿们的时候，他们完全被一种欣慰而激动的情绪所包围。我做到让列宁的人道主义精神作为巨大的道德财富深入孩子们的心底，让他们从这一高尚道德和真理的顶峰认识自己和整个世界。

波兰民族英雄亚努什·科尔恰克的故事在男孩、女孩们的心中留下了深刻的印象。让孩子们感到无比震惊的是，这位英雄是和他心爱的孩子们一起牺牲的。亚努什·科尔恰克本来可以保住自己的性命，但当成千上万的无辜儿童惨遭法西斯刽子手杀害的时候，他认为这样做是一种耻辱。孩子们认为，亚努什·科尔恰克是真正的人道主义精神的象征。

关于"民意党"英雄斯捷潘·哈尔图林、索菲娅·佩罗夫斯卡娅、尼克拉·基巴利契奇的故事让孩子们在心中产生了强烈的敬佩之情。每当我读到共产党员尤里斯·伏契克和卡莫（特尔·彼得罗相）坚贞不屈、英勇顽强和忠于信念的英雄事迹时，孩子们就会感受到一种自豪感。他们说："就要做这样的人。这才是真正的英雄。"

我给孩子们讲了许多少年英雄的故事，讲了瓦利亚·科季克、维佳·科罗布科夫、廖尼亚·戈利科夫、沃洛佳·杜比宁和瓦夏·希什科夫斯基的英勇事迹。这些小英雄们在争取苏维埃祖国的自由和独立的斗争中献出了自己的生命。同时，我还想让孩子们逐渐认识到共产主义道德的一些最重要的特点——思想坚定，勇敢顽强，对社会主义、和平、自由和民主的敌人毫不妥协。

像培养学生捍卫个人尊严那样，培养他们维护自己信念的能力，这是教育的重要任务之一。只有一个人从小就开始形成善与恶的观念（这些观念常常体现在色彩鲜明的形象中）时，才能实现这一任务。但是，只有观念是不够的，还需要进行个人的情感评价。必须对道德现象做明确的划分：什么对孩子是可贵的，什么是他永远都无法容忍的。幼儿道德教育是通过美德激励孩子、唤起他为人们创造快乐的意愿、珍视人类的个人尊严和维护共产主义道德原则。

　　学龄初期的孩子们正处于道德理想的源头。身为教育者的我们应当把高尚的美德展现在每一个孩子的面前，树立坚定的共产主义信念，让一到四年级的学生们都能感受到自己是永世长存的劳动人民中富有朝气和创造力的那一小部分。

心中要有共产党

学校最重要的一项任务是要培养学生热爱苏联共产党、忠于党的理想、时刻准备着为共产主义事业而奋斗。孩子们经常听到"共产党员"这个词，我竭力让他们在意识中把其概念与最伟大的形象相结合——为解救被剥削的人民、建设社会主义、战胜法西斯、完成共产主义社会理想而奋斗的勇士。

我认为教育的目标之一，是让孩子们成为父辈们的共产主义理想自豪的接班人，为革命先辈自豪骄傲，成为国家真正的主人，成为建设和保卫共产主义的勇士。为了完成这项任务，需要进行一系列的共产党员的讲座，我们命名为"热血之心"。我讲述了一些苏联杰出共产党员的事迹。共产党员是反对沙皇制度、进行社会主义革命的战士，他们光辉的一生和英勇的斗争，让孩子们相信共产党员最大的幸福是忠于人民、为人民幸福而斗争。

从我们的"快乐学校"成立之初，到孩子们拿到毕业证书、走向独立的劳动生活或继续升学之前，我经常组织列宁思想报告会。起初，讲的是关于弗拉基米尔·伊里奇童年和少年时代的典型故事。随着时间推移，历史问题、共产党意识形态问题以及我党为人民创造美好未来而斗争的问题越来越多在报告会的内容中出现。孩子们认识到共产党员是民族的精华，是最优秀的儿女。

孩子们开始见了一些共产党员。对孩子们来说，他们的生平和斗争的故事是共产党历史的一部分。孩子们永远忘不了那些与老布尔什维克别斯科罗瓦伊内、拉济维尔、盖邱克见面的日子。我们的同胞保卫了摇篮中的苏维埃政权，为了工农的胜利而流血牺牲，这一切都给孩子们留下了深刻的印象。

孩子们坚信，共产党员是抱有坚定信念的人，也是平凡的劳动者。他们不顾一把年纪，仍要为共产主义建设贡献出自己的全部力量和智慧。孩子们知道阿尔乔姆·米哈伊洛维奇·拉济维尔是一位优秀的蔬菜栽培专家，瓦西里·莫伊谢耶维奇·别斯科罗瓦伊内则有一双巧手，是一名非常有经验的机械师。别斯科罗瓦伊内给孩子们讲了如何建设村里的公社，讲了共产党员们在学会开拖拉机以后如何在集体农庄上工作。他和孩子们进行的几次谈话主要谈及党为人民创造美好未来进行了怎样的努力。他讲了党组织关心的问题。孩子们了解到了公社的党员们致力于提高收成、让牧场为人民生产出更多的肉、奶和黄油。

最有意义和感人的是伟大卫国战争的列宁思想报告会。孩子们在会上见到了科夫帕克兵团的一员、苏联英雄钦巴尔，参加反法西斯战争暨解放罗马尼亚和匈牙利战争的苏联英雄奥诺波依以及我们的同胞们——他们都是为从法西斯手中解放家乡而战的英雄。在孩子们的意识中更加牢固地树立起了这样的一种信念：列宁的事业和真理生动地体现在共产党的事业和斗争中，体现在人民的劳动中。

活着就要无时无刻地关心他人

生活证明，如果孩子只会单纯享受快乐，没有通过付出劳动和精力获得过快乐，他就会变得冷漠和麻木。为人民服务会产生非常大的道德力量，它能够陶冶孩子的情操，苏联学校的教育任务之一就是要让孩子们从内心深处，感受到周围还有许多非常需要帮助的人，最重要的是要让孩子从内心深处不能接受对这些人熟视无睹，要让他们明白做好事是不求回报的奉献，而不是炫耀。

孩子们善良和愿意为他人做好事，其根源是他们同情那些内心痛苦和不幸的人们。从关心他人的精神世界和善于体察他人的不幸中产生了人类最大的快乐。如果体会不到这种快乐，也就谈不上什么美德。学生们早在"快乐学校"的时候就已经向人类美德的最高峰迈出了第一步。他们获得了人类伟大科学的基础知识，学习了如何体察日常相处的人们的痛苦、忧愁、悲伤和恐惧。只有当一个人从小就养成了时时刻刻关心他人的习惯时，在其长大成人以后，这种与他人共忧患的品德才会变成他精神生活中不可或缺的一个特点。

我一直教育我的学生们要云体谅他人的感受。我想让他们从那些需要同情、帮助和关怀的人的角度出发去体会他的感受。孩子应当把他人的痛苦当作是自己的痛苦，这样才能够触动他去思考如何帮助那个需要帮助的人。人们之间的相互关系和精神交流对培养人道主义精神有着特殊的作用。关爱他人比帮助友邻更容易。要了解一个人，必须了解他的具体个性。如果孩子无法从朋友悲伤、恳求和痛苦的眼神里读出其内心深处的苦闷，那么他的内心也就无法感受到他人的痛苦。如果孩子未能了解到人生的各个方面，不了解什么是幸福和痛苦，那么他永远也不会成为关心他人和有同情心的人。

我们班上就有许多遭遇过不幸的孩子，就拿眼前的来说。正当班集体洋溢着一片欢声笑语、沉浸在一片朝气蓬勃的气氛当中时，有些孩子的眼睛里却充满了忧伤。

瓦莉娅入校 3 年后，她父亲的健康状况急剧恶化。小姑娘变得沉默寡言，心事重重。

尼娜和萨莎的母亲身患重病，为了帮助父亲料理家务，两个小姑娘要常常留在家里。

舒拉的祖母病了。她几次被送进医院，在医院一住就是一个星期，甚至有时要住上一个月。对舒拉来说，这是一件很痛苦的事。在祖母生病期间，这个孩子要由姨妈来照顾。姨妈是一个很好的人，很关心舒拉，不过与祖母分离让他感到非常痛苦。有一次，在一个寒冷的秋日，舒拉决定去看望祖母。他没跟姨妈打招呼就去了医院，结果在路上淋了雨，感冒病倒了。几天以后，他也被送进了祖母住的那家医院。

沃洛佳的家里也发生了不幸。他的妈妈是一个抹灰工人。她每天坐公共汽车去上班。早春时节，地面上常常会结出薄薄的冰层。有一天，公共汽车撞上了大卡车，沃洛佳的妈妈受了重伤。医生说，她会落下终身残疾。而就在这段时间，曾为沃洛佳走上正确的人生道路而付出诸多的祖父也患上重病去世了。

科利亚的家里也遭遇了不幸，但完全是另一种不幸。他的父亲因窝藏赃物被捕，被判入狱 2 年。虽然家中道德败坏的人被清除走了，但所发生的事情让孩子极为震惊。

每天见到孩子们的时候，我都要仔细看看他们的小脸儿。在复杂的教育过程中，孩子们眼睛里的哀愁恐怕是较难解决的问题。如果孩子内心愁绪缠绕，他也只不过是人在教室里而已。他就会像一根绷紧的琴弦，你稍不小心轻轻一碰，就会弄痛他。每个孩子对痛苦的感受都是不同的。有的孩子，你安慰一下，他的心里就会好受一些；而有的孩子，温柔的话语却会给他带来新的痛苦。这样看来，教育技巧主要取决于人的智慧：要善于抚慰受伤的心灵，不要给学生增添新的痛苦，不要去触碰他内心的疮疤。一个学生饱受痛苦的打击，常会感到极度不安，他当然不可能再像以前那样学习了，因为痛苦的遭遇已经在他的思想里留下了烙印。对教师来说，首先最重要的是要看到孩子的痛苦、悲伤及其遭遇的不幸。不仅要看得到，还要体会得到这种心情。老师对孩子的痛苦持怎样的态度，他理解和体会孩子内心感受的能力如何，才是教育技巧的根本所在。

不要让正处于痛苦中的学生来回答问题，也不要要求他专心学习、刻苦努力，更不要去问他发生了什么事情，因为要孩子把这一切都讲出来是很不容易的。如果孩子们信任老师，如果老师是孩子们的朋友，那么他们就会把可以讲的事情都讲出来。如果他只字不提，就不要去触碰那颗脆弱的幼小心灵。

教孩子体察情感是教育过程中最难的一个环节。孩子越大，老师就越难以触及那根细细的心弦。它发出的声响形成了一种崇高感。为了让孩子学会体察情感，学会如何看到旁人的精神世界，教育者必须善于体谅孩子们的感受，尤其是那些痛苦的感受。在大人和孩子之间的道德情感关系中，最为荒唐的做法莫过于大人为了消除孩子的痛苦，而轻率地做出断言："孩子，你夸大了自己的痛苦……"

首先，必须要了解孩子的内心活动。这并不是通过什么特殊的方法就可以办到。只有靠教育者较高的道德情感修养，才有可能实现。无论孩子痛苦的根源是什么，总会有某种共同点，即充满忧郁和悲伤的眼睛，从中流露出儿童不应有的沉思、冷漠、苦闷和孤独。身处不幸的孩子是不会注意到小伙伴们在玩耍和嬉戏的，也没有什么能够让他从痛苦的思绪中摆脱出来。给予孩子最细心和最善意的帮助，就是要做到既分担孩子的痛苦，又不去触及他内心深处的隐痛。粗暴干预会招致怨恨，而"不要灰心、不要绝望、要克制自己"这样的规劝一旦缺乏真情实感，就会让孩子觉得是不切实际的废话。

在教孩子们体察情感时，首先要把自己的道德情感修养传授给他们。如果无法深入地去了解一个人的精神状态，就不可能具备良好的情感修养。而只有当孩子设身处地地去体会一个人的悲伤和忧愁的时候，他才能够了解这个人的精神状态。

在萨什科的祖母病倒后，孩子变得忧伤起来，常常心事重重。他还总怀着戒心，一有人跟他说话，他就会打哆嗦，仿佛触碰到了他的痛处似的。有一次，我见到萨什科黑黑的大眼睛里充满了泪花。孩子们对我说："萨什科哭了。"如果因为他还是一个孩子，就以为他会对小伙伴或大人充满同情的话，这会是一种十分幼稚的想法。同情他人是需要教的，要像教他如何迈出最初的几步那样认真、用心且严谨地去教。同情心是最细腻的认知领域之一，是用脑和心去认知。有经验的教育者应当拥有培养同情心的有力手段——语言。

我趁萨什科一时不在班里，告诉孩子们："如果遇到一个人有伤心事，就不要表现出惊讶。萨什科十分痛苦，祖母是他唯一的亲人，他已经不记得自己的妈妈了。现在祖母病倒了。也许，她会被送进医院，可萨什科留下来和谁生活在一起呢？请设身处地地想一想，你们就会感受到什么叫伤心事。"

"你们还记得咱们在路上遇到的那位老人吗？你们还记得他的眼睛有多么悲伤吗？你们当时就感受到老人有伤心事，那为什么注意不到小伙伴眼中的悲伤呢？其实，你们发现萨什科已经好几天都沉默不语、心事重重了。虽然人在教室里，但是他的全部心思都已在祖母的床前。如果他要在家里待几天，就不要急着去问他为什么还不来上学。要一个人讲出自己的不幸并非易事。通常，如果你们看到有人痛苦，有人遭遇了不幸，请不要好奇，请去帮助他。请不要去刺痛他人内心的创伤。如果你们已经知道咱们班集体里有人遭遇了不幸，请竭尽所能，不让自己的任何一句话以及任何一个行为给他多增一分痛苦。你们再想一想，怎样才能帮到萨什科和他的祖母呢。不过，你们对他人的帮助不应该是为了显摆自己，'看，我们有多好，我们在帮助自己的同学呢。'做好事给别人看，这样很不好。若非发自内心地要去帮助朋友，不论你做什么好事给别人看，都不会让你成为一个善良的人。"

萨什科回来上课了，我一句话也没有提到他，孩子们也领会到为什么我一下子说起了别的话题。他们还在课间休息时商量怎样帮助萨什科和他的祖母。孩子们给他带来了苹果和鱼，这一切都是出于一种最纯粹的动机。萨什科的祖母被送进医院以后，他住到了姨妈家里，于是孩子们经常去看望他。当他们得知萨什科淋了雨，病倒了，和祖母住在同一家医院的时候，他们感到十分难过。于是，我们在周末的时候去了医院。孩子们带了苹果和饼干。舒拉还带来了一块巧克力，这是他父亲从外地给他捎回来的。我们花了半天的时间，才让所有的孩子都进到病房里去探望一下萨什科。

这件事让我感到既高兴又不安。要知道，这是在集体中迸发出来的热情所致。有些孩子想为别人做好事，首先是为了让别人看到自己的这一崇高行为。沃洛佳告诉我，他要把父亲不久前给他买的新溜冰鞋作为礼物给萨什科送到医院去。

"父亲同意吗？"我问道。

"当然同意。"

"好，那就没有必要带到医院去。萨什科现在不能滑冰，等他好了以后，到时你给他送到家里去。"

沃洛佳最终没有把溜冰鞋送给小伙伴。精神冲动原来是非常微弱的……这也迫使我去思考如何培养学生的善良、热忱和同情心。这些是非常细腻和复杂的情感。怎样才能让小孩子在做好事时，是出于善良情感的需要，而非想要受到赞许和得到嘉奖？善良的情感是什么？它是怎样产生的？当然，在集体中迸发出来的精神热情对培养同情心起着巨大的作用。但是，这种同情他人的感情应当能够深入每个孩子的精神生活。

我想让自己所有的学生都能发自内心地去做好事、去帮助小伙伴或他人，并因而获得极大的满足。要教育人去做好事，而不是直接给他建议"就这样去做"，这恐怕是道德教育中最难的一个问题了。在实践中该怎么办呢？显然，最重要的是要发展孩子的内在力量。一旦人有了这种力量，就不可能不去做好事，也就是说，最重要的是要教育孩子富有同情心。该怎样去做呢？怎样才能做到让孩子在看到他人痛苦时，就能设身处地地去体会他的苦闷呢？怎样才能让光辉的思想唤起鲜明的情感，让孩子自身与生活中遭遇不幸的人融为一体，让孩子从饱受痛苦的人身上认清自己和感知自己呢？

我们经常召开一些会议，主要用来探讨在孩子们精神生活中和相互关系中最困难和最复杂的问题，它逐渐变成了心理学讨论会。参会的不仅有低年级的老师，还有中、高年级的老师。我们关心的对象是人，包括儿童、少年和青年。我们在讨论会上就特定儿童的精神世界，就其在德、智、体、美、情方面的发展源泉，就学龄前和学龄期个人智慧、思维、意志、性格和信念形成的环境做了报告和报道。低年级老师好像通过自己的报告为中、高年级老师对青少年施加教育影响做了准备。越来越多的人主张集体教育的观念：为了让我们教育的对象处于整个集体教育的影响之下，每位老师都必须深刻且细致入微地了解每个学生的个性。

要深入理解个别孩子复杂的精神世界，对我们来说，2 个小时、有时甚至3 个小时都不够用。在我做完关于科利亚个性的报告之后，瑟罗瓦特科、科洛米琴科和斯科奇科这些老师对我的分析做了极为重要的细节补充：孩子在集体中所看到的一切是如何反映在他的情感中的，换句话说，他是如何感受人与人之间的关系的，如何体验自己与他人之间的关系。我们得出了一条非常有意思的结论：孩子如何约束自己为别人做好事。全体老师坚信这是一条关于做好事的内在精神动机的新结论。

孩子们给予遭受痛苦的小伙伴的精神力量越多，他们的内心就会变得越敏感。那是二月里一个寒冷的日子，孩子们当时在读三年级，米沙、科利亚和拉丽萨跑来找我，他们因为什么事感到极度不安。

"万尼亚的哥哥廖尼亚死了，"卡佳说道，"给他父亲打来了电报。他明天就去哈萨克斯坦。现在该怎么办呢？"孩子们的眼睛在发出祈求：请告诉我们，该如何去帮助小伙伴呢？

我当天便得知发生了这样的悲剧。18 岁的拖拉机手廖尼亚在往畜牧场送干草的路上遇上了暴风雪。他本来可以停下拖拉机，到路边不远的村里去避一避，然而他却没有这样做。他盼着暴风雪过后，能及时把干草送到畜牧场。可是暴风雪越来越大，严寒袭来，廖尼亚在拖拉机驾驶室里冻死了……万尼亚好几天没有来上学。孩子们很难过，这段时间也听不到他们叽叽喳喳的声音了。大伙儿全都在问：怎样去帮助小伙伴？有人提议到万尼亚家去看看。我劝他们不要去："万尼亚、他的父母，他的兄弟姐妹都在承受着巨大的悲痛。我们这时候去他家，他的母亲一见到我们，就会想起廖尼亚上学时的情景，她会更加痛苦。等过段时间，母亲的内心稍微没那么痛苦的时候再去。等万尼亚来上学以后，不要过问他哥哥是怎样死的。要回想和讲出这件事是十分痛苦的。你们要关心和体贴万尼亚，不要给他再增添任何内心的痛苦。"

万尼亚的父亲从哈萨克斯坦回来了，他告诉我，新垦区国营农场居民区的一条街道是以他大儿子的名字命名的。我把万尼亚父亲讲的话告诉孩子们了。那几天，我们班正在准备少先队迎新活动。孩子们在考虑，用谁的名字来命名我们的中队和三个小分队。于是，他们讲出了我预料他们会讲的话：让万尼亚所在的那个小分队用他哥哥的名字——牺牲在战斗岗位上的廖尼亚来命名。万尼亚把这个消息告诉了母亲。我又向孩子们建议：我们挑一本画册，每个人在里面都画一点关于学校的东西。当然，孩子们很想画一些与廖尼亚及其学生时代有关的东西。高年级的学生劳我看了廖尼亚在三年级时种的苹果树。我们在物理教室里还找到了他和小伙伴们一起做的起重机模型。廖尼亚喜欢小鸟，在校园里常常能够回忆起他和他的少先队小分队一起给鸽子做笼子的事。孩子们把这一切都画在了画册里。我画了一幅廖尼亚的画像。我们把这本画册送给了万尼亚的母亲。这对她来说是非常宝贵的。让她感到欣慰的是，学校全体师生都很怀念她的儿子。我们还给要以廖尼亚的名字命名的小队做了同样的画册。

不要把善良和做好事变成一种走过场的"例行公事"，这一点非常重要。尽量少谈做过的事，不要给做好事的人任何夸奖，这是我们在教育工作中应当遵循的原则。最危险的是，孩子从思想上就把人道主义行为当作是自己的功劳，好像认为这是一种了不起的行为。人们常常把这一问题归咎于学校。要是有学生拾到别人丢的十戈比，把钱交到班上，接着全班都会知道这件事。

我记得在附近的一所学校曾发生过一件有趣的事。有个小女孩拾到五戈比，把钱交到了班上，老师对她大加夸奖……第二天课间休息时，三个女孩子和一个男孩子跑来找老师，原来他们几个人都拾到了小伙伴们丢的钱，有的拾到一戈比，有的拾到两戈比。孩子们都盼着得到夸奖。老师感到有些不对劲，很是生气……孩子们学会了拿出"一桩桩做的好事"来，如果得不到表扬，他们就会生气。

善良应该像思维一样成为人固有的常态。它也应该成为一种习惯。我们的教育群体力求让善良的、亲切的、真诚的行为给孩子们带来极大的满足感。一个人关心他人的精神世界，通常是由于从小就受到了老师言语的影响和集体情绪的感染。让所有孩子打心底就迸发出关心他人的热情和愿为他人做好事是非常重要的。只有把这种热情化为个人的实际行动时，才能让他的心变得高尚起来。

学生们没有忘记我们的老朋友安德烈老爷爷。冬天的时候，老人家住在一间小木屋里，这离养蜂场的蜂房不远。孩子们常常来这儿看望老爷爷，给他带来苹果和一些画。孩子们说出的每一句亲切的话都能让老爷爷感到非常高兴。孩子们体会到孤独是痛苦的，所以他们想尽力为他人做好事。

在三月和煦的日子里，孩子们急着去看望安德烈爷爷，要帮他放蜂，这对孩子们来说就像是一个节日，看着这些金色翅膀的报春精灵，他们高兴极了。

在去往蜂巢的路上，我们来到一位老奶奶家喝水，她请我们吃她自己做的饼干，希望我们常来看望她。奥莉加·菲奥多罗夫娜曾于战争岁月历经巨大磨难，她的两个儿子、丈夫和弟弟都在战场上牺牲了，她的女儿在法西斯德国的一家煤矿上因劳动过度而身亡。我给孩子们讲了这个女人的悲惨遭遇，孩子们非常想要和奥莉加老奶奶成为朋友，常去看望她。奥莉加·菲奥多罗夫娜把儿子和丈夫获得的勋章和奖章拿给我们看，这又唤起了孩子们要为奥莉加老奶奶创造欢乐的愿望。刚到种果树的季节，我们便在她家的院子里种上了 5 棵苹果树、5 棵梨树、5 棵樱桃树和 5 棵葡萄树，以纪念她的两个儿子、女儿、丈夫和弟弟。我们还为她种了几棵其他的树。老奶奶感激不已。在炎热的夏天，我们常来给果树浇水。即使我们不来，奥莉加老奶奶也会自己浇水。夏天，孩子们在她家一待就是一整天。

奥莉加老奶奶成了孩子们的朋友。每次过节，孩子们都会去看望她，我们尽量不错过樱桃、苹果、梨和葡萄成熟的季节，因为要去果园摘第一批成熟的果实送给她。孩子们在七年级的时候，老奶奶得了一场重病，并在学年结束一周之后去世了，孩子们非常难过。不久之后，我们得知了奥莉加·菲奥多罗夫娜的遗言是在自己死后把房子和果园都交给孩子们。集体农庄的农民们想了一个办法，让孩子们在这块儿小庄园继续做事。这解决了领导们的为难，毕竟房子和果园的主人是一群学生，这算什么呢？我们邀请安德烈爷爷搬来这里住，他很乐意，因为这里离养蜂场并不远。瓦莉娅和济娜四年级的时候就与几个"十月儿童"交上了朋友，整天待在果园里，还帮他们加入了少先队。

母亲悲痛至极，因为儿子在争取祖国自由和独立的战斗中牺牲了。让我们的孩子们也感受、体验和分担一下这种悲伤。千万名母亲的儿子们葬在从伏尔加河到易北河、从北冰洋到地中海的无名墓中，让这些母亲成为学生们的朋友。如果孩子的内心未曾感受到和经历过祖国失去两千万人民的生命、可怕的折磨、焚烧和毁坏的巨大痛苦（我们的人民既不会忘记这一切，也不会原谅法西斯分子），就无法让他的内心高尚起来。

因此，在邀请那些在伟大卫国战争中牺牲了儿子的母亲来参加少先队集会（一般在学校）这类重要活动时，需要特别谨慎。对孩子们来说，这类活动不能像往常的教育活动那样在脑子里一闪就过。与那些在个人的痛苦中反映着全民族痛苦的人见面，会给幼小的心灵留下深刻的印记。

无论从教育理论出发，还是从实践出发，公民教育一直都是一个复杂的问题。这里最重要的是要让知识能够渗透到人的心灵中，让它反映在个人的精神世界里。对祖国的认识以及对苏联民族神圣和美好事物的认识并不仅仅是在记住之后就能够在日常生活中发挥指导意义的信息。它们应该是能够影响学生个人生活的真理。只有当通过一个人的伟大反观祖国的伟大时，这些真理对孩子来说才是神圣的。

"民族记忆是一部伟大巨著，里面记载了一切。"如果没有读这本书，没有深刻理解和体会每句话、每个字的意义，开展公民教育便是难以想象的。在我看来，我们过去常说的学校和社会生活之间的相互联系主要是指，把我们最神圣的东西——对祖国的热爱和对敌人（带给祖国人民极大痛苦和灾难的奴役者）的仇恨从人民的心中传递到孩子们的思想和内心中。每次与伟大巨著"民族记忆"的接触都是一次最复杂、最重要的人格塑造。

劳动是崇高的

劳动进入我们的学生的精神世界、催生团结协作的快感、激发求知欲、带来克服困难后难以抑制的快乐、展示周围世界日新月异的样貌、唤起国民最原始的情感——人类赖以生存的物质财富创造者的情感，此时劳动成为一位伟大的导师。

劳动的乐趣是一种巨大的教育力量。童年时期每个孩子都应深切体会这种崇高的感觉。

那是学生时期的第一个秋天。高年级学生在田野中给我们划出几十平方米的土地。我们的任务是松土。农村的孩子都习惯了这种劳动。我对小家伙们说："我们将在这里播种越冬的小麦、收割并将小麦磨成粉。这将成为我们最主要的粮食。"孩子们清楚地知道什么是粮食，他们像父辈那样努力地劳作。我们安排的活动充满激情，同时兼具游戏的意味。

收获第一批粮食的向往可以激励并帮助我们克服困难。但困难不是那么容易战胜的：孩子们提着小篮子，把篮子里的肥料与土壤混在一起，备好垄沟，一粒一粒地挑选小麦种子。播种的日子是真正的节日。孩子们被劳动的热情包围。播种已经结束，但谁都不想回家。我们不由得开始憧憬，爬到树上讲述着关于金色麦穗的童话。我构思着童话，并希冀着，对于我的学生来说，劳动不仅代表着玩耍，更是最原始的、崇高的快乐。孩子们通过劳动接触了社会生活，认清了别人和自己，体会到公民最原始的快乐。我从未忘记劳动不是一件轻松的事。竭尽全力地做一件事对孩子来说是一个重要的人生历程，而它叫作成熟。通过劳动，孩子们不断成长。应该确定合适的劳动难度，这样不仅能使劳动适合于儿童，更能让孩子们通过劳动渐渐成长。多年经验证实，当在儿童的劳动中加入成人们最重要的生产元素时，即获得物质成果并将成果归入集体时才能达到教育目的。

孩子们焦急地等待着麦苗破土而出。我们的麦田很快就变成绿色了吧？而麦苗出来之后，男孩子和女孩子们每天早上都跑来看一看，很快就要长出绿色的麦秆了吧？冬天来了，我们用白雪覆盖田野，让麦子暖暖和和的。春天来了，孩子们发现，麦苗像连绵不断的毯子一样覆盖着田野，麦穗从叶子中伸出来，孩子们因兴奋而激动。小家伙们疼爱着每根麦穗。

收割的日子更是比播种还快乐的节日。孩子们盛装来到学校。每个学生都在仔细地割麦子，并将割下来的麦子捆成一束。脱粒——又是一个劳动的节日。将所有麦粒收集起来装入袋子中。安德烈老爷爷将麦粒磨成白色的面粉。我们请求季娜妈妈给我们烤面包。孩子们给季娜的妈妈打下手，男孩儿们打水，女孩儿们添柴。瞧，这就是它们，4个又大又白的圆面包，这是我们的劳动成果。孩子们心中充满自豪。

粮食盛典——这个期盼已久的日子终于来到了。孩子们邀请安德烈老爷爷和爸爸妈妈们来到盛典现场。女孩子们铺上白色绣花的桌布，拿出冒着香气的面包片，安德烈老爷爷则拿出一盘蜂蜜。爸爸妈妈边吃着面包边夸奖着孩子们，并感谢孩子们辛苦的劳动。

这一天留在了孩子们的记忆中。在盛典中没有关于劳动和人格的豪言壮语。重要的是盛典让孩子们激动。这是对快乐感觉的体验：我们种出粮食，我们给父母带来快乐。而一个人因自己的劳动而感到快乐，这是道德修养和高尚品格的最重要源泉。

我们这个最重要的粮食的节日引起了其他班级的注意。每个班的学生都想种植自己的粮食。孩子们搅得班主任不得安宁：为什么其他班级有粮食的节日，而我们没有呢？这件事引发教育队伍的诸多思考。人们看到，像耕地、施肥这样再简单不过的事情，和去森林散步、阅读有趣的书籍一样令孩子们向往。老师们谈论着，即使是对什么事情都提不起兴趣的懒虫们，在劳动中也发生了翻天覆地的改变。他们变得热爱劳动了。"这究竟是怎么回事呢？"我们思考着。最后大家一致认为，重要的在于情感、在于用崇高的目标去鼓励他们。当劳动令孩子们快乐时，他们就会努力劳动。劳动的快乐越多，孩子们越珍惜自己的荣誉，越能够在活动中看清自己，自己的力量和名誉。劳动的快乐是巨大的教育力量，得益于此孩子们认识到自己是集体的一员。这并不是说劳动可以转化为娱乐。劳动要求集中和坚持。但我们不应忘记，我们面对的是刚刚开始探索世界的孩子们。

　　孩子们决定每年都庆祝最重要的粮食的节日。在学校生活中的下一个秋季，他们将获得新的土地，播种越冬的小麦，再次邀请父母以及自己的小伙伴——还没上学的小家伙们来品尝。甚至当我们的学生进入青年时代，他们还是会在学校那块小小的田地中满怀激情地收集麦粒、磨面、烤面包，这一切都充满激情，成为一个游戏。其他任何快乐都无法与劳动的快乐相比。如果没有美的感受是无法想象这种快乐的，此处的美不仅在于孩子们收获了什么，更在于他们创造了什么。劳动的快乐是生命的美。孩子们认识到这种美，就会感受到自豪感，以及因克服困难而产生的快乐。

　　只有善于努力、理解汗水和辛苦的人才能体会到快乐的感觉。童年不应总是沉浸在节日中。如果孩子们没有从事力所能及的劳动，就体会不到劳动的幸福。劳动教育的最高要求就是在孩子们的心中树立人们对劳动的态度。人们不单只为了生存而劳动，还为了多方面展现个人的精神生活和精神财富而劳动。劳动中蕴含着人与人之间关系的财富。如果孩子们无法感知这种关系的妙处，就不会热爱劳动。人们把劳动当作最重要的自我表现、自我肯定的手段。俗话说，不劳动的人是空虚的。让学生们将个人价值、个人快乐建立在劳动的成就上，这正是我们重要的教育任务。

　　在学校生活的第一个春天，孩子们建造了一个"母亲的果园"，栽种了31棵苹果树和同样多的葡萄树。我对自己的学生们说："孩子们，这是献给我们的母亲的果园。妈妈是你们最爱的、最亲近的人。三年之后苹果树和葡萄树将开始结果。我们将第一个苹果、第一串葡萄作为送给母亲的礼物。她们会很开心。这代表着你们很关心母亲。作为对关心的回报，你们收获了快乐。"

"母亲的果园"中的劳动寄托了美好的愿望——给长辈、父母带来快乐。一些孩子还不理解人类这种崇高的感情——对母亲的爱。我竭力唤起每个孩子对母亲的爱。加利娅为继母种了一棵树，萨什科将树送给奶奶，而维佳将树送给了姨妈。没有人冷漠地对待劳动。春天和夏天，孩子们一直在给果树浇水、除虫。苹果树和葡萄树长出绿叶。第三年终于第一次开花、第一次结果。大家都希望果树上的果子快快成熟。

托利亚、季娜、科利亚非常开心，因为他们的苹果树上结满大大的苹果，葡萄树上挂着琥珀色的葡萄，此刻我感到巨大的幸福。孩子们摘下成熟的果实送给母亲。这是孩子们永生难忘的日子。我将一直记得，当科利亚从树上摘下苹果想着送给母亲时，他的眼睛里闪烁着温柔的目光。

在学校生活的第二年，孩子们的劳动变得更加崇高起来，每个孩子都在父母院子旁的土地上为母亲、父亲、爷爷、奶奶种上了果树。"这就是妈妈、爸爸、奶奶或爷爷的果树！"孩子们高兴地说道。萨什科种苹果树来纪念父亲、母亲，而加利娅和科斯佳的果树用来纪念母亲，他们也没有忘记自己的养父母，分别为养父母种植了一棵果树。

孩子们对待其他事情从来没有像对待这些果树一样这么令人感动。当果树开花时，所有人都焦急地等待着。等待苹果成熟，采摘下来送给母亲。这不是孩子们相继完成的普通劳动过程，而是性格发展的阶段，通过这一阶段，孩子们体会到自己动手的美妙之处。

生命中最神圣、美好的人就是母亲。孩子们通过劳动使母亲快乐，而自己也感受到劳动的美德，这是非常重要的。我们的集体逐渐养成了一个美好的传统，就是在土地和劳动给予人们慷慨馈赠的秋天，来庆祝秋天的母亲节。在这一天，每个学生都将自己盼望了整个夏天，甚至几年的劳动果实——小小的土地上长出来的苹果、鲜花、麦穗（每个孩子都在父母院子旁的土地上拥有一方劳动的小天地）送给母亲。"珍爱自己的母亲"是我们为男孩子和女孩子确立的秋天的母亲节的宗旨。孩子们越是为了母亲的快乐而将精神投入劳动，他们心中就越是充满仁爱。

我们这里还有春天的母亲节。我们在森林中找到一块偏僻的地方，孩子们把它称为草莓地，因为一到夏天，这里就会有很多浆果。这个神奇的角落给孩子们带来很多快乐。孩子们想与母亲分享自己的快乐。所以孩子们决定将冒出土地的第一束花朵送给妈妈。这就是春天的母亲节的由来。在这一天，孩子们不仅将藏在雪下面的鲜嫩的、风铃一样的雪莲送给母亲，还将在暖房中培育的鲜花献给母亲。母亲节不需要喧嚣和"有组织的庆祝活动"。我们希望孩子们在自己的家中表达对母亲的敬意。在这里重要的不是动听的话语，而是深沉的情感。

有一句古老的乌克兰格言，相传出自十八世纪人民哲学家格里高利·斯科沃罗德之口："热爱别人容易，孝敬母亲难。"在这句格言中蕴藏着人民教育家的大智慧。如果一个人在心中对亲近喜爱之人并无牵挂，那么就无法培养他的仁爱之心。口头说出来的对他人的爱还不算是爱。热忱、亲切、善良之心的最初的培养学校是家庭，对待母亲、父亲、爷爷、奶奶和兄弟姐妹的态度正是对仁爱的磨炼。

孩子们的劳动应该是美的创造，这是美学和道德教育统一的要求。在学校生活的第一个秋天，我们把收集来的蔷薇花籽埋在学校花园中僻静一角的田垄上。我们把白色、红色、紫色、黄色的玫瑰花苗嫁接在这些蔷薇上。我们建造了属于自己的"玫瑰花园"。当第一朵鲜花开放时，孩子们的快乐无以言表。男孩子和女孩子们甚至不敢触碰这些花朵，害怕它们受到伤害。当我告诉大家，只要正确地采摘花朵，这些玫瑰可以盛开一整个夏天时，孩子们异常开心。大家都想把鲜花送给母亲。想到在秋天的母亲节中可以将一小束鲜花和苹果一起送给母亲，孩子们感到非常开心。

在学校生活的第一个春天，我们种下很多花朵。它们需要精心呵护。浇花是一件特别不轻松的事。高年级的学生制作了一个不大的水塔，还配备了水泵。将水引至花园跟前，这减轻了孩子们的劳动强度，所有人都喜欢这项劳动，即使是年龄最小的丹科也能在半小时内浇完所有的花。

每个孩子都喜欢上了培育鲜花。没有什么比呵护这些玫瑰更能改变孩子们的心，将美与想象力、创造力、仁爱结合起来。我发现，每个孩子都希望拥有自己的家庭花园。还在三、四年级的时候，学生们就已经能够欣赏到院子旁长出的玫瑰花了。

生活告诉我，为了欣赏玫瑰的美丽、为了让其他人感受到欣赏美丽和创造美丽的幸福而栽种玫瑰花的孩子一定不会是残忍的、凶狠的、无耻的和冷酷的。这是性格培养中一个非常复杂的课题。美丽本身不具有培养人们崇高品格的任何魔力。只有创造了美、被赋予崇高道德激励任务的劳动，尤其是对人的尊重，才能够塑造高尚的品格和仁爱之心。创造美的劳动越人性化，人就会越尊重自己，越无法容忍自己背离道德规范。

美在道德教育中的作用一直是我们教育队伍研究的课题。赋予美以影响学生精神世界的巨大作用，特别是对情感的影响，但同时我们也担心过高地估计了这个影响的作用。我们在心理座谈会上提出了这个问题——美在什么样的条件下才具有教育作用。

要通过对教育定律的全面分析来回答这个问题。经验告诉我们，通过分析教师对初期、中期、晚期学龄儿童精神世界的影响方式和方法，我们愈加确信，不存在也不可能存在任何唯一、全能的且保证成功的教育方法，任何方法都会在某些方面存在着缺陷和不足。

审美的培养或许可以圆满地实现，但如果共产主义教育的其他元素和组成部分存在严重的缺陷，美学的教育作用也会被削弱，甚至消失。只有与其他同样重要的手段并举时，劳动对孩子们精神世界的影响才具有教育作用。在一定条件下一个人可以精心呵护花朵并赞叹花朵的美丽，但同时他又可以是一个无耻、冷酷、残忍的人。这一切都取决于我们教育者在施加寄予明确希望的影响作用时，结合了何种影响个人精神世界的手段。这个论点已经得到了教育界的认可。关于具体生活遭遇的讨论让我们认识到正面教育作用的协调问题。在我看来，这是根本的、奠定基础的教育定律之一。我不认为这个问题在学校教育实践中得到了解决，但为了解决和研究这个问题我们已经做了很多。作为最重要的教育定律，这个问题实质是针对个体的每个影响手段是否成功都取决于其他影响手段是否成熟、是否有针对性及有效。作为教育手段，美的力量取决于如何巧妙地发挥同样作为教育手段的劳动的力量、如何深刻和熟练地培养智商与情商。只有当长辈亲身示范的作用开始起效、其他所有教育手段都是纯真且崇高的时候，教师的话才具有教育作用。

各个教育作用之间存在着千丝万缕的联系和制约关系。认识到这些联系与制约关系，准确地说，是否能在实践中实现它们，最终决定了教育是否成功。在我看来，教育学的弊病在于它脱离了生活，如果不与其他各种教育手段相结合，任何教育手段都是无效的，如果其他各种定律没有得到实现，任何定律都会变成一纸空谈，但这些都被忽略了。正是因为缺少对各种个体教育手段之间关联性和制约性的研究，教育学才变得落后。若想要教育学变得精准并保持本色，必须将教育现象之间的关联性和制约性弄清楚。

现在，我们又给各种鲜花定下了节日。铃兰、郁金香和丁香的节日是在春天。这一天我们来到森林，来到我们在学校生活的第一个秋天开辟的丁香园。每个学生都摘了一小束花，尽力搭配出独一无二的花束。我们在草地上欣赏着花束，并把它们送给了母亲、我们的朋友安德烈老爷爷和奥莉加老奶奶。我们还邀请学龄前的孩子一起庆祝这个节日并把花束送给他们。

第二个节日是玫瑰花节。我们在学校的"玫瑰花园"里和院子旁采摘玫瑰。到了第二学年，几乎所有孩子的家里都有玫瑰花丛。我们把最漂亮的花束送给安德烈老爷爷和奥莉加老奶奶。

第三个节日是野花节。这个节日最让孩子们开心。清早我们就来到田野，此时花儿特别鲜艳。摘下野花制作漂亮的、独一无二的花束。把花束带到学校，我们安静地坐着，想象着仿佛学校都开满了野花。我们找到长得最漂亮的花朵的地方，秋天收集这里的花籽、挖出根茎，然后这些矢车菊、洋甘菊就在院子旁盛开。

秋天的花朵节或者菊花节是令人忧伤的，代表着与夏日的告别。我们要付出多少劳动才能让这个节日来得晚一些……我们为菊花抵挡寒风和霜冻，在夜里也不忘为它们盖上纸帽子。秋天的花朵节过后，我们把植物搬到暖房。

在学校生活的第三年，孩子们第一次庆祝雪花莲的节日。森林中还覆盖着白雪，但大地已经从冬眠中苏醒。林中的空地上冒出青色和白色的风铃草。在节日这天孩子们把花束送给母亲。我看到，孩子们发现了孕育于劳动中的精神快乐的源泉。人们劳动的目的不仅仅为了获得面包和衣服、建造房屋，还为了在房屋旁边常常盛开鲜花，给自己和其他人带来快乐，让孩子们从小为了快乐而劳动。

入学一年之后，孩子们都在父母院子旁开辟出小小的美丽的一角。几乎所有的孩子都种下了玫瑰。此外，孩子们也都有各自喜欢的花朵。瓦莉娅、莉达、帕夫洛、谢廖沙、卡佳、拉丽萨和科斯佳喜欢菊花。萨尼娅、济娜、柳芭、柳达和萨什科种的是康乃馨和郁金香。万尼亚、维佳和彼得里克栽下了几株丁香。我教孩子们怎样侍弄花朵、怎样处理秧苗和选择最佳种植地点。

对花朵的喜爱成了科利亚与母亲之间争执的导火索。这个小男孩喜欢在暖房里忙碌。我送给他三株菊花，并告诉他怎样栽种。我们还把良种西红柿秧苗送给孩子。科利亚把菊花和西红柿秧苗带回家。母亲负责种植西红柿，而科利亚负责菊花。大约过了两周，母亲看到已经生根的菊花，她拔掉了这些菊花。孩子在栅栏旁找到被拔掉的菊花，他哭着跑到母亲跟前。

母亲笑了起来："这些花就是麻烦。要这些花干什么？没有花，我们照样活着，以后都不需要它。"

科利亚默默地拿起菊花并把它们种在杂物棚后边的角落里。几天之后，科利亚送给母亲一些浅蓝色的鲜花并说道："妈妈，你看，多漂亮的花呀。"孩子的话里包含着复杂的感情。他真正想说的可能是："妈妈，我希望咱们家的生活就像这些花朵一样美好。"

孩子们在"小鸟诊所"里勤恳地工作。暴风雨过后我们在森林里总能遇到从鸟窝掉出来的幼鸟。在"小鸟诊所"，孩子们叽叽喳喳讨论个不停……在寒冷的冬季，孩子们将盛放南瓜子的喂食器放在"小鸟诊所"的窗旁。饲料四周围满了山雀。当食物不够时，它们就会发出乞求的叫声。孩子们将谷粒撒在桌子上，山雀就飞进屋里吃了起来。渐渐地山雀不再惧怕孩子们，它们在屋里停留得越来越久，甚至寒冷的夜晚整夜躲在屋内。山雀们欢快地啾啾叫，落在孩子们的肩头、手臂和脑袋上。在暖和的日子里，鸟儿们飞来进食，然后很快就飞走了。孩子们不愿与鸟类朋友分离。鸟儿们仿佛懂得孩子们的心思，孩子们仿佛听到它们用叫声回答道："对不起，我们不能久留。"

科利亚、尤拉、萨什科、科斯佳和帕夫洛每次都在"小鸟诊所"待上几个小时。我建议孩子们在自己家里放置一个小小的喂食器。于是他们把盛放南瓜子的板子放置在气窗旁边。帕夫洛更是造了一个小房子。

从表面上看，这些都没有什么意义，与教育无关。但实际上，对动物的关心正是对关怀、热诚和同情心的培养。

从三年级开始，这些山雀的节日就成了独树一帜的、劳动和艺术创造的节日。女孩子们把烤面包做成小云雀的样子。每个人都想用简单的造型创造出腾空而起的小鸟。这是独一无二的艺术创作种类。孩子们互相展示着自己的云雀，他们觉得云雀不仅在飞行，还在唱歌。"你的云雀不会叫，而我的会唱歌，"这些天总能听到他们这样说。

当孩子们长大成人，他们会去耕作队和饲养场工作，成为农民、挤奶员、农业技师和园艺师。应该让孩子们从儿时就感受到农田、饲养场里普通劳动的美。让一般的农活也给孩子们带来快乐，这是非常重要的。而这就需要游戏，需要用劳务活动、集体中人与人之间和谐的关系（友谊、同伴互助）来激励这个集体。我的学生们一直关心集体事务和成绩。班级永远是劳动的集体。早春我们来到塔尼娅父亲的畜牧场。我们被安排在厩棚，塔尼娅的父亲挑选了四只最虚弱的小羊羔交给我们抚养。我对孩子们说："孩子们，在羊羔康复之前，我们要关心这些小生命，每天都来照看他们，喂他们吃浸泡过的草料和奶制品。"

时常听说有这样一种人，他们游手好闲、对什么都不感兴趣，而且还冷酷无情，什么都无法打动他。这种说法不对。用劳动激励幼儿（不是少年，因为到了11~12岁再做这个就晚了），例如，在畜牧场照顾虚弱的小羊羔，经过两个月左右，你们就会看到，心中再冷酷的冰块都会被融化。用劳动的美激励集体中的孩子，这是热爱劳动的主要原因。我们年级没有冷酷的孩子，也没有懒惰的人，这就是一般劳动对孩子的激励成果。

我们把找寻来的上好的草料碾碎，熬成汤汁喂给小羊羔。还给小羊羔喂奶。当小羊羔开始吃青草时，孩子们从暖房里采来大麦和燕麦的嫩芽。当小草刚一变绿，小羊羔就得到了一束束鲜美多汁的饲料。塔尼娅的父亲在棚子旁边用栅栏围出一块地，我们一整天都在那里放羊。这就是我们的"牧羊场"。

在学校生活的第三年又出现了更重要的任务——孩子们都想要照顾小牛犊，并且我们在畜牧场得到了一小块地。孩子们整个冬天都在暖房里种植大麦和燕麦。夏天将草料晒干，很多孩子每天都来畜牧场。当春天来临，成年羊和羊羔去了野外草场，孩子们很想念他们。孩子们盼望着哪怕能在野外、在大自然中度过一天。周日我们就去了野外。我们放羊、收集牧人割下的草料。春天的第一批青草是羊羔最珍贵的饲料。夏天，几乎每天放学之后孩子们都来到草场。实践告诉我们，如果在童年时期没有得到日常劳动的美的激励，这个人永远不会喜欢上普通的农活。

孩子们在学校的实验田里的劳动闪耀着浪漫的光辉。还在一年级的时候，我们就得到了十分之一公顷的土地，我们与高年级学生一起建造了一个小房子，有砖墙、瓦顶、木地板、小炉子、自来水和电灯，所有的一切都像真正的房子一样，就是小一点。孩子们称它为"绿房子"。这是一个舒适的地方，孩子们在这里读书、听大自然的故事。进入三年级之后，我们在这里做种子实验。建造一个小房子，既是游戏也是劳动。完工之后，孩子们非常珍惜自己亲手创造的东西。他们认识到，小房子是自己的劳动成果。任何讲解都不能替代生活经历。

为了让孩子们珍惜共同劳动，在劳动中应安排个体尝试参与共同创造，哪怕是微小的尝试。只有当人们珍惜共同创造时，共同创造才能成为物质财富的本质。孩子们在童年时就应拥有这种品质。老师们常说："有些孩子浪费公共财产，为什么他们对浪费无动于衷？"如果想要一个人从青少年时期就节俭、自制、真心关心集体利益，关心不属于自己的东西，那么应该让他从童年起就珍惜公家的东西，把公家的东西与私人的快乐和幸福联系在一起。

"绿房子"旁边有一块地，我们在上面种了小麦、大麦、粟米、荞麦、玉米和向日葵。我们在小房子里筛选种子，存放粮食，制备肥料。孩子们的劳动充满了浪漫的色彩。孩子们边劳作边思考，边思考边劳作。大自然的秘密和规律展现在他们面前。我让我们的学生在童年就通过亲身经历明白了一个道理，只有在劳动中获得的知识才能够帮助人们利用自然力量。我讲述着麦粒，讲述着劳动怎样改变它的活力。土壤中神奇的生命世界展现在孩子们面前。我们在田地里撒上有机肥，土壤变得肥沃起来。每个孩子都种下 100 颗种子，他们以极大的兴趣观察植物怎样生长。为了让麦穗结出饱满结实的麦粒，"培养"土壤的愿望激励着孩子们。每个人都努力用营养液培育自己的植物。这是真正的创造，它激励着孩子们，鼓励他们完成最普通的劳动。孩子们认真地收割麦穗，每个孩子数出一千颗麦粒并称量麦粒的重量，收成最好的人体会到了最大的快乐，其他孩子将更努力地劳作。

我欣喜地确定，舒拉、米沙、帕夫洛、萨什科、尤拉、拉丽萨、济娜、万尼亚、尼娜、瓦莉娅、季娜和科利亚都迷上了植物，并感受到了土壤的活力。到了三、四年级他们种出的麦粒比田野中普通小麦大一倍。我们在"绿房子"

和暖房内用营养液培育黄瓜和西红柿。一入冬孩子们就制作粪土肥料，等到春天把肥料撒到地里，秋天就会收获很多土豆和西红柿。

一些中年级孩子在特意为他们建造的小房子"绿色实验室"里劳作。我的学生们在高年级学生的指导下完成了有趣的园艺和栽培试验。在这里我给孩子们演示怎样将人工培育的果树嫁接到野生果树上。二年级的孩子都学会了这个精细的手艺，体会用知识改变自然，以及理论与实践的结合。孩子们急切地等待着春天到来，看到嫁接的成果。当嫁接的枝条上抽出新叶时，孩子们感到无尽的快乐。我们建造了一个集体苗圃，并决定每年都培育幼苗。苗圃成了孩子们热爱劳动的地方。万尼亚、柳夏、科利亚、沃洛佳、柳芭、济娜、费佳、卡佳、瓦莉娅、拉丽萨、谢廖沙、季娜和加利娅尤其喜欢劳作。三年级结束之后，我们在野草丛中发现野生李子树，每个人都动手把人工培育的幼苗嫁接在这些李子树上，有人嫁接李子，有人嫁接杏，还有人嫁接桃子。所有嫁接的枝条都活了下来。孩子们新奇地观察着，同一根茎上怎样长出不同品种的果树幼苗。两年后，它们都结出了果实。

我说过，自然是思想、创造、探索的丰富源泉。懂得这一定律，孩子们就得到了成长，因为他们逐渐认识到自己位于长长的自然进化阶梯的最顶端。但自然本身不会创造奇迹，要启发孩子天然的创造力，培养他的智力，丰富他的思想。没有积极的探索、没有劳动就不能发现和了解自然的秘密。只要人们迈出利用自然力量的第一步，在不断探索的过程中进行了解和创造，自然对人类的馈赠就会越来越丰厚。孩子们接触的劳动越多，越了解自然的秘密，越能见到更多新鲜的、未知的事务。未知的东西越多，思想就越积极。疑惑是激发思想最可靠的"诱饵"。从把小麦种子放入松软的土壤到收割，孩子们产生了很多很多的问题，怎样做呢？为什么？除了田间劳动、种植树木、谷类和经济作物，再也找不到能够唤醒思想、引发思考的自然改造工作了。我尽量给孩子们安排丰富多彩的劳动，让劳动激发孩子们的天赋和爱好。我们在校工厂旁边给孩子们准备了一间屋子。屋子里有一张摆满钳子的桌子。愿望终于实现了。高年级的学生们给孩子们制作了两个小型旋床和一个钻床。在柜子里和架子上摆满了小巧的刨子、锯子，工具箱中有处理金属的成套工具，以及金属板、金属丝等设计、制作模型需要的东西。很多孩子都被工作室里的工作吸引了。他们组成了一个年轻工匠小队。谢廖沙、斯拉瓦、尤拉、托利亚、卡佳、米沙、维佳、柳达、塔尼娅、萨尼娅、万尼亚和帕夫洛对设计、模型制作以及使用细工锯尤其感兴趣。

午饭后，我们聚在工作室，很快就做出了几个有趣的模型，有风电站、净谷机和扬谷器，还有逼真的小房子、书桌、微型钳工柜。孩子们一起动手制作木头和金属零件。模型越小，难度越大，正如孩子们所说，他们觉得这项工作非常有趣。

我带领孩子们来这里干活的主要目的是激发他们的天赋和兴趣，让他们体会到创造的快乐，磨炼以后用得到的本领和技巧。我努力用实践吸引孩子们的注意力，让他们直观地看到怎样处理木料和金属，怎样使用工具。唤醒兴趣、激发灵感的火花正是学习的诀窍所在。我当着孩子们的面制作了一个木头的娃娃床，工作室里的课程由此开始。小床做得越逼真，孩子们的眼神越发明亮，大家都积极地参与劳作。很多孩子甚至开始帮助切割、打磨小床的组件。当我们着手制作风电站模型时，他们不仅是我可靠的助手，还是真正的工作伙伴。尤拉、维佳和米沙很快就学会了使用工具。大家都想动手，所以我们开始同时制作多个模型。

这里插一句题外话，孩子们的能力和才干的源泉在他们的指尖。确切地说，手指上流淌着富于创作灵感的溪流。孩子们越相信自己的动手能力和智慧，手与劳动工具的配合越默契，配合的动作越复杂，孩子们智力中的创造元素就越耀眼，配合的动作就越精准、细致和复杂，双手与自然、共同劳动的配合越深入，孩子们的观察力、求知欲、敏锐力、专注力、研究能力越强。换句话说：孩子们掌握的本领越多，就越聪明。但本领不是耍机灵。它取决于孩子的智力和体力。随着本领的增多，智力也在增长，并且本领也从智力中获取力量。我促使孩子们用双手与环境积极地接触，以便了解周围的世界，让孩子们用眼睛和双手感知世界，通过提问和劳动发现和发扬自己的求知精神。

从最初来到"快乐学校"，我的学生们就收集起植物标本、收藏种子以及各个品种的木材。孩子们通过观察，通过使用简单工具，如锤子、小刀、剪子和凿子来处理各种材料，研究物质的性质。一、二年级的孩子们学习使用小刀。孩子们切削各种木料的薄板，有柳木、枥木、杨木、柞木、松木、梨木和樱桃木，他们打磨这些木板，把木板粘在或钉在纸上，比较它们的硬度和其他特征。他们将枥树干上的瘤子（这是非常漂亮的材料）做成字母、野兽和鸟类的样子。每个孩子都雕刻了一套"字母表"——他们就是这样称呼白蜡树树瘤子字母的。

距离我们村子不远有一个花岗岩洞穴。我们经常来这里收集岩石样本。孩子们饶有兴趣地用小锤子把云母岩块敲下来，并把它们放在太阳下晒干，然后用来建造小房子。夏季收割的时候，我们用表面处理光滑的黑麦和小麦秆编织宽条，再缝成草帽。

这些已经不单单是为技术创作做准备了。我既是为了提高孩子们的动手能力，同时也是为了提高他们的智力。当我们制作风电站模型时，孩子们用木头叶片替换金属板。谢廖沙说："这里有非常结实和轻便的木料，可以把它们做成叶片，一阵微风就可以吹动它。"

在小学四年期间，孩子们制作了三十多个可以运转的模型，布置复杂程度与风电站无异的模型，靠小小的发动机驱动。孩子们的个人兴趣逐年丰富起来。舒拉、维佳、米沙、谢廖沙、尤拉迷上了金属和机械。他们可以一连几个小时拿着钳子做工，甚至忘记了时间。时常因为大量的工作耽误回家。看着男孩子们拿着钳子或站在小型车床旁用木料和软金属制作简单的零件，我才想起来，孩子们在"快乐学校"和一年级的时候就已经学会了雕刻木头字母。把孩提时代的兴趣看作他们未来专业或职业的征兆是幼稚的。生活经验告诉我们，技能会经历很多转变。很少有人会成为童年梦想的人物。

体力劳动与智力培养紧密相连。手艺是钻研能力、悟性、想象力的实际体现。让每个孩子在童年里都动手实现心中的构想，这是非常重要的。

四年级时，孩子们为自己制作了小刨子、粗刨子工具。男孩没有忘记最普通的工具，他们用剪子制作木偶皮影剧中的角色：可爱的野兽和动物、女巫芭芭雅嘎、长生不老的瘦老头科谢伊。谢廖沙和米沙制作了两个鱼缸，一个放在教室，一个放在童话屋。还有一个有趣的工作给孩子们带来巨大的快乐，我们制作了一个用微型内燃发动机驱动的小发电站。发电站可以产生低压电流。

三、四年级的学生每周有两个小时的自选劳动时间。有的孩子来到"绿房子"，有的来到工作室，有的选择暖房，有的选择实验田或果园。畜牧场的工作是照顾羊羔和牛犊。每个学生都真心在这里劳作。今天我带着孩子们来到一个自选劳动角，明天就会去另一个。每个班级都有一些孩子对某些劳动感兴趣。他们成为小小劳动集体的组织者，给同学们做出了表率。工作室的组长是尤拉。年轻的农艺师们的领导是万尼亚，园艺师的领导是瓦莉娅，畜牧师的领导是萨莎。看到这些孩子们比同龄人懂的更多，我非常开心。其他孩子跟随着他们，劳动活动具有比拼创造能力的属性。

劳动作为体力和智力的快乐游戏和对自我价值的认定进入学生们的精神世界。让孩子们在自己喜欢的劳动中取得显著的成绩，明显地看到自己的创造能力，从喜欢的事情中学会一技之长，当然，在孩子的能力范围之内。他在学校里就应该学会非常完美、漂亮地做一件事。在喜欢的事情中取得成功，由此获得的快乐是自我意识最重要的源泉、能够点燃孩子们心中创造激情的火花，而如果没有激情、没有快乐的激情，就不会感知到人强大的力量，不会相信劳动在生命中的重要地位。我竭力让学校中的每个孩子都在劳动中展现自己的个性和特点。

当我回忆起孩子们的童年，我从学生的眼睛中看到了因在劳动中取得的成绩而闪耀着的自豪感。看，这是谢廖沙和他的小收音机。这是他在四年级的时

·

候做的，他用 3 个月的时间埋头苦干，换来了巨大的快乐。费佳站在繁茂的桃树旁边，他把桃子幼芽嫁接在野生李子树上，期待着开花结果。瓦莉娅不会忘记的快乐瞬间是她带着小羊羔走出饲养场的房间，她挽救了孱弱的小羊羔。济娜对着太阳和蓝天大笑，她注视着紫红色的玫瑰花——她把 3 个玫瑰枝条嫁接到野生蔷薇上，开出令人赞叹的美丽花朵。当我们叫到萨什科的名字，一个黑眼睛、攥着一束小麦的小男孩站在我们眼前。称过他在 3 平方米大小的土地上种出的麦粒之后，我们相信，如果这块地有一公顷，会收获八十公担这么大粒的麦子……在学校的水井附近有一棵枝繁叶茂的苹果树。每年当果树开花时，我都沉醉于玫瑰色的花朵，我仿佛看到一个扎着白色辫子的小女孩走到树下微笑着说："这是我的苹果树。"当果树第一次开花时卡佳就是这样说的。科斯佳想起一件伤心事，他抱着一头小牛犊，但小牛犊对他的宠爱无动于衷，因为小牛犊生病了。

　　我回忆起所有的孩子。我看到孩子们爱上了劳动。但我不认为这种迷恋会事先决定每个孩子未来的道路。即使学生喜欢上生物界，即使学生从果园或田地里的劳动中体会到快乐，这也不意味着学生一定会成为园艺师或农艺师。天赋、能力和兴趣就像盛开的玫瑰花丛，一些花朵枯萎，另一些正舒展着花瓣。每个孩子总是没有太多沉迷的爱好，否则无法想象他们精神世界将多么丰富。但他们总会在某件事中散发出光芒。除非孩子们在某个劳动过程中取得显著的成绩，否则不会特别记住它。但只要劳动能给个人带来记忆深刻的快乐，人的个性就开始显现出来。

　　一个人完美的劳动成果能够代表他的个性，在这里劳动就是强大的教育手段。如果把自己当成创造者，这个人就会努力使自己变得更好。在童年、快要进入少年时期的人认识到自己的创造力量和能力，这件事的意义是很难说清的。此处的认知指的就是个性的养成。在这里又要进行预先说明了，这个说明与教育作用的协调问题有关，在前面提到过这个问题。作为具有针对性的个体影响手段，劳动与其他影响手段存在着众多关联性和制约性，如未能实现这些

关联性和制约性，劳动就会变成令人讨厌的义务，它不会激发智力和热情。我
们每年都在心理座谈会上讨论个体教育问题，尤其注重劳动与其他手段的协调
问题。大家最感兴趣的话题是双手在智力培养中的作用。我们至今仍在研究劳
动与其他教育手段之间相互联系与相互制约的问题。

你们是祖国未来的主人，年轻的列宁主义者

在一年级的时候我就有了第一位助手，六年级的学生奥利娅，一个 12 岁的女少先队员。她请求少先队委员会将帮助年轻的十月儿童加入少先队的任务交给自己。奥利娅喜欢孩子们，这才是主要的（我们学校没有指定十月儿童小组和少先队辅导员，而是选择有意愿，并喜欢孩子的人组织儿童工作）。奥利娅帮我做很多事：她和孩子们玩耍，带着他们去森林，讲述伟大的卫国战争中英雄少先队员的故事和苏联人民的英雄事迹。

奥利娅一直工作了 15 年，她在青年列宁主义者思想教育中发挥巨大的作用。根据我的建议，她组织了孩子们与卫国战争英雄们的最初几次见面会。英雄的事迹非常有趣，小女孩都记录了下来。根据这些记录整理成一本手抄杂志《卫国战争中我们的同乡》。在 15 年的工作中，奥利娅以及少先队员们记录了100 多个故事。杂志中记满了英雄的形象。现在杂志中的故事已经超过 600 个。这是教育孩子们热爱祖国的可靠、珍贵的源泉。

对于奥利娅来说，坚持与孩子们交流不是义务，而是一种精神要求。我认为这种要求是卓越优秀的能力，即仁爱的能力。具有这种能力的人可以成为优秀的教育工作者，并在工作中体会到巨大的幸福。认真观察学校里的孩子们，你会发现一些孩子在生活中无法控制地要为同学们做些什么。男孩子的这种能力通常表现为淘气、顽皮、耍小聪明，男孩子想成为领导者，带领自己的伙伴，但他不知道应将自己的力气使在哪里。我想告诉老师们：请不要抑制这种热情。顽皮、淘气的男孩子是你们潜在的助手。应该接近这些孩子，把他们的能量用在需要的地方。

　　我们神圣的土地洒满为自由和独立而斗争的战士的鲜血，为了让孩子们在准备成为青年列宁主义者的过程中，以及在少先队的生活中爱上这方土地，我一直在努力。对祖国的热爱从孩子们称赞看到的、欣赏到的、沉醉于其中的美景开始。我和奥利娅让孩子们看到了祖国美景和苏联人民双手创造出来的美。

　　我们来到草原，坐在土丘上，看着连绵的麦地，欣赏着繁茂的花园、笔直的白杨、蓝天和云雀美妙的歌声。我们的祖先在这里生活、我们也必将在这里度过一生，孩子们和我们一样，在我们出生的地方老去，赞美这片土地的美丽，这是对祖国充满爱的源泉。这世界上有的国家自然景观胜于我们的田野和牧场，但对故土的爱是孩子们最珍贵的情感。孩子们不应只是看到春天里的树木覆盖着白色的面纱、蜜蜂在金色的风铃草上飞舞、苹果饱满多汁、西红柿映红了面庞，应该把这一切当作快乐、当作对自己精神世界的充实。让孩子们记住它们灿烂、明媚的样子：开满白色花朵的花园、荞麦田里蜜蜂竖琴般独特的鸣声、秋季凉爽的天空中鹤群飞过地平线、氤氲雾气中蓝色的土丘、深红的霞光、垂到水面的柳树、路边笔直的白杨，让这些作为童年岁月中生活的美景和最珍贵的记忆永远留在心中。

　　除了让孩子们在心中记住这些美景，还要知道：如果在那个寒冷的清晨，19 岁的青年亚历山大·马特洛索夫没有撞上敌人的枪口，没有用胸膛为战友挡住子弹；如果尼古拉·加斯杰洛没有驾驶熊熊燃耗的飞机冲向敌人的坦克，如果无数英雄先烈的鲜血没有从伏尔加流淌到厄尔巴，那么无论是开满鲜花的花园、蜜蜂竖琴般的鸣声，还是母亲毁温柔的歌声、黎明中甜蜜的梦和妈妈贴心地盖在孩子脚上的毛毯，所有这些都不会存在。当孩子们体验生活的快乐时，我们要让孩子知道这些道理。我告诉我的学生，苏联战士们正是在这里、在我们的家乡、在这片田野、在这些树下为我们祖国的自由和独立而战斗。

　　生活的快乐不仅仅是对自我意识最鲜明的表达，还是对周围世界的评价、孩子们对待所见事物的积极态度。社会主义社会的生活逻辑在于将周围世界的美景作为学生们童年快乐的源泉，即生活的快乐。因此教育者的目的应该是让孩子们为每朵花、每棵草而感到开心。但是对于孩子们来讲，是否喜欢周围的世界只取决于世界是否美妙吗？要知道生活的快乐只不过是孩子们从祖辈那里获得的快乐的综合。而当小孩子看到和感受到先辈为祖国的自由和独立而付出的汗水、鲜血和泪水时，他周围的世界就变得珍贵。立陶宛诗人尤·马尔钦基亚维丘斯在长诗《鲜血与灰烬》中详细描述了生活的快乐与民间情感的结合：

> 母亲们，让孩子们热爱自己的祖国吧，
> 让孩子们变得勇敢和忠贞吧！让孩子们懂得，
> 我们的夜空虽然不那么高，不那么明亮，
> 但却与别处不同。
> 同孩子的情感融为一体的人，才是孩子真正亲近的人。

在感受生活的快乐的同时，对守护这份美丽的人们心存感激之情，故乡就会变得无比珍贵。感受快乐与心存感激的融合正反映了对年轻一代德育与美育的统一。生活的快乐不应不知忧患。有些老师认为，给孩子们讲述在争取社会主义自由公民幸福时遭受的苦难、悲伤和牺牲会给孩子们快乐的童年蒙上阴影，这是大错特错的。

初秋阳光灿烂的日子里，苹果压弯了枝头，葡萄正在成熟，黄色的麦秸堆在集体打谷场，空气中飘荡着银色的蛛丝。我和奥利娅带着孩子来到村外。这里有一座山冈，从山冈向下望，近处是灰蓝色的西瓜地，然后是果园，果园后边是笔直的杨树，杨树后面是草原和种植绿色冬小麦的田地，在地平线上蓝色烟雾中隐隐可见远山。孩子们都经历了这难忘的时刻。他们从眼前的美景中感受到了些许幸福的童年：傍晚，母亲和父亲就是从这片田野回来，他们温柔的眼神中还闪耀着阳光。我们坐在山冈上，我讲述着善与恶的童话，孩子们因善良战胜邪恶而高兴。

过了一星期，我又来到山冈上，孩子们眼前大自然的美妙画面又添新景：

秋天有属于自己的颜色，苹果树和杨树变成了金色，田野中越冬作物愈加碧绿，天空也更深邃了。每周我们都在同一时间来到这里，欣赏大自然的美，感受精彩的民间童话中善与恶的斗争，倾听秋日田野的序曲，呼吸着新鲜的空气，期待着春天再去迎接云雀。草原中的这个角落都留在了孩子们的精神生活中，为他们所珍爱。这片草原就是祖国永远镌刻在孩子们心中最初的、鲜明的形象。

如果不能感受和体会周围世界的美，就不会唤起对祖国的感情。在告诉孩子们先辈以多大的代价才换来他们快乐的童年之前，应当先让孩子们看到大自然的美。要让遥远童年中这小小角落的回忆永远留在孩子们的心中。要让祖国的伟大形象与这小小角落联系在一起。

秋日寂静，山顶上有一个不太显眼的土坑，我指给孩子们看，说道："看这个土坑。它被时间填平，里面长满了草。那年秋日也如今天这般阳光明媚。我们的部队沿着这条路向第聂伯河对岸撤退。年轻的机枪手登上山顶。为了阻止敌人渡过第聂伯河，他架着机枪把守在这里。敌人的摩托车队出现在大路上。机枪手消灭了他们。法西斯分子用迫击炮和火炮炮击山冈。你们看到南侧好像已经被挖开。地上到处都是致命的炮弹。爆炸声停止了，摩托车队又驶上了大路，山冈又响起了枪声。敌人纷纷被苏联战士击倒。法西斯分子派一辆坦克驶上山冈，向这几棵树逼近，接着大炮开了火。枪声停止了，摩托车队再次驶上了大路，从山冈又传来了枪声。虽然战士的手、头和胸严重受伤，但他还在继续战斗。他的眼睛已满是鲜血。他知道这是最后一次看到故乡的蓝天。机枪旁炮弹爆炸了，年轻战士的心脏停止了跳动。傍晚，集体农庄的农民来到这里，挖了一个土坑，在这里埋了血淋淋的尸体。战士的遗体一直保存在这里，直到苏联军队从敌人手中解放了村子。战士的战友来山顶把遗体挖出并运回村里，在烈士公墓将他安葬。我们不知道英雄的名字，战士的母亲也不知道儿子葬在哪里。"孩子们心痛极了，他们更加珍惜生活的美好和故乡的美景。

孩子们用英雄的目光看世界。年轻战士献出生命，为了能让孩子们幸福、安宁地生活，为了天空中闪烁的星光，青草和果树的幽香，为了草原上草虫温柔的歌声，为了新年夜被母亲放在枕头下面的来自严寒老人的礼物……孩子们默默不语，凝视着洒满鲜血的大地。他们想抚摸每一寸土地、每一棵艾蒿和百里香。

可能，很多学生在这个夜晚都无法入眠。眼前是故乡的草原，它时而阳光灿烂，时而狼烟遍地。孩子们心中充满悲痛，英雄永远看不到这个美景，而他们今天能看到，明天也能看到，明年还将看到。想到这些，眼中又噙满泪水，在梦中都拉着母亲温暖又温柔的手。第二天早晨瓦莉娅早早来到学校。她在朗读昨晚写的诗：

草原的大路旁，
耸立着一座高高的山冈。
多少年来风儿从山冈上吹过，
太阳闪着光芒，秋雾在飘荡。
凶狠的敌人侵犯我们的家乡。
青年英雄站在高高的山冈上，
挡住敌人的去路。
就在这里，在这古老的山冈上，
年轻的战士牺牲了，
子弹射入他的胸膛，
他那鲜血淋漓的心在土地上颤抖，
天空黯然失色，乌云遮住了阳光……
我们永远怀念你，
为了让我们活着，
你却失去了生命。
在你心脏停止跳动的地方，

我们栽下一棵橡树。

一周后，我们又登上山冈。孩子们想知道这位英雄是谁？他在哪里出生？在哪里学习？他的母亲是否还活着？孩子们用祖国英雄的眼光去观察一切。他们想做点什么来表达自己的感受。当树叶开始凋落，我们在山顶种下了一棵小橡树。不需要任何话语，孩子们的心灵就能被善良所动。孩子们为自己在做的事情而激动不已：我们种树不单单是为了为山顶增添一抹绿色，还是为英雄建立一座充满生机的纪念碑。

孩子们知道，橡树很难在山冈上生长，但他们却没有被任何困难吓倒。冬天，我们为小树遮挡寒风，用雪将它覆盖。春天，当山冈上冒出鲜嫩的小草，孩子们每天都跑来这里看小树有没有发芽。这不仅仅是对树的关心，更是与英雄的会面。橡树长出绿芽，孩子们似乎从每一片叶子上都感受到了那段日子的苦涩。参与埋葬战士的老人们帮助我们建立了功勋日。我们每年都会庆祝这个充满光荣、怀念和悲伤的日子。孩子们一大早来到学校，每个人都手拿鲜花，将它们编织成一个充满生机的花圈，放置在传说中英雄倒下的地方。

对孩子们来说，山冈上的这个角落就象征着保卫祖国自由独立的先辈们的英雄气概。我这样激励孩子们："你们是土地的主人，先辈们用鲜血浇灌了它，你们应当关心我们祖国的富强。"

在一个暖和的日子，我和奥利娅领着孩子们来到"英雄花园"。这个光荣纪念碑是由学校的学生们共同建立的，1941年深秋法西斯占领时期，这里发生过一桩充满英雄主义和自我牺牲精神的壮烈事件。法西斯匪徒砍光集体农庄的果园，在这里建立了一个战俘营。露天的铁丝网内关押着6000名负伤、饥饿、被剥去衣服的苏联官兵，他们都已经奄奄一息。他们没有水喝，只能在寒冷的秋夜里从冻硬的土地上收集冰霜，并以草充饥。每天都有几十名战士死亡。如禽兽般残忍的法西斯分子却在等待他们全部死去，然后引燃战俘营旁边的弹药库，再诬陷苏联军队的飞机投下炸弹，炸死了自己人。

战俘营内的苏联爱国人士组建了一个秘密组织筹划集体越狱。于是在一个寒冷的夜晚，当几千人在风雨中瑟瑟发抖时，一些战士和军官匍匐来到铁丝网前，分散盘踞在 20 个地点。他们扑在铁丝网上，做好了赴死的准备，战友们踩着他们的身体奔向草原。那天夜里有四千多人躲藏在集体农庄，无论是盖世太保还是伪警都搜捕不到他们。为了这四千多名被迫害的战友能够拿起武器、重返战场为祖国的自由而战斗，400 名英雄献出了自己的生命。

从法西斯魔爪中解放农村以后，学生们做了一个决定：要把这个神圣的地方变成一处繁花盛开的角落，一座充满生机的英雄纪念碑。他们清理了荒地，填平了沟渠，种下了 400 棵橡树，象征着为拯救战友而献出生命的人们而建的 400 座充满生机的纪念碑。橡树长大了，英雄事迹代代相传。栽下橡树林的几年后，新一批加入少先队的学生们在老橡树旁种下了自己的橡树。铁丝网上曾沾满英雄的鲜血，心灵与大地曾于此处交融，愿树木长青。于是，每个少先队员都亲自种下了一棵树。

加入少先队时，在"英雄花园"种下一颗橡树，这已成了传统。我和孩子们来到这里。奥利娅讲了英雄的事迹，还把自己栽的那棵树指给孩子们看。孩子们焦急地等待着自己入队的时刻。

春天到了，还有几周就是列宁诞辰纪念日。我们在这一天召开隆重的少先队集会庆祝青年列宁主义者的加入。我们又来到了"英雄花园"，每个孩子都带着橡树苗、小铁锹和装满肥料的篮子。他们栽下树苗、浇水。4 月 22 日，在英雄们牺牲的地方，年长的少先队员们给孩子们系上红领巾。在这里，少年列宁主义者们庄严地宣誓，要忠于社会主义祖国。

我们每年都要去几次"英雄花园"。初春时节，孩子们除去树上干枯的枝叶，拔走冻死的树，种上新苗。深秋的一天，英雄们牺牲的日子，我们在这里举行了一场少先队队会。在布满铁丝网的围墙处长着几棵笔直的橡树。孩子们庄严地走向树下，献上鲜花。这里的紫菀和菊花都盛开了，在那个难忘的夜晚，这片土地曾被鲜血染红。

　　暑假就要到了，在这最幸福的日子，我们在远足之前又去了一次"英雄花园"。这块神圣的地方永远都是那么地庄严。不可以在这里乱跑、玩耍和喧哗，但可以欣赏大自然的美、可以休息和读书。在伟大卫国战争中牺牲的烈士们的子女会经常来这里。父亲的墓地不知在哪个遥远的地方，或在北冰洋沿岸，或在喀尔巴阡山脉，所以儿子只能在这里向父亲的坟墓鞠躬。英雄事迹代代相传，他们用自己的生命换来了苏联人民的阳光、鲜花和自由的劳动。山冈上高高耸立着一棵橡树。当一个成年人看到这棵树骄傲地把枝头伸向蓝天时，他的内心定会激动不已，他也会感到祖国愈加亲切和珍贵了。

　　几十年之后，这场史无前例的战争的亲历者将离开人世，一代又一代后人将怀着惊叹和感激的心情缅怀英雄，正是他们拯救了法西斯侵略者奴役下的人民。我们不应忘记战争带来的无尽苦难和灾祸、熊熊燃烧的火光、炸弹爆炸声中濒死的呻吟、被抓到法西斯德国服苦役的人们的哭泣、即将上前线的父亲难舍的拥抱、接到丈夫或父亲阵亡通知书的妇女的号哭……青年一代应当为烈士们建立永久的纪念碑。法西斯分子占领期间，敌人在我们的学校建立了一个监狱，关押即将服苦役的苏联青年男女。

　　孩子们，你们永远不应忘记这一切。当你们长大成人，有了自己的孩子，要像传接力棒一样，把对敌人深切的仇恨告诉他们。战争开始前我们村子有5100个居民。837名同乡将生命留在了卫国战争前线，其中男人785人，妇女52人。除去这837名未能从前线返回家乡的同乡，我们村还有69人死在法西斯集中营中，他们死于饥饿和非人的虐待，法西斯分子折磨、杀害他们，然后将他们在焚尸炉中烧掉。法西斯刽子手们还出售他们的骨灰。孩子们，让你们的兄弟姐妹、父亲和祖父们的骨灰敲击你们的胸膛吧！让它敲击你们子孙的胸膛吧！永远不要忘记，276名少年、青年和姑娘被抓走并送到法西斯德国服苦役，其中194人被杀害，他们死于集中营里，他们死于饥饿和异常繁重的劳动，有些人甚至被活活地烧死。帕夫洛的哥哥被抓去波鸿市，因为反抗被法西斯刽子手用烧红的铁戳瞎双眼，然后被钉在木桩上。塔尼娅的姐姐因进行共产主义宣传被纳粹分子活埋。科斯佳的叔叔被赤身裸体地抛进铁笼子，几天后受尽折磨而死。尤拉的堂兄由于想逃走被狼狗撕碎。法西斯军官从瓦莉娅的堂姐怀中抢吃奶的婴儿，当着妈妈的面把婴儿的头砸碎。柳夏的姑姑，一个26岁的母亲，与她的两个孩子——4岁的女儿和3岁的儿子一起被关进奥斯维辛集中营。在集中营里妈妈被迫与孩子分离。这个妈妈对法西斯军官说："他们生病了，请你们让我们在一起吧。"法西斯匪徒狂叫道："如果他们生病了，我们会治好他们的……"就在要急疯了的母亲眼前，他们把赤身裸体的孩子们摔在石头上，用钉着铁掌的皮靴踩踏孩子们的身体……

我对孩子们说："我们不但自己永远不能忘记这一切，而且要像传递接力棒一样，将人类良心的记忆传给后代。"我们还决定在村子里建造英雄纪念馆——为苏联祖国的自由和独立奉献生命的英雄肖像陈列馆。

在第三学年末和第四学年初，孩子们拜访了村子里的每个家庭。母亲们把在战斗中牺牲了的英雄和法西斯集中营受害者的照片交给我们。我们依照小照片完成肖像画，并陈列在"光荣与哀悼室"中。这将是纪念馆的起点，一代又一代的学生将逐步画完馆内的全部照片。这是我们给自己设立的目标，也是我们的义务，为了地球上不再发生战争，为了人民如兄弟般的情谊，为了让孩子们在和平和幸福中而不是在战争和苦难中出生，我们应该履行这项义务。这是我们对全世界各国人民应负的责任，为了避免法西斯主义的灾祸再次降临，我们一刻也不应该忘记和宽恕。

在一次长途旅行中，我们在第聂伯河高高的河岸上过夜。孩子们多次走到山谷里的泉边打水，他们每次都需要绕一个圈儿才能避开路上的一块大石头。"大石头为什么摆在这里？"孩子们不解地问。"为什么人们都绕着它走，不把它推到树丛中去？"出于善意，他们推开石块，小路畅通了。

第二天早上有一位老渔民来到我们这里。他问石头在哪里。孩子们期待着他的表扬，但老爷爷却摇着头说："这块石头在这里已经多年了，它就该放在这儿……"他给我们讲述了三个苏联侦察兵的事迹。在伟大的第聂伯河保卫战中，他们渡过河来，带着冲锋枪躲在大石头后边向敌人射击，这场力量悬殊的战斗整整持续了一天一夜。法西斯分子使用了火炮和迫击炮，轰炸持续数个小时，但始终无法攻克这块石头。夜里，我们的战士渡过河，救出了侦察兵们。三个侦察兵躲在石头后面，身上插满弹片、鲜血淋漓，但他们没有放弃。侦察兵被送进第聂伯河附近的战地医院，没人知道他们的名字，只有这块花岗岩石块留在这里作为英雄们的功绩纪念碑。孩子们跑到石块旁，伫立许久。他们把灌木丛里的石头推回原来的地方。这时候，他们才发现石块上布满了子弹和弹片留下的痕迹。我们在地上找到许多小石块，每个孩子留下一小块作为纪念。

从此以后，少年旅行者们都会被安排瞻仰这块神圣的石块。就像山冈上的橡树和"英雄花园"一样，对孩子们来说，这块灰色的花岗石块便也成了功勋之美的象征，在少年的心中激起高尚的爱国主义情感。

一个人小时候对待先辈们的英雄业绩的态度决定了他的道德面貌、对待社会利益的态度和为祖国谋福的劳动态度。在我的教导下，孩子们一想到英雄的鲜血曾洒满我们今天劳动所的这座山冈，就会心潮涌动。这种感情证明了一种信念：在祖国大地上为祖国谋福而劳动是一种巨大的幸福，人们为此曾殊死斗争。孩子们的内心深处激起了良知的召唤：你能走在明媚的阳光下，仰望着蓝天，只因那些埋藏在白杨树和白桦树下、橡树和果树下的人们为你守护了这份光明和生命。这个声音提醒着少年列宁主义者们，他们是这片故地的未来主人。

对先辈们留下的物质和精神财富的主人翁感情是公民成熟的根本。我和奥利娅曾想让孩子们为捍卫明媚阳光和蓝天的人们做一些事，通过劳动鼓舞孩子们。

有一次孩子们来到了自己的园地，为了让寸草不生的土地长出麦穗，需要将好几百公斤的肥料送到这里。这个活儿繁重而单调。在工作开始前，奥利娅给孩子们讲述了乌克兰共青团员米哈伊尔·帕尼卡霍在伟大的伏尔加战役中的英雄事迹：

19 岁青年站在截断法西斯坦克前进路线的战壕里。敌人的坦克驶来。战士举起手，正准备向坦克投掷燃烧瓶。就在这一瞬间，子弹打中了举起的瓶子。液体燃烧了起来，火焰沿着衣服烧到脸上。一个活火把拖着烈火浓烟，跃出战壕，冲向坦克。米哈伊尔手中攥着最后一个燃烧瓶。他已经跃上了敌人的坦克。燃烧瓶击中了坦克的炮塔，坦克猛烈燃烧起来，在原地旋转。就在坦克爆炸前的最后一刻，米哈伊尔站起身来，举起被火焰包围的手臂，大声呼喊。战士们听到了战斗的呼唤，冲出战壕，消灭了敌人，夺回了街道。

故事又一次震动了孩子们。这个时刻，仿佛英雄能够永远活着，他站在孩子们旁边说："我就是为了保卫这片神圣的土地献出了自己的生命，难道我会不关心这片土地上将要长出的是野草还是小麦吗？"在这一瞬间，孩子们心里都听到了良心的声音——不能漠不关心。

我并不认为，每次劳动前都要给孩子们讲英雄的故事。不能给孩子灌输这样的思想：如果你偷懒，没有完成应该做的事，你就是没有尽到对祖国的责任。责任感是高尚的感情，孩子应将它珍藏在心里。同时，重要的是要用英雄事迹教会他们怎样生活，唤起孩子们童年认知中最初的公民信念。我建议奥利娅只是讲述米哈伊尔·帕尼卡霍的事迹，不要与眼前的劳动相联系，不能强求孩子像一个公民一样来看待这一片土地。

孩子们加入少年列宁主义者组织

1955 年春天，三年级结束前不久，孩子们加入了以列宁命名的少先队组织。共青团委员会任命奥利娅担任少先队辅导员。她在读八年级。按照传统，在 4 月 22 日列宁诞辰纪念日举行隆重的以卓娅·柯斯莫杰米扬斯卡娅命名的少年先锋队集会。在这天以前，奥利娅有很长一段时间都是和同学们一起准备孩子们的入队事宜。八年级学生给孩子们讲述了列宁党、共青团和少先队组织的光荣历史。

奥利娅对孩子们说："谁的事迹最能鼓舞你们，你们的中队就用他的名字命名。"

孩子们一致决定：我们中队要用斯大林格勒保卫战的英雄米哈伊尔·帕尼卡霍的名字命名。我们中队的口号是"要像列宁一样战斗和争取胜利"，我们的标志是橡树的叶子和果实，它们代表着我们要为祖国的繁荣昌盛而奋斗。

来参加少先队集会的不仅有学生，还有家长、伟大十月社会主义革命的亲历者、游击运动和国内战争中的老战士、1919 年在村里建立青年共产主义者组织的第一批团员。集会在一大片绿油油的草地上举行。八年级的少先队中队和即将是青年列宁主义者接班人的三年级学生面对面列队而站。八年级中队委员会主席宣布，他们的中队从今天起退队，并将青年列宁主义者的接力棒交接给三年级的学生们。

交接红领巾的庄严时刻到了。根据学校已形成的传统，退队的少先队中队要把红领巾交接给即将入队的"十月儿童"。孩子们摘下红领巾，给少年们戴上。每一个学生都把红领巾交给了自己的好朋友。

　　在八年级和三年级的同学中间有很多是兄弟姐妹，哥哥姐姐们将红领巾作为最珍贵的传家宝交给了弟弟妹妹们。孩子们戴上红领巾，接着宣读了少年列宁主义者的庄严誓词。他们宣誓要成为米哈伊尔·帕尼卡霍那样坚强勇敢的爱国主义者，践行"要像列宁一样战斗和争取胜利"的口号。每个孩子都收到一份礼物，作为加入少先队组织的纪念，这是一本讲述杰出人物生平和奋斗的书。

　　这次集会永远铭记在学生们的心中。庄严的入队仪式最主要的目的就是让红领巾在一代又一代少年列宁主义者中传递。红领巾是革命斗争的象征，它不是买来的，商店也不出售，它是被授予的，并应珍藏。孩子们并不是每天都佩戴红领巾，只有节日、典礼或少先队集会时才会佩戴，这是我们少先队大队的传统。

要像列宁那样斗争和争取胜利

列宁教导我们：为共产主义而斗争体现在每一件平凡的事情中和日常的劳动中。我和奥利娅希望，孩子们能由衷地关心周围发生的一切，关心人民群众的物质财富。

奥利娅在少先队中队里成立了一个少年自然保护小组。孩子们负责查看离学校不远的农田护林带。他们沿着护林带走去，发现有人砍下了几棵树干底部的树皮，显然，这是想弄死这些树，到时候就有理由砍掉它们：树都枯了，为什么还留着它们？孩子们很生气：这是怎么回事，我们在种树、培育树，可有人却在搞毁坏？一定要找出是谁干的。

从那天开始就组织起了少年自然保护小组突击行动。晚上，少先队员们前往农田护林带，蹲守那个不速之客。几天之后人赃俱获。两个集体农庄农民带着锯子来伐树。孩子们将这两个毁坏树木的人上报给集体农庄管理委员会。犯事者要为毁坏的每一棵树种上十棵新树。孩子们很开心，因为正义取得了胜利。这是真正的道德教育的必要条件。当少年列宁主义者看到正义取得胜利时，为共产主义理想而奋斗就成了高尚品格的源泉。胜利激发了人们克服新困难所必需的新力量。少年自然保护小组对这项有趣的游戏非常着迷，它以为美好和勤劳而斗争为基础。

在一次巡逻中，孩子们看到有些集体农庄农民的院子里长满杂草。他们给这些庄员送来了苹果树苗，建议他们除掉杂草，再种上果树。有三个懒惰的人不想这样做。于是，少先队员们写了一封《少年自然保护者倡议信》，在信中呼吁这些懒惰的人："我们是少年自然保护者，我们心痛地发现您的院子已杂草丛生。院里的草丛可能会招来野狼，您怎么在这样的'丛林'中生活？请您除掉杂草，栽上苹果树和葡萄，再种上些花。我们已在您家旁边埋了五棵树苗和三株葡萄秧，明天您就应该把树栽上，然后细心地浇水。如果您懒得这样做，那我们会来这里挖坑、除草、种树。这里将变成果园，但却不属于您，而是属于我们少先队。"

《倡议信》是用特殊方式递送的：从通风窗投进去，放在桌子上。为了不让人发现，到了晚上，孩子们才去埋树苗。所有这些都是吸引孩子们的游戏。孩子们迫不及待地等着第二天看懒家伙们会怎么做。放学后，孩子们走在街上，认不出原本荒废的院子了：那里曾经杂草丛生，如今已种上了果树……少先队自然保护小组的事迹迅速在学校传开。我们中队成了少先队少年自然保护小组的组织者。因为一些集体农庄农民常常肆无忌惮地攀折桑树枝，所以集体农庄委员会请求高年级少先队员保护桑树种植园。少先队员们进行了几次巡查，折枝现象便消失了。

夏天，中队承担了为品种试验田准备 20 公斤上等麦种的任务。孩子们选出最好的麦穗，冬天在学校找到一处干燥的地方用来存放麦穗，春天脱粒之后把种子交给农艺师。这项工作需要投入大量精力和劳动，所以孩子们从播种小麦开始就来田里亲自盯着种子怎样播种（当时他们已经上四年级）。发芽后，孩子们又会来田里。麦收时节，少先队员们决定去帮助高年级同学割麦子。我高兴地看到孩子们为别人贡献了一分力量，他们对周围世界里发生的一切更加敏感了。我们从田里回来，孩子们因自己的种子长势很好而兴奋不已。我们路过农庄的果园时看到小苹果树上生虫了。孩子们不免又担心起来。少先队员们此时想的不是自己对社会的义务，而是无法就这样冷漠地从正在遭受死亡威胁的生命旁边走过。孩子们去果园消灭了害虫，拯救了苹果树，还检查了周围的果树有没有害虫。

对故土的主人翁感是我们在少年时期就应该在心中培养的最重要的爱国主义感情。真正的爱国者应当是这样的：他在童年、少年和青春期就会像是对待给自己带来快乐的东西那样，如母亲或父亲送的玩具、带插图的心爱的图书、冰鞋和滑雪板等等，对待公共田地里的每一棵麦穗、公共果园的每一棵树以及农庄打谷场上的每一颗谷粒的命运……只有当孩子将自己的一部分精力投入到能够为别人造福的劳动中时，当自我创造出的物质财富给自己带来了极大的快乐时，当通向快乐的道路经历忧愁、担心和挫折时，孩子们才能把公共的事情当成自己的事情。

我一直都很关心孩子们烦恼和伤心的根源。孩子们只关心与个人幸福有关的事，还是也关心与他人利益相关的事？对这个问题的回答一直都是我衡量孩子道德品质的标杆。我高兴地看到，当科利亚和瓦莉娅发现教学试验田里的小麦被暴雨压弯时，他们感到无比沮丧。要不是看到孩子们因这种不幸而感到焦急和痛苦，老师怎会因为学生可能变成生活中一个冷漠的旁观者而无动于衷。

自私自利的人正是来自于那些在童年就不关心别人，而只知享受快乐的人。我为沃洛佳和斯拉瓦担心，他们有可能成为这样的人。这两个孩子的家庭不遗余力地让他们尽情'享乐'。只有当父母不给他们买什么新鲜的好东西时，他们才会烦恼。应该通过另一种担忧和苦恼，也就是对别人物质和精神财富的担忧，来抵制这种自私的烦恼。

在炎炎夏日，我看到"快乐学校"里的小椴树开始枯萎了。于是我对沃洛佳和斯拉瓦说道："我们的朋友缺水了。"我带孩子们来到花园，答应给他们看一些有趣的东西，让他们注意到小树因酷热都枯了。"小椴树正在等待我们的帮助，如果我们愿意，就可以帮助它，"我这样对孩子们说，"这种树，特别是幼年的树，喜欢潮湿的空气、水分和阴凉。孩子们，帮帮我们的朋友吧。我们从自来水管引来一根细水管（距离并不算长），用它为椴树造雨，树就会一直感到凉爽。"

起初，男孩子们对我的话没什么反应，但当我给他们讲了人工造雨的故事后，他们眼里便闪烁出了好奇的目光。劳动对于他们来说似乎是一个有趣的游戏，难道有孩子不愿意玩吗？男孩子开始玩耍起来。我们把水管引到树上方，装上喷头，于是隐约可见的水雾笼罩在椴树上方。在炎热的晌午，孩子们打开造雨"开关"，到了傍晚再把它们"关掉"。慢慢地，孩子们对树的命运揪心起来，它在毛毛细雨中感觉如何？孩子们高兴地发现小椴树长出了新枝和嫩叶。

就这样，在孩子们的生活中产生了与个人幸福无关的兴趣。但这还只是一个开始。如同珠宝匠打磨金刚石，要想获得一块钻石，就要仔细观察每一个切面，考虑从何处下手，教育者也不得不思考怎样去接近孩子心灵最隐秘的角落。我和沃洛佳几次去森林里寻找最大的野蔷薇种子，然后带回来播种，给绿苗浇水。等到可以接种时，我们发现了白玫瑰的花蕾，还把它嫁接在野蔷薇上。这并不是单纯的劳动，而是对儿童心灵的小心碰触。我逐渐实现了自己的目标，让孩子们不仅因个人的幸福而喜忧，还因周围的世界而喜忧。

我只好多多关注斯拉瓦。他和奥利娅一起在畜牧场照看生病的羊羔。起初，对这个小生命的关心就像是儿童游戏，之后发展为对劳动的喜爱，沃洛佳也逐渐成长为一名勤奋的少年畜牧工作者。我永远不会忘记，在那个寒冷的冬日，他含着眼泪来找我。他抱怨自己心爱的小牛喜欢吃燕麦幼苗，但暖房里种的都是大麦。他现在怎么去农场？所以，我们便开始种燕麦……

关心与个人需求没有直接关系的事情是解决儿童自私自利的好方法。如果孩子表现出对关心社会利益的兴趣，那么在他心中永远不会萌生出自私自利的陋习。因为这种利己主义情感笼罩着的是那些生活中只被快乐和苦恼围绕的孩子们的心灵。

"勇敢无畏者"小分队

学生们的体力和精神已经发展到抑制不住体内的精力而做出一些起初看起来无法解释的古怪行径的阶段。在我看来，这是他们的巨变：羞怯的变得勇敢了，胆小的变得大胆和果断了。

有一次，我们去地里跟庄员和高年级学生学习怎样堆稻草垛。孩子们对拖拉机手怎样把粗大的缆绳固定在自己的车上，怎样把整捆稻草拉到高高的草垛上都非常感兴趣。缆绳拉紧了，再向上抬高15米。我们把目光从草垛转向联合收割机。我从远处看到一个男孩子，他双手抓住越升越高的缆绳。我环顾四周，舒拉不在。肯定是他在15米高处。孩子们看见舒拉向稻草垛跑去，欢呼雀跃起来，可能每个人都想体验在令人头昏目眩的高空时的快乐。我好不容易等到舒拉像坐雪橇一样从草垛上滑下来。我不知道该怎么办，是该为一段不寻常的旅程平安结束而高兴，还是该尽快把孩子们带离这里？

好不容易让孩子们都安静下来，阻止他们再继续这样的活动。但是我看得出，他们对我的谨慎非常不满意。感觉告诉我，必须要确保活动是安全的，而不是阻止。我们把稻草铺在缆绳下面，这时，先是男孩子们一个接着一个做，然后是女孩子们做。

那几年我们还没有稳定的电源，为了给电池充电，高年级学生建了一座风力发电站。风机安装在12米高的塔楼上。塔顶是一个有孔的木质平台，电工就是通过它到达发电机的安装位置。有一天刮大风，孩子们在放风筝。每个人都想让风筝飞得更高。万尼亚说道："我的风筝飞得最高。"他爬上塔楼，弯下身子，贴着平台的木围栏，接着松开了风筝线。我惊恐地发现万尼亚打开了孔，把它推到了平台边缘，然而孔掉落在地上。他绕着敞开的孔跑来跑去，他一直盯着风筝，一点没有留意脚下。幸亏没有任何意外发生。

孩子们对高空特别迷恋，站在高处的感受给孩子们带来了极大的快乐。但他们的冲动却让我们这些老师倍感焦虑。让我忧心忡忡的是孩子做的几乎全是与登高爬梯有关的活动……

距离学校不远的地方有一座古老的教堂，这座 20 米高的钟楼有一个倾斜的圆顶。一个阳光明媚的春日，我望着圆顶，看见十字架旁有三个孩子的身影。我认出他们是谢廖沙、科利亚和舒拉。我心灰意冷。孩子们注意到我，然后躲了起来，他们从圆顶的一端跑到另一端。叫住他们是不可能的，也许还会导致悲剧发生。我去了学校，让老师们悄悄地把所有孩子都带走，有的去森林郊游，有的去野外散步，年龄大些的回家。总之，就是不让任何人注意到那几个孩子，不至于引起恐慌。我去了工作间，因为从那里可以清晰地看见钟楼，我两手抱着头，在窗户旁边坐下。是我在稻草堆旁组织的游戏激发了孩子们尝试登高爬梯的渴望？接着，我看到这几个孩子从圆顶上沿着老旧、生锈且处处几乎都不那么结实的管道爬了下来。

夏天暴雨过后，池塘的桥下形成了瀑布。一位集体农庄的老妇来学校告诉我："快去看看您的学生们在干什么。"我来到池塘，河堤上一个人也没有，可是我却听到从桥下传来的孩子们的尖叫声。托利亚和维佳用长绳绑在桥的栏杆上，做成了一个秋千：他们在水流湍急的瀑布之上荡着秋千，开怀大笑起来……

彼得里克、维佳和科利亚不知从哪里拖来一个掉了半个底的小木桶，一直拖到了池塘最高的一处岸边。先是一个男孩子钻进木桶（严格来说，谁都不愿意让着谁），另外两个男孩轻轻地推一下木桶，木桶便会沿着斜坡滚下去。木桶滚向池塘，停在距离池水几米的地方。直到现在，我仍然不明白这种娱乐活动是如何做到能够避开事故发生的。也许，只有孩子们才能够在这样的情况下安然无恙。

我们在树林散步时观察到伐木工人是怎样为集体农庄采伐建筑材料的。孩子们目不转睛地盯着被锯断的大树倒在了地上。孩子们在回家的路上没有注意到舒拉和丹科落在了后头。我们在林边空地休息，一位老伐木工人领着两个男孩子向我们走来。老人说舒拉和丹科想爬到那棵树上去，过后，树一倒，他们就能乘着树枝飞下来了。

所有这些事情都是在三、四年级，大约六个月内发生的。我觉得，遏制孩子们的这类行为和担心发生意外并不是办法。孩子们那湍流不息的能量本就对非同一般的活动有所要求。孩子想通过与危险面对面的较量来证明自己是勇敢的。对勇敢行为的渴望是学生生活充满勇敢豪迈精神的有力证据。必须引导孩子把精力投到正确的方向上来。

读者可能已经发现，表面上看来鲁莽的行为主要是男孩子们搞出来的。我曾琢磨过每一个男孩子。甚至邦个在我眼里优柔寡断、蹑手蹑脚的丹科在1955年的深秋也让我大吃了一惊。他在非常薄的池塘冰面上走来走去。为了降低冰面裂开的危险，他把书包放在冰面上推着它走。冰面裂开了，摇摇欲坠，池水已经没过了最深处，但神奇的是冰面并没有裂开。他平安地到达了学校。两个三年级学生本想跟在他后面走过冰面，但是脚下的冰面已经裂开，幸亏是在最靠近岸边的地方。

有必要防止发生意外吗？当然，非常重要，但并不仅限于此。必须直面危险、战胜危险。所以，我们成立了"勇敢无畏者"小分队。所有男孩子都加入了这个小分队，一段时间后，一些女孩子也加入了进来。我想到了一些需要毅力、勇气和无畏精神的游戏和娱乐活动。在池塘的岸边，我们发现了一座巍峨的悬崖。我们考察了水下情况，看来，这里是安全的。

在七月炎热的一天，孩子们来这里游泳。我给他们示范怎样从悬崖上跳下去，还能在空中控制好自己的姿态。舒拉、谢廖沙、科利亚、维佳和费佳紧随其后跳入水中。第二天，尤拉、科斯佳和彼得里克也鼓足勇气完成了第一跳。第三天，托利亚、米沙、萨什科和万尼亚也完成了。只有帕夫洛、沃洛佳、丹科和斯拉瓦四个人还在犹豫不决。同学们嘲笑他们。女孩们在下面游泳，她们也在故意刺激这几个男生。季娜来到悬崖顶找我们，她也想跳。她跳下去了，而且跳得漂亮极了。拉丽萨和瓦莉娅学着她的样子也跳了下去。剩下的几个男孩子羞愧极了。帕夫洛、丹科和斯拉瓦终于克服了内心的恐惧跳了下来。

只有沃洛佳一个人怎么也下定不了决心。我看得出他他很害怕，还为此感到羞愧，但怎么都无法越过这一障碍，而一旦越过去，人们就会以勇敢行为为傲。我只好为沃洛佳寻找矮一点的断崖。他和几个姑娘一起从这里跳了下去，却没有勇气从高崖上跳下去。为了鼓励他勇敢大胆一些，我还要在他身上再花一些工夫。春天来了，当孩子们到处挂上了椋鸟笼，我终于说服沃洛佳爬到一棵高大的树上。这是他第一次战胜了恐惧。孩子们悄悄告诉我，沃洛佳独自一人去了悬崖，脱了衣服，在那里坐了很久，他做了好几次尝试，但还是不敢往下跳。

谁也没有想到，瓦莉娅跟着前边三个最大胆的女孩们从高崖上跳了下去。她的行为让沃洛佳倍感焦急。他闭上双眼，跳入水中。尼娜、加利娅、柳夏、济娜、卡佳和萨莎也紧随瓦莉娅之后，勇敢地跳了下去。所有的女孩子也都跟着跳了下去。我更加坚定，女孩子比男孩子的意志力更强，她们能够以巨大的勇气克服恐惧和犹豫，而且她们也不会像男孩子那样在完成勇敢的行为之后表现出强烈的喜悦情绪。

三年级结束后，有一次我们正在露天休息，孩子们想到了一个极地探险者的游戏。按照游戏规则，在一个长满灌木的荒岛上，在四面环水的浮冰上，几名极地探险者遭遇了沉船。我们这里是"大陆"，要去给"遇险队员"运送一些面包和土豆。在"浮冰"和"大陆"之间是一个小湖。按照游戏的规定，必须在寒冷的极夜完成食物运送。

"勇敢无畏者"小分队里出现了志愿者。孩子们有些害怕，因为他们听说曾有人在岛上看见过狼窝。但舒拉和谢廖沙不怕夜行。我们把面包、土豆、火柴和猪油绑在厚厚的松木板上。我们把两个打好气的橡皮轮胎放到水里，当作游戏里的快艇。太阳落山了，湖泊和小岛笼罩在雾气之中，星星也出来了。两个男孩子把脱下的衣服绑在木板上，悄悄地游走了。一会儿就不见踪影了，几分钟后听到微弱的划水声，接着又安静了下来。"勇敢无畏者"小分队整队都坐在岸上，他们还带着一条名叫特拉夫卡的小狗……一个小时过去了，小岛和湖泊淹没在了浓浓的夜色中。突然，一缕微弱的光芒在黑暗中闪烁：这是少年极地探险队员们在见到"遇险队员"之后发出的信号，告诉大家可以安排第二梯队的两只快艇出发了。

我们又把面包、土豆、猪油和洋葱绑到木板上，把汽车轮胎推下水。维佳和尤拉脱下衣服。一个女孩子说："过去这个湖里有巨型梭鱼，也许，它们现在还在这里……"这么说显然是为了让维佳和尤拉害怕。孩子们当然害怕下到漆黑的水中，但现在他们无论如何也不会放弃行动。就在尤拉和维佳把脚伸进暖和的水里的那一刻，湖面上传来了拍打浪花的声音。这是鱼儿在嬉戏玩耍，但男孩子们还忘不了梭鱼的传说。又过了一个小时，第二缕光芒在岛上闪烁，接着两团光芒都熄灭了，看来两批少年探险队员们成功会师了。我们躺下休息，但谁都睡不着。

岛上生起了篝火，男生们要在那里消磨夜晚时光，他们整晚没有合眼。他们挤作一团，急切地望向东方：天就要亮了吗？当明天第一缕金色的阳光刚刚爬上树梢，孩子们就会返航。羡慕他们的将是那些还没有体会过克服恐惧的快乐的人。一旦他们战胜了恐惧，就会像男子汉一样冷静地回答说："这没有什么可怕的。"

我们按照排好的顺序把所有的男孩子都派去执行秘密的夜间泅渡任务，沃洛佳也在探险的队伍当中。当游戏兴致到达最高潮的时候，连女孩子也提出请求："为什么男孩子可以，而我们不行？"我早就预料到她们会这样说，于是安排季娜和科利亚一起渡湖，瓦莉娅和托利亚一起渡湖。男生在岛上找来干草供女生歇息。

寂静的夜晚与世隔绝，所有这些都吸引着孩子们，他们从这里体会到了克服困难的浪漫。他们又想出了一个有趣的游戏——地质勘探。在森林深处，女孩子们距离林边空地五公里左右的地方搭了一个工棚，它们白天就驻扎在这里。这里是地质勘探队的主要基地……根据游戏规则，这支地质勘探队由男生组成，他们要在深夜穿过原始森林到达主要基地……地质队员们的背包中装有矿石标本。太阳落山后，孩子们就离开了学校，经过一小时来到林边空地。他们必须在黑暗中准确地确定出方向，渡过湍急的泰加林河，还要翻越山脉。女孩子们不可以发出任何信号。穿过森林需要两小时。午夜过后，男孩子们拖着疲惫的身体到达了基地，他们又高兴又兴奋。

在八月的一场暴雨中，集体农庄的 14 头牛犊走失了。它们跑向被水淹没的牧场。大人们找了很久也没有找到。"让我们去找吧！"舒拉和维佳向我提议。"勇敢无畏者"小队里的九名队员，有六名男生和三名女生，他们和我一同出发去寻找。我们带着食物、帐篷、指南针和两个渡水用的汽车轮胎。孩子们斗志昂扬。我们拉网式巡视着被水淹没的牧场。在一些地方我们不得不分成 2~3 人小组分头寻找。四天后我们找到了 11 头小牛犊，牛犊正在林中的草地上吃草。其余几头大概掉入暴雨汇集成的激流中淹死了。寻找牛犊的这些日子永远留在了孩子们的记忆里。加利娅、柳夏和萨尼娅尤其记忆深刻——这三个女孩子怕黑，怕青蛙，还怕草蛇。甚至在这里还遇到过猫头鹰和狐狸。

四年级结束之后的那个暑期，我们找到了新的游戏角色——登山家。我们从断崖上垂下一条通向峡谷的绳梯，事先把它固定好。下面就是我们的高山营地，我们是登山家。我们的任务是，沿着绳梯攀登几乎垂直的峭壁，爬上悬崖，然后再下到谷底。多数男生虽然不恐高，但最初还是有些害怕。第一个到达顶点又返回原处的是维佳，接着是舒拉和谢廖沙。尤拉半途而废。我们只好另找了一处不那么陡峭的断崖，并在那里玩了几天。女孩和男孩之间还进行了一场比赛。季娜、拉里萨和科斯佳表现得最勇敢。他们用玩笑鼓励着沃洛佳和斯拉瓦，因为这两个孩子一上到三米高的地方，就开始头晕。但最终所有的孩子都征服了悬崖。

　　勇敢而无畏的孩子体会到了由衷的快乐。勇气和胆量——无论在特殊情况下，还是在日常生活和劳动中，人们都需要这种精神和意志。

　　小学毕业的日子越来越近，我的心中也不断冒出一个念头，那就是：孩子们很快就要成为少年了。对于自己的认识也困扰着孩子们，他们都在思考："我是一个什么样的人？我有什么优缺点？同学们怎么看待我？"

　　马上就要进入少年期了，是该进行自我教育的时候了。展望未来，孩子的意志力和顽强精神会成为最重要的教育力量，所以我试图让孩子们从小就对自我教育产生兴趣。每个孩子都有自己的作息表。他们早上6点起床、做早操、冲凉、吃早饭，再去学习。在去学校之前，人人都有一个多小时的读书时间。我努力把坚持固定的作息作为自我教育的内容。坚持早起对于沃洛佳和斯拉瓦来说太难了。家长舍不得叫醒孩子，又不能强迫他们早点躺下睡觉。我分别与孩子和家长聊了聊。斯拉瓦成功被自我教育的前景吸引了。他学会了自我约束。不过，沃洛佳暂时还做不到这点，一家人把他惯得很懒散。

我们和夏天告别

四年级结束后，我的孩子们（男生 16 名，女生 15 名）全都升入了五年级。12 名学生各科都得了优异的成绩，校务委员会给他们颁发了奖状。13 人获得良好和优秀。6 个孩子取得了 3 分、4 分和 5 分。

我认为自己教育工作最主要的成绩是让孩子们体验了培养人道主义精神的学校，学会了体谅别人，关心别人的快乐和痛苦，与他人一起生活，热爱祖国，憎恨祖国的敌人。他们认识到劳动改变人的力量，熟练地掌握了母语，还学会了五样东西：观察、思考、阅读、书写和用语言表达思想。我坚信可以教会 7 岁以下（实际上也就是在上一年级之前）的孩子们读写。如果这一目标能够实现，孩子的精神力量就会被释放出来，去进行思考和创造。我认为同样重要的是，孩子们已经从道德和精神上做好了进入困难年龄期（少年期）的准备。当孩子们还在上小学时，我就在思考这样一个时刻，即孩子们将接近那个童年与少年期之间看不到的分界线。有人已经进入了这个界线。少年期的困难从四年级就已经显现出来了。

在一个安静的八月傍晚，我带着孩子们来到"美丽园地"告别夏天。最后一缕阳光拨弄着树冠。我们在四年前种下的苹果树上硕果累累。大黄蜂在一串串葡萄上方飞舞，从田间传来拖拉机的隆隆声。女孩子们抱来一捆麦子，用麦秆把一串串浆果编在一起。

我们歌唱着宁静的夏夜。歌声停了下来，孩子们望着夜空。我们今天要与这大自然的美妙乐曲道别，它让我们再次回忆起这个夏日，在孩子们的心中引起了反响。在周围的世界里，有夜晚的天空、红色的晚霞、琥珀般的苹果，有一串串的葡萄、绿色的啤酒花墙、白色的菊花，还有蜜蜂的嗡嗡叫声。整个世界像一架奇妙的竖琴呈现在我们的面前。孩子们轻轻拨动着琴弦，奏出神奇的乐曲，响起语言的音乐。这是一段夹杂着快乐与忧伤的乐曲。我也在感受到了这种快乐和忧伤。

孩子们，你们转眼间已是少年，你们的未来是什么样的呢？我将还会天天和你们在一起，带领你们度过青春年华。

五年来，我一直牵着你们的手，把我的心都交给了你们。曾几何时，它也疲倦过。可每当精疲力竭时，我就想马上见到你们这群孩子。你们快乐的声音给我注入了新的力量，你们的笑容又让我获得了新的能量，你们好奇的目光再次激发了我的思想……亲爱的孩子们，我希望看着你们长大成人。我看到你们都成了勇敢的苏联爱国主义者，一个诚实、热情、头脑清晰、心灵手巧的人。